超自然的認識

シモーヌ・ヴェイユ
田辺　保　訳

La Connaissance Surnaturelle

Simone Weil

勁草書房

目次

編者のノート

この本の内容は、シモーヌ・ヴェイユのさいごの何冊かのノートから成るものである。読者もごらんのとおり、その大部分は、おりにふれての随想、作品の草案、読書ノートといったものであるが、また、本の題名のリスト、引用文なども含まれている。ノートは七冊であり、べつに手帳が一冊である。ノートは全部、一九四二年五月十七日、モロッコへ向けてマルセイユを出帆したときから、一九四二年十一月十日、英国へ渡るためニューヨークを発ったときにいたるまでの時期に書かれた。この期間、シモーヌ・ヴェイユは、カサブランカ近くのアイン・セバの収容所で二週間と少しの間をすごし、それからニューヨーク行きの船に乗り、ニューヨークには、一九四二年六月末に着いた。手帳の方は、英国、それも主としてロンドンに滞在中の日付になっていて、シモーヌ・ヴェイユの最晩年に至るまでのものである。さいごの方は、鉛筆で書かれている。周知のように、シモーヌ・ヴェイユは、一九四三年八月二十四日、アシュフォード（ケント州）のサナトリウムで死んだのだが、そこへ運びこまれたのは、やっとその数日前のことであった。

七冊のノートには、それぞれの表紙にシモーヌ・ヴェイユが番号を書きしるしているのだが、その順序をまちがいなく並べかえるのはむつかしい。また、各ノートに記されている断章が、それぞれのノートの中で今見られるとおりの順に書かれたといいきってしまうこともできない。そこでわれわれは、本書においては、その全部を「アメリカ・ノート」という題名のもとに一括して公刊することにした。「英国手帳」の方は、本書の終りに「ロンドンで書かれた覚え書」という題をつけて掲載した。

プロローグにあたる二ページ分は、一冊のノートのまん中あたりに、その部分に記された文章とは直接の関係なしに、これだけが別なもののようにはさみこまれていたものである。

以下の文章はいずれも、このままの形では公刊を目的として書かれたものではないことは、いうまでもない。本書の題名も、編者のつけたものである。シモーヌ・ヴェイユの考察の中には、このいいかたがしばしばあらわれてくることから、採ったのである。

（本訳書はフランス語原書の全訳ではない。強いて訳出しても無意味と思われる断片、心覚えのための記号、符号、走り書きのたぐいはすべて省略した。——訳者）

プロローグ

かれはわたしの部屋へはいってきて、こういった。「なにも理解せず、なにも知らぬあわれな者よ。わたしといっしょに来なさい。おまえが思ってもみないことを教えてあげよう。」わたしは、かれのあとについて行った。

かれは、わたしをとある教会へ連れてきた。新しいが、あまり美しくない教会だった。かれは、わたしを祭壇の前までみちびいてくるとこういった。「ひざまずきなさい。」わたしはこたえた、「まだ洗礼を受けておりません」。かれはいった。「真理が存在する場所の前に出たときと同じように、愛をこめてこの場所の前でひざまずきなさい」と。わたしは、いいつけられたとおりにした。

かれは、外に出なさいといい、こんどは屋根裏の一室へ上らせた。そこからは、開いた窓ごしに、町の全体が、材木を組んだいくつかの足場が、荷おろしをしている船が何隻かもやってある川が見えた。かれは、すわりなさいといった。

わたしたちふたりのほかに、誰もいなかった。かれは話した。ときどき、誰かが入ってきて、会話に加わったが、すぐまた、出て行った。

もう冬とはいえない頃だった。といって、まだ春にはなっていなかった。木々の枝は、まだ蕾をつけず、裸のまま、冷たい空気の中で、日ざしを浴びていた。

光がさしのぼってきて、輝きを放ち、そして薄らいで行った。そのあと、星と月とが窓から入りこんできた。それからまた新しく、明けの光がのぼってきた。

ときどき、かれは黙りこんで、戸棚からパンをとり出してきて、わたしたちは分けあって食べた。そのパンは、まさしくパンの味がした。その味にはもう二度と再び出あうことがなかった。

かれは、わたしにぶどう酒をついでくれ、また自分にもついだ。太陽の匂い、その町が建っている大地の匂いがするぶどう酒だった。

ときどき、わたしたちは、その屋根裏部屋の床の上に横になった。甘い眠りがわたしの上にくだってくるのだった。そして、目がさめると、わたしは太陽の光を吸いこんだ。

かれは、教えをさずけようと約束していたのに、なにも教えてくれなかった。わたしたちは、古い友だちどおしのように、とりとめもなく、種々雑多なことを話しあった。

ある日、かれはいった。「さあ、もう行きなさい」と。わたしはひざまずいて、かれの足に接吻をし、どうかわたしを行かせないでくださいと切にねがった。だが、かれはわたしを階段の方へと抛り出した。わたしは、何もわからず、心は千々に砕かれて、階段を下りて行った。いくつもの通りを通りすぎた。そして、あの家がどこにあったのかを、自分が全然知らずにいることに気がついた。

もう一度あの家を見つけ出してみようとは、決してしなかった。かれがわたしを連れにきてくれたのはあやまりだったのだと、さとっていた。わたしのいる場所は、この屋根裏部屋ではない。それはどこだっていい。刑務所の独房でも、つまらぬ装飾品やビロードで飾りたてたブルジョワの客間の一室でも、駅の待合室でもいい。どこだっていいのだ。だが、この屋根裏部屋ではない。

ときとして、わたしは、おそれと後悔の気持をおさえかねながら、かれがわたしにいったことを少しばかり、自分で自分にもう一度いいきかせてみずにいられないことがある。わたしがきちんと正確におぼえていると、どうしてわかるだろう。そうわたしにいってくれる、かれはもういないのだ。

かれがわたしを愛していないことは、よくわかっている。どうして、かれがわたしを愛してくれるはずがあるだろうか。それにもかかわらず、なおかつ、おそらくかれはわたしを愛してくれているらしいと、わたしの中の奥深くの何ものかが、わたしの中の一点が、おそろしさにふるえながら、そう考えずにはいられないのだ。

アメリカ・ノート

（一九四二年五月〜十一月）

復活は、自分を殺した者に対するキリストのゆるしであり、自分に対してありうるかぎりのどんな悪を加えようとも、結局なんの悪を加えたことにもならないのだという保証である。悪はただ、清い存在においてだけ感じられるのである。だが、そこにおいて、悪は具体的には存在しない。悪は、その人自身の外側に存在するのである。悪があるところでは、悪は感じられない。悪は、存在しないところにおいて、感じられる。悪を感じることは、悪ではない。

悪は、奥義の根源であるとすれば、苦痛は、知識の根源である。

復活節のよろこびは、苦痛のあとにくるよろこびではない。束縛のあとの自由、飢えのあとの満腹、別れのあとの出あいではない。それは、苦痛をはるか下にして舞うよろこびであり、苦痛を完成するものである。グレゴリオ聖歌においては（「たたえよ、《サルヴェ・》祝いの日《フェスタ・ディエス》……」）、うたそのものが、このことを明らかに示す。苦痛とよろこびが、完全な均衡状態にある。苦痛は、よろこびの逆であるが、よろこびは、苦痛の逆ではない。

*

呪いをこうむっても、それを他に移す人は、自分の中心に呪いを入りこませることがない。呪いを感じとることもない。呪いがとどまる人、呪いをとどめる人、そういう人にあっては、呪いは、その人の中心へ入りこむ。その人は、呪いとなる（ガラテヤ三・一三）。呪いとなるには、清くあらなければならない。

ひとりの人が、呪いとなることができるまで清くなるためには、充ち溢れるよろこびが必要である。

苦痛とよろこびとが代る代るあらわれるとき、ひとりの人は清くされて、ついには、呪いとなることができるまでに清くなる。同時にその人の中には、充ち溢れる苦痛が、さらには、それをはるかに越えて、充ち溢れるよろこびが生じる。

＊

アテー（ギリシア神話でゼウスとエリスのむすめ、「運命」と同義）は走る、人間の頭上を、爪先でとびながら、頭から頭へと。——誰かひとりの人が、その足をとめるまで。そのとき、アテーは、その人の中へはいりこむ。

『イリアス』においては、誰も彼女をとめる者がない。

プロメテウス（ギリシア神話、チタン神族の一人、天から火を盗んで人類に与える）は、彼女をとめる。

ふつう一般の人々（すなわち、あがなう者でない人々）においては、不幸は、この人たちをさしつらぬくことなく、その上を通りすぎる。しかしながら、その人たちを変化させる。その人たちを砕き去る。Bは、電車を待っている時、わが身の不幸を感じる。

あまりにもつらい労役を強制されたために成長をやめた子どもといったふうに、不幸のためにいつまでも子どもと同じ状態でいるJ・B・……（おそらくは、詩人ジョー・ブスケのこと）。

＊

円卓（アーサー王配下の騎士たちのすわったテーブル）。このテーブルにすわるのは、展望を見失なうことである。視点をなくして、普遍なものを拠り所に立つことである。

聖盃物語の本質が、キリスト教思想と、スペイン系ケルト民族の伝統との同一化にあることはまったく明らかである。『聖盃の探索《エステ・デル・サン・グラアル》』において、イスラエルは、マルキオン（初代教会のグノーシス的傾向をもつ異端者）やマニ教徒（ペルシア人マニの説いた二元論的宗教）の伝承に従って、悪とみなされている。サラス（ツロか、シドンか）は、何にもまして霊的な都市である。

円と三位一体と、円の定義、三つの点によってなされる。直線は、二つの点によって。すでに受難以前に、すでに創造を通じて、神は自分の神性を脱ぎすて、自分を低くし、奴隷のかたちをとった。現実と想像の上での転移。J・B

＊

肉の欲望と美。清らかさのために内なる不純をうち砕く必要。だが、わたしたちの中の凡俗さがなおも命脈を保とうと、身を守る。清らかさを汚す必要があるのだ。

だれかに対して権力をふるうのは、汚すことである。所有するのは、汚すことである。

「水の中から上がられると、聖霊が……」（マルコ一・一〇、ギリシア語）――（合成）によって、――植物の樹液は、水と太陽の火のエネルギーが、葉緑素の力で合成されたものであり、わたしたちの中に入って、血となる（『ティマイオス』篇）。ヘブライ人は、血が生命であると考えていた。わたしたちは、この合成をときほぐし、わたしたちの中の生命をときほぐし、死んで、ふたたび水とならねばならない。そのとき、超自然的なエネルギーが、恩寵の葉緑素的な力によって、この水と化合し、超自然的な生命をつくり出す。

＊

神の真実の現存。だが、悪魔的な術においてはどうか（黒ミサにおける聖体のパン）。

永遠なものだけが、時間に傷つけられることがない。超越的な霊感だけが、独房に幽閉された囚人がじっと見続けていられるような絵を生みだすことができる。

このことは、不変数－変数の関係とかかわってくる（知覚の立方体）。〔永遠なものと時間、不変数

と変数、必然的なものと可能なもの。〕

『国家』篇三六五a、――秘跡。

〈愛〉は、美のかたちをとって、この世に愛ゆえにくだってきた。

科学の目的は、理由の如何を問わず、美の探求である。

『仏教論文集』、鈴木(大拙)教授著、一九三三年刊。

調和、(鍵《クレイス》)。

神の苦痛。プロメテウスとゼウス。

扉をひらくものとしての、苦痛。

＊

〔熱エネルギーの力学エネルギーへの変化は、ほんとうに起るものなのか。〕

エスキモー族の話。「永遠の夜が大地を包んでいたとき、狐は、暗やみを利用して、人間に見つけられずに、肉を盗みとることに成功しました。だが、からすは、永遠の夜の中で食物を見つけだすことができなかったので、光が欲しいとねがいました。すると、大地は光に照らし出されたのです。」

「死んだ人たちのところへ行って、その人たちを愛しなさい。」

主の御名をとなえる物語。

＊

悪の正反対としての善がある。そうでない善がある。

見つめてはならないもの(他人の不幸)を、のがれることなく見つめること、望ましいものを近づ

くことなく見つめるように、——それが美である。〔のがれかたにもいろいろある。〕

他人の根をたち切ること。脱創造（シモーヌ・ヴェイユの独特の概念。創造された性質をぬぎ捨てて、無をめざす人間の動き）の代用品。

『救われたヴェネツィア』（一九四〇年作）。——後方での倦怠、——陰謀をたくらむ者たちの計画。

さまざまな出来事の中に見てとれる計画は、すべて、どんなものであっても、神意による計画のひとつである、——他に限りなく多くの計画がある中で。

貴重なものが傷つきやすいのは、美しい。それこそ、存在していることのしるしであるから。果樹に咲く花。

だから、寒さや飢えなどによって、魂が傷つきやすいことは……

何ものかが真に実在していると知った瞬間から、もうそれに執着していることはできなくなる。

神は、わたしがどこから来た者であるかだけがありありと見えてくるような、創造の光景を見ていたいと望む。ところが、わたしは、それをさえぎっている。

超自然的なものの中の必然性、そして、さまざまな、そこへの道筋。空間、さいごの必然。「わたしは道である」（ヨハネ一四・六）。自然におけるよりも以上の必然性。

神の三つの在りかた、創造の神、秩序づけの神、霊感を与える神。

美とは、すなわち、実在的なもののあらわな現存のこと。「ト・ヘン」（ギリシア語）。よろこび、実在の感覚。

神によって隣人の方へと押しやられること、鉛筆がわたしによって紙の上に押しつけられるように。

つかのところでも、切先においても、かわりのない、悪い剣（またはよい剣）。救われたヴェネツィア。

秩序とは、(条件の)多様とひとつのものとの中間にあるものである。

世界の秩序において、——美の秩序において、——そういうひとつのものとは何であろうか。

真空。

神。

同様に、ただ神にだけかかわってくるような行動。人は、善を通って行こうとするなら、美を通って行くよりほかはない。

*

吸血鬼の夫をもったという、チリの物語……ナポレオンの兵士たちは付加されたエネルギーのおかげで、死の中へとびこんで行った。だが、生物的なエネルギーがあらわれて、ほんのうわつらだけをもって完結させるならば、たちまち、何よりも冷酷なエゴイズムが生じる(超自然的な恩寵がなければ)。そのときこそ自分の愛する者に、自分のいのちを与える程大きい愛はないということになる(Iヨハネ三・一六)。十字架。

十字架とアンティゴネー(ギリシア神話、オイディプスのむすめ、叔父クレオンにそむき生き埋めとなる)(終身禁錮)。

プロメテウス(火が、教師と……、——行って、——人間たちに対する愛、——わたしは解き放った、——渇かす、——神を愛する者を、——思慮分別がないと、——災いが教師である——)(以上原文ギリシア語、アイスキュロス『縛られたプロメテウス』から)。

*

心理面での移し植えと組み合わせの諸現象。もしこんなふうに人々にいうとしたらどうであろうか。「肉の欲望があなたがたの中で絶対的な力をふるうようになるのは、その欲望に含まれている肉的なもののためではないのだ。あなたが自分たち自身の本質をなすものを、単一でありたいとの要求を、神のものである要求を欲望の中にもりこもうとするからなのだ。」——人々は、そんなことはないと思うだろう。これ程の絶対的な要求には、まさに肉の欲望それ自体のもつ性質がそなわっていることは明らかだと思える。同様に、守銭奴にしてみれば、望ましいものという性質は、黄金それ自体のもつ性質のためであって、交換価値をもつ黄金の性質によるのではないことも明らかだと思える。読み。こういった組み合わせをときほぐし、自分自身の魂を水とエネルギーとに分解して、そこからもう一度新しく生れてこなければならない。

キリスト教の真理を手にとるように理解できるものとするために、より程度の劣った形においてではあるが、非常に低級な情念の中にもそれが暗黙のうちに含まれていることを示さねばならない。今、わたしたちがあなたがたに語っていることを、あなたがたは今このとき、この現状にあって、あなたがたの魂のすべてをあげてねがい求めているのだ。だが、あなたがたは、それをちがった名で呼んでいる。わたしたちが提案するような名は用いようとするな。ただ、それに名をつけることは、きっぱりと断念せよ。ひたすらにこの内なる沈黙を守りぬくがいい、そうすれば、いつの日か、あなたがたの中にひとつの声がきこえてきて、真の名を告げるだろう。

『饗宴』篇一九六a、——形の美（優雅さ）と釣り合いと流動性（外観の均整と水々しさ）との関係。何にもまして注目すべきこと。ギリシア彫刻の完璧の理論。

流動する不変数。

一九六b、——それ（エロース）は、何かされる場合無理やりされるのでもなければ、何かする場合無理やりするのでもない（原文、ギリシア語）。

かれが苦しむのは、力によるのではない。プロメテウス。受難。完全な義人。

＊

聖体拝領のときに用いられるぶどう酒は、キリストの血である。堅振礼のときに用いられる油は、聖霊に関係するものである。ゼウスの頭から出てきたアテーネーの神は、聖霊に相当するのであろうか。ヘジオドス（紀元前八五〇ごろ、ギリシアの詩人）において、ゼウスは妊娠したメティスを食べてしまうのだが、このことについては、彼女がゼウスよりももっと強い子をもつという予言があらかじめなされていたのだ。そののち、アテーネーが、ゼウスの頭からとび出した（中世における、聖霊の託身としての純潔な騎士という象徴を参照のこと）。『饗宴』篇の神話においては、ポロスは、メティスの息子である。プロメテウスは、聖霊の象徴である火を、ポロスと名づけた。メティスは＜知恵＞であって、プロメテウスと同じものである。「父および子から発す」（原文、ラテン語）。

アテーネーは、付きもののように、ゼウスの投槍に相当する楯をもっている。

聖霊の象徴である鳩と、オリーヴの葉との関係（創世記七・一一）。

水、ぶどう酒（すなわち、血）、油（すなわち、霊《プネウマ》）。洗礼、聖体拝領、堅振。（油はまた、洗礼においてもひとつの役割を果たしている。）

ある伝承においては、ヘファイストス（ギリシア神話、火の神また鍛冶の神）が、別な伝承においてはプロメテウスが、ゼウスの頭からアテーネーをとび出させたのだという。

三番目の神、――第三のものは何か。

油の引火性の性質によるのか……

水の上に浮かぶという油の特性は、この象徴的物語となんらかの関連があるのか。

*

B、ある思考との関連における語の秩序（論理的、文法的秩序）。説得効果との関連（比喩など）、――感覚の転換との関連、――だが、詩においてはどうか。
超越的なものとかかわる技巧がどういうものになるかを明らかにすること。

美と神の摂理。美と悪の問題。

美と苦痛（肉体的苦痛）。プロメテウス、ヨブ。

〈調和〉、〈釣り合い〉、相反するものの一致。リズム。遅さと速さ。高さと低さ。グレゴリオ聖歌。

建築。高さと低さ。重さと軽さ。均衡。

絵画。空間。距離。「広さとは何かといえば……」

彫刻。液状の彫像。プラトン。

美は、知性を超えるものであるが、それでも、美しいものはすべて、それ自体としてだけでなく、わたしたちの運命とのかかわりにおいて、何かしら理解されることを求めているのである。

自然の中の美。秩序という概念を、どう適用したらいいか。

「水と霊《プネウマ》から生れる」（ヨハネ三・五）。聖母マリアのうちに入った聖霊は、神の種子である。

ヘロドトス。二つの神聖な動物、――牝羊（牡羊）――牝山羊。

牡羊。神の小羊。キリスト。春分点。

牝山羊。楯。風（アイギデス、ときとして風の意味に）――アテーネー――神々の中で、ただひとりゼウスの投槍に近づくことができる、――オリーブの木、――聖霊、――冬至。

パンアテナイア（女神アテーネーのための大祭）、四年ごと、夏月《ヘカトンボーン》二十八日。

七月十五日にはじまる、古代の第一月。したがって、八月十五日ごろ。

＊

牡羊。　牡牛。　双子。＝蟹。　獅子。　乙女。＝秤。　さそり。　射手。
三月二十日　四月二十日　五月二十日　六月二十日　七月二十日　八月二十日　九月二十日　十月二十日　十一月二十日

＝山羊。　水瓶。　魚。
十二月二十日　一月二十日　二月二十日

＊

キリストがクリスマスの日に生れたとするなら、復活祭に腹に宿ったことになる。そのためだろうか。

山羊の神、パン（ギリシア神話の牧神）。

牡牛、オシリス（古代エジプトの主神の一、イシスの夫）。牡羊として。

暗やみ。雷鳴の模倣としての騒がしさ。ヨハネとヤコブ〈雷の子〉（マルコ三・一七など）。

山羊の角――下弦の月。

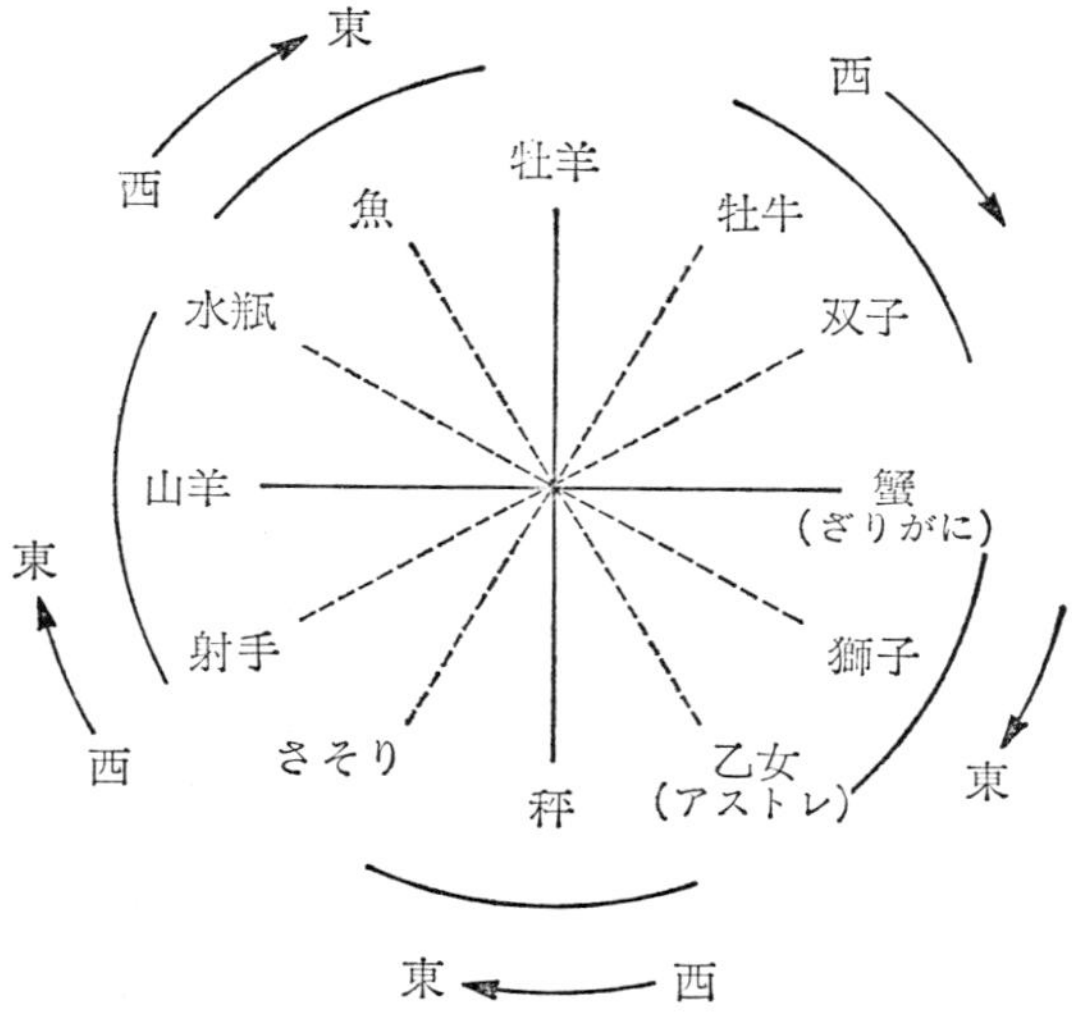

魚——『饗宴』篇のかれいいは？

＊

哀願者の小枝。オリーブの木と羊毛。
エジプトの祭司たちに禁じられていた羊毛。

＊

牡羊——秤
牡牛——さそり
双子——射手
蟹　——山羊
獅子——水瓶
乙女——魚
秤　——牡羊

＊

愛。人間が無にひとしいものである限り、人間を愛すること。それは、神が愛するのと同じように愛することである。

美をもってする存在論的証明は、いつでも用いうる。美しいものこそ、実在的なものであるから。

在りかたとしての秩序。美の秩序は、ただ自分自身にとってのひとつの在りかたというにすぎない。だが、どんなものでも、自分自身にとっての在りかたにすぎない。だから、そういうことは意味がない。在りかたと関連しながら、自分自身と全然別なものというのは、どういうものであろうか。神の似像。それこそ、美しいものの中に神が真に実在することであろう。

マタイ二四・一四。——……全世界に、宣べ伝えられるであろう……（ギリシア語）。「美の大海」。海の上に落ちた天の種子（種子は、霊《プネウマ》である）から生れた、天のアフロディテー。（神の霊が水の上にあった）（創世記一・二）。洗礼。

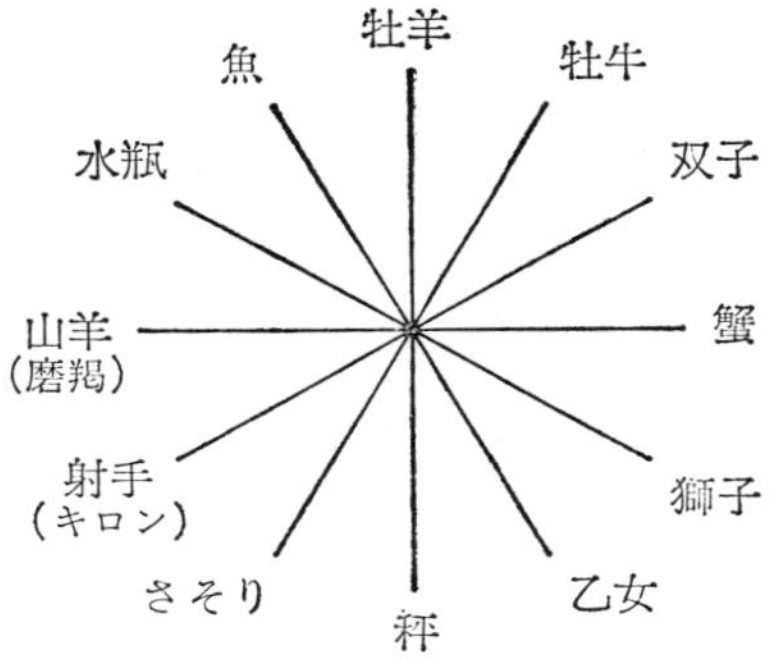

＊

ニコラウス・クザーヌス、——ガンディアックの本。

聖ユスティノス『第一弁証論』五九、六〇、——アベラルドゥス『キリスト教神学入門』（第一巻、一二）——グラベール・ロドゥルフュス（ロエテル『宗教的啓蒙』、第一巻一・二に引用）。

（アベラルドゥスは、哲学者を預言者に比較している。）

ベルナルドゥス・シルヴェステル、聖書と『ティマイオス』篇とを混合している。ジルソン『B・S・ティエルリ・ド・シャルトルの宇宙開闢説』参照、ピュタゴラス、プラトン、ヘルメス・トリスメギストスが典拠として引用してある。

フェストゥジェール。

ソールスベリのヨハネス『哲学の原理』。

ディナンのダビデ（異端者）。

アモーリ・ド・ベーヌ。アモーリ派の人々は、異教の知恵がキリスト教的な知恵とひとしいものであるとみる。――参照、ドラクロワ『思弁的神秘主義』第二章。

リュル――（だが、かれは、すべての人々を教会へ戻そうとする）。

リールのアラン。サン・ヴィクトールのフーゴー。聖ボナヴェントゥーラ。マイステル・エックハルト。

十五段階の言語《レーデ・フオン・デン・フユンフツエーン・グラーデン》。年代不詳のドイツ語のテキスト。シェーマンにより公刊されたもの――神は、教師、羊飼い、医師、商店主、父親、客人、旅人、兵士……などとして姿をあらわす。……どんな身分にもかなった霊的順序。

マイステル・エックハルト『ヨハネ伝注解』。

パル……中の、プロクル……、七三五、四。

二十四人の哲学者の書（一九一三年、ベムケルによって公刊）。ヘルメス・トリスメギストスのものとされる、十二世紀末のテキスト（その中に、二世紀もしくは三世紀のものがある。「神は、その中心がいたる所にあって、周辺がどこにもない、無限の球体である」も含まれている）。

聖ボナヴェントゥーラ。

アンゲルス・シレジウス、——ドイツの宗教詩。

ボエティウス。

ジョルダーノ・ブルーノ、——作品集《オペーラ》(ヴァクネル版)、ライプツィヒ、一八三〇年。イタリア語作品集《レ・オペーレ・イタリアーネ》(ルギャルド版)、ゲッチンゲン、一八八八年。

*

B(ジョー・ブスケのこと)。戦争という事実の非実在性によって決定されてしまったひとつの全生涯。

その上に、さまざまなものが加わる、——神はそれらを、むくいとして、また、愛の試煉としてわたしたちに与える。主人が奴隷にむくいをするときには、むくいなしに放っておくときよりも、試煉はいっそう危険である。しかし、わたしたちがそれらに執着するとき、限りない憐れみによって、警告するかのように、神はわたしたちからそれらをとり上げる。だが、それは少しづつであって、すぐにではない。わたしたちにとって、愛が容易なものとならないために。

同様に、どんな技術的な目的をも目ざそうとしない、純粋な科学に対して技術が従属する。ロシアでの実験。それは警告である。

科学、——人間のまったき活動としての——には、神を愛する独自の、特別な仕方が含まれている。科学の目ざすところは、このことであって、このことがまた、科学の源泉でもある。どんなものでも、源泉としてもたないものを目標にもつことはできない。

その逆の観念、進歩の観念、毒。それが確かになってきている。この果実をもたらした根、信仰と入りまじったこの根を、抜き去らねばならない。

現代のさまざまな破廉恥事が、中世において人々が知らなかったほどの光をわたしたちに与えるのでないなら、なんの益があったのか。中世において知られなかったほどの光が、今必要とされているのだ。そのために、ますます努力しなければならないのだ。

世俗的な諸活動の源泉が、超自然的なものであるとすれば、キリスト教は、キリストとともにはじまったといえなくなる。

純粋な科学は、世界の秩序を必然として注視することである。

必然は、証明の中にのみ、あらわれてくる。

必然の概念と服従とのあきらかな類縁性。主人と奴隷との関係は、人間関係における必然である。

必然と確実性との類縁性。

その信仰のゆえに、——キリストへの愛によって授けられた信仰のゆえに、——ギリシア人たちは、確実さをかわき求め、幾何学上の証明を生み出すことができたのである。ギリシア人たちの数学は、ひとつの神学であったからかれらは確実さをねがい求めたのである。

洞穴からの歩みが、今日、わたしたちのためになされつつある。

この数学的な必然が世界の実質であること、——このことこそ、父なる神がこれを作られたしるしであり、最初から、必然は知恵の納得によってうち負かされているという証拠である。

さらに注視しつづけること。

カタコンブへと下りる以前に、キリスト教はカトリック（普遍的）であることを示さねばならない。キリスト教的見地とその他の見地が存在するのではなくて、真実と誤謬だけが存在するのである。キリスト教的でないものは誤まりであるというのではなくて、真実なものはすべて、キリスト教的なのである。

自然的なものと超自然的なものとのさまざまな関係ということを考えだしたのが、十三世紀の大きい誤まりである。その十三世紀が、ルネサンスの先がけとなったのだ。

科学を服従の方に向けて、権力の方へと向けないこと。だが、このように向けるのは、純粋な科学を向けるのである。必然を注視するものとしての。

権力とは、堕落した服従である。

キリスト教と偶像礼拝とだけしかない。そして、さまざまな姿をまとった社会的なものは、偶像にすぎない。

(ところで、ジイドや、シュルレアリスムなどはどうか。〈自我〉も、また偶像となりうる。)

社会的なものと自我とは、二つの偶像である。

*

「幾何学的な平等」は、神に等しいものとする。そして、つねにただ、それより以上のものを獲ようと望むあのカリクレスは、あわれである。

不完全数、平方数でない数、たとえば「17」のようなものは、もし「18」になれば、自分はもっと大きくなれるのだと信じることは可能である。だが、あらゆる大きさの秘密、その創造的な原理が「1」以外の何ものでもないことを知ってはいない。「18」となることによって、そこから遠ざかるのである。「1」を、数の次元に堕落させるのである。その大きさはただ、自分自身の根、仲介としての$\sqrt{17}$によって、「1」に同化することにだけ存在する。
あらゆる数は、自分自身の仲介を、自分の内側と自分の外側とにもつ。
「18」への方向は、悪である。虚偽《エウドス》、妬み《フトノス》。「1」への方向は、言葉《ロゴス》、つながり《アリトノス》、調和《アルモニア》、一致《オモロギア》であり、真理、服従、善である。

真理と服従とのつながり。確実さは、知性の服従である。（たとえ信仰によって受け入れられたものであろうと、なんらかの外的な権威に従属することでは全然ない。）

この二千年間続いてきた、キリスト教の中での知性の居心地のわるさは、教会というからだに語りかける聖霊と、魂に語りかける聖霊との間の類似点と相違点との正確な見究めの上に立った、十分な和解手段《モードウス・ウイウエンディ》を確立することができなかったことから来ている。

神秘の「からだ」といっても、からだにすぎない。完全な状態における魂こそ、キリストのイマージュそのものである。

一致（原語、ギリシア語）……三つの考える主体

「神を愛しなさい。」これは、世界の秩序と隣人のことでなければ、不可能である。神が、みずからをあらわすため下ってくる前には、その姿は見えないのだから。

*

アリストテレス。対角線は測定不可能であると、帰謬法によって証明されている。なぜなら、もし対角線が測定可能なら、偶数が奇数と等しくなるからである。

ゆえに、$\sqrt{2}$は、偶数でもあり、奇数でもある。言葉《ロゴス》であって、非言語《アロゴス》、――すばらしいことだ。

$\frac{1}{n}=\frac{n}{2}$のような場合のnを見出すことができないことは、非常に古くから、ずっと大むかしからいわれている。

〔あるいはむしろ、$\frac{m}{n}=\frac{n}{2m}$ のような場合のmとn、ある数とその倍の数との平均。無限級数においては、mもnもない。〕

*

感覚を用いることなく、理解された関係、数と同じくらいに確実な関係。

神への愛、「能動的に行動しない行動」。トゥキュディデースの一節。

神にとって、創造とは自己拡大であったのではなく、自分の身を引くことであった。神は「自分がその力をもつところにおいてならどこでも、支配する」ことは放棄した。

〔わたしたちが自律的存在であるために、その引き替えとして、盲目的な機械的必然をともなうことに注意せよ。〕

創造、受難、聖体の秘跡、——いずれの場合も、同じこの身を引く動きである。この動きが愛である。

*

人間は、船が難破したので板切れにすがりつき、海に揉まれてただよう人のようなものである。海から伝えられる動きに対して、どんな変化であろうとこれにつけ加えることはできない。神が、天の高みから一本の綱を投げおろす。人間はそれをつかむか、つかまないかだ。つかむならば、人間はあいかわらず、海の圧力に従属しているものの、綱がつくり出す新しい力学的要素とこの圧力とが結合し、したがって、人間と海との力学的関係が変化したことになる。綱をにぎりしめたために、両手が血にまみれる。綱を離したり、つかみ直したりしている限りは、海はときに、人をゆさぶり続けてやまない。

だが、自分の意志で綱をおしのけるならば、神は、綱を引き上げる。

*

不幸な人々に対して、神の御国について語らないこと。その人たちにとって、神の御国なんて、あまりに縁遠いものであるから。ただ、十字架についてだけ語ること。神が苦しんだのだ。だから、苦しみは神的な事柄である。それ自体においてそうなのだ。補償、慰め、報いがあるためではない。だが、苦しみは、恐怖を呼びおこすもの、本意ならずも受け忍ぶもの、できるならのがれたいもの、打たれずにすませたいと切にねがうものである。不幸。

耐え忍んで《エン・ヒュポモネー》、実を結ぶようになる。

耐え忍ぶ《ヒュポメノー》こと——待望（待つこと——衝撃を堪えること）によって、実を結ぶようになる。

*

戦争の口実、——ローマ人のように、——その道にかけては専門家といっていい、侵略者たちのつかう口実、——自分たち自身も、他人も、誰ひとり信じている者はいないくせに、それなしには戦争は、戦争でなくなり、また不幸なものともなるような口実、——そんな口実と同様に、罪（または、病い、など…）が持ち出してくる口実がある。その罪の誤まりはよくわかっているのだが、それなしには、罪が罪でなくなってしまうのである。こういう点については、どうしたらいいのか。

世界の秩序のうちに天の父の完全さを見ること。すなわち、太陽と雨、野のゆりと空の小鳥(マタイ五・四五、六・二六、二八)。

隠れた生活における巨人たち。「隠れたるところにおいでになる、あなたがたの父。」

「友情とは、調和から成る平等である。」不幸な人々への愛。

『スペインの遺書』(ケストラーの書)など——不幸は、たえず、「なぜ」という問い、本質的に答えのない問いを発せずにいられないようにする。こうして、不幸によって、人は、答えでないものを聞くのである。「本質的な沈黙……」を。

純潔《ソフロシュネー》——清らかさ。

被造物とされたことによって、時間と空間の全体を通じ、父なる神と分けへだてられた御子。この時間こそ、わたしの生命の本質をなすものであり、——すべての人にとってそうなのだ——この時間こそ、苦しみの中にあって、こんなにも重いものであり、創造、受肉、受難を通じて、御父と御子との間に張りつめられた線の線分なのである。

円。直接に隣接する二つの点。触れあっていながら、全円周によって分けへだてられている。ヘラクレイトス。

無限の円。円周は直線である。無限の直線の両端も、ただ一つの点でしかない。

わたしの生命は、この直線の線分である。わたしは、御父と御子とのへだたり、聖霊が通り越えてくるこのへだたりの一部分である。わたしの悲惨さそのもののゆえに、わたしは聖霊を受けるものとされるのである。なんらか神的なものとなるために、わたしは、この悲惨からのがれ出る必要はない。

ますますそこに固執しさえすればよい。わたしがそこに、自分の悲惨さの全拡がりを読みとることができるならば、わたしの罪それ自体がわたしにとって救いとなる。自分の悲惨さの底で、わたしは神に触れる。

わたしが愛する地上の人々やものと、わたしを分つへだたりは、祝福されるべきだ。このへだたりこそ、御父と御子との間のへだたりの象徴であるのだから。単に象徴というだけなのか。あるいはまたこのへだたりの一部分でもあるのではないか。

(それはまた、時間に属する。)

*

『ファイドロス』篇——ひとりの若者の美しさには、ただ美しいという「形容」がかさねられているだけなのだ。この世において、目に見える、美そのものは、世界の美しさである。

神のあらゆる属性のうちで、ただひとつのものだけが、宇宙に、御ことばのからだの中に受肉した。それは、美しさである。

その他のものはただ、人間の中にしか受肉することがない。

世界に美しさが現存していることこそ、受肉の可能性の体験しうる証拠である。

魂が世界の美しさに対して、まったく純粋に同意することこそよろこびであって、それはひとつの秘跡である(聖フランチェスコふうの秘跡。)

(数学上の美しさも同じ。)

[ただ聖フランチェスコを除いて、キリスト教はほとんど、世界の美しさを失ってしまった。]

＊

自分がキリストの感謝を、自分に恩恵を施してくれた人にもたらしうるのだと知るならば、ただ人から受けるばかりの不幸な人間にもどんなにか自尊心が与えられることだろうか。

＊

待望《ヒュポモネー》——道教における水——ストア派。

＊

人間の愛において何よりも心にしむ楽しみのひとつは、愛する人にそれと知られることなく仕えることであるが、このことは、神への愛においてはただ無神論を通じてのみ、ようやく果たされる。

＊

肉的な愛は「受肉」を追い求めることである。ひとりの人において、世界の美しさを愛そうとするのである。世界の美しさを全体として愛そうとするのではなく、世界が各人に与え、各人のからだと魂の状態に正確にあい応じている特殊な美しさを愛そうとするのである。

＊

海、不動の中の動き。均衡、世界の秩序。原質料のイマージュ。よろこべ、恩恵を与えられるものよ（原文、ギリシア語）。

芸術において。それは、動きの中にあるともみえるが、不動である。音楽、動きが魂のすべてをとらえつくす。——そして、この動きは、不動以外の何ものでもない。海の波を見るときと同じで、波が今にもくだけようとする刹那こそ、まさに美しさが集中してあらわれる一点である。音楽においても、同じだ。

ギリシア彫刻の不動性を、職人組合の定めた規則とみる考古学的な説明は、現代の愚劣さの何よりの例である。

*

肉体労働の霊的な役割は、ものを注視すること、自然を注視することである。

永遠なものへと移って行くことができるのは、どんな展望がひらけてきても、わたしたちは空間の中心にいるのではないと感じる知覚の働きとよく似た魂の働きによるのである。そしてまた、知覚の条件も同じであって、実在的なものがあらわれてくることができるような条件でなくてはならない。

超自然に由来する善をこの世において役立たせること（わたしの場合は、知性）。——ところで、枯れ葉に身を変える仙女たち。

船が難破して板切れにすがりつく人のたとえ。

空間におけると同様に、時間においても、将来の見透しをなくするように努めること。永遠。

そこから、思い出だとか、むかしのものだとかが力をもってくる。

*

P・Pのために、文献の要約。

数学上の真理は、最初は神学的であった（フィロラオス）。平方数でない不正な数の仲介（アリストテレス）。ロゴイ、アロゴイ、つまずき、不条理。幾何学的仲介についての、『ティマイオス』篇の一節。自然法則、函数と比例。

証明（現代科学の心髄、実験的方法をも含めて）が案出されたのは、神的な事柄についてこれを表象する場合にも確実さを必要としたギリシア人のお蔭をこうむっている。数、その確実さのゆえに、神的な事柄を特権的に表象するもの。だが、実数の方がもっとよい。確実さと表象の不可能。信仰に導くもの。

　表象可能なのは、最小から最大へ、最大から最小への段階。仲介するものとしての数学。同時に物質を支配するメカニズムの要約であり、神的な諸真理を象徴するもの。同時に、仲介を中心的役割とするもの。

　驚くべき詩。啓示。

人々は、神的な事柄に対して、確実であってほしいという要求を失った。

しばらく前から、数学において厳密さの要求がふたたび出てきている。これが、道になるかもしれない。なぜなら、数学においては対象がないのだから。

自分の理解しないものに関しても、確実であるかもしれぬと感じさせるために、数学を用いること。数学をこの目的のために形作ること。

(公案。確かなのは、自分が理解しないということである。ただ、不透明なものだけが見られている。)

数学が技術の中に落ちこんでしまわぬようにする、神意の配剤。

　「友愛とは、調和的一致である」(原文、ギリシア語、ソクラテス以前の断片)から。

一　三位一体、調和《アルモニア》、別々に思惟するものの一致(原語、ギリシア語)。

三位一体の証拠。主体としての神。しかもかれ自身の中の二つのものの対象であり、絆であるもの。

そして、そのおのおののものが、「わたしは在る」である。

一と多、一と二との同等性。
(一、初め《アルヘー》、最初の複合物、フィロラオス。)
(聖アウグスチヌス、同一性《アエクアリタス》、関係《コネクシオ》。)

十二　創造者と被造物、限界あるものと限界なきものの対立。神にあって相反するものの、第二の組み合わせ(『フィレーボス』篇)。もっとも美しい調和、分離と統一の最大限、神の一位格《ペルソナ》が、もの、動かぬ物質であるということ(奴隷となって、死の苦しみを味わう人間であること)。キリストの死の苦しみ。「なぜ、あなたはわたしを……」(マタイ二七・四六など)。——キリストには、多くの兄弟たちがある。

限界＝数。『フィレーボス』篇、一と多(三位一体)、限界あるものと限界なきもの(創造)。数、比例中項。『フィレーボス』篇、あらゆる研究がこういう階層秩序を生み出すにいたること。知性、信仰の象徴。

〔限界へと移ること、解決しがたい難題の解決。例、キリストの死の苦しみ。〕

別々に思惟するもの(原語、ギリシア語)。「わが神、なぜ……」(マタイ二七・四六など)——一致、ただ一つの神。すべての知識を越えた愛。

三　神と人間との間の友愛。比例中項としての調和。仲介。『ティマイオス』、『饗宴』、『エピノミス』、聖ヨハネ。友愛、『ゴルギアス』篇における幾何学的な均等。「幾何学者でない者は、だれもここへはいってはならない。」神はつねに測るもの(幾何学者)である(原文、ギリシア語プラトンの言葉か)(二重の意味で)。幾何学、預言の最初のもの。だから、科学は悪魔的なものとなったのだ。科学と愛との真の関係、グレゴリオ聖歌と類比の上で。

証明の厳密さと科学との関係は、石と彫刻の関係にひとしい。

四　人間どうしの友愛。自然的には、〈わたし〉が中心にいるか（遠近法）、それとも、獣的な力でわたしを支配する他のだれかが中心にいるかである。余のものは、宇宙の断片にすぎない、自然的な義のごく稀れな例外を除いて（トゥキュディデースのアテナイ人とメロス人の場合）。

友愛は、超自然的な義と同じものである。キリスト、人間の中での仲介者。

〈われわれ〉、集団的感情、にせの、調和のない友愛。なぜなら、ここでは、用語の種類も同じ、根も同じ、順序も同じであるから。

超自然的な義、遠近法をのり越えようとする働きと同様の働き。世界の中には中心はない、ただ世界の外側にだけある。「わたしは在る」とわたしたちにいわせてやまない幻想の権威を、神への愛のために放棄すること。ある人々がそれを神のうちに移しこむことで行なっているようにではなく。エノーヌがフェードルのうちに、ピラードがオレストのうちに移しこんでいるように（いずれも、ラシーヌ悲劇の人物）。なぜなら、神の真実な「わたしは在る」は、わたしたちの幻想のそれとは無限に異なっている。移しこむことなしに放棄すること。それが神への愛である。だが、現実の人間の思考は、この世においては具体的な対象がなくてはならぬものであるから、最初は、世界の美しさへの愛、もしくは隣人愛としてあらわれる。この放棄とは、キリストに従うために、すべての富を捨てることである。社会的な富は、〈わたし〉といいうる権利を支えているものにほかならない。貧しさを受け入れること。「もし、目に見えないものとなりたいと望むならば……」

ここでの調和、相反するものの一致。相反するもの、わたしと他者。ただ、神においてのみ一致。

義と（隣人への）愛、同一のもの。

神と神、神と人間、人間と人間とのあいだの仲介としての、神。ただひとつの調和。

ふたりの真の友人の間に、つねに臨在するキリスト。逆にいえば、「もし二三人が……」（マタイ一八・二〇など）という言葉は、かれがその友人に対する人間的な友愛の約束である。
五　ものの中の調和。㈠ものと神のあいだ、㈡もの同士のあいだ。どちらの場合にも、仲介は限界づけである。すなわち、言葉《ロゴス》と数《アリトモス》とである。もの、自然的存在としての人間も含めて（わたしも含めて）。
限界のあるものと限界のないものという対立の中には、あらゆる認識論が含まれている。

フィロラオス。数は、ものにからだを与える。たとえば、太陽の高さを計る不変の晷針と、変化する数値の群れ。立方体（ラニョー）。立方体は箱のからだである。感じられる宇宙の実在は数学的必然である。知覚についての理論。ただ必然の支持台としての物質。必然は、仮定的なものであるから、支持台を必要とする。

必然、固定した不変の諸関係によって限定された変化法則の全体。

実在＝必然との接触。（矛盾）、必然は触知できるものではないこと。調和、奥義。

立方体、箱の見かけとの対比においては超越的。

仮定的で、物質に支持されている必然（『ティマイオス』篇）。水（バプテスマ）はその象徴である。海《メール》、母《メール》、物質《マチエール》、マリア……必然の本質（変化と不変なるもの）は、函数である。函数、比例、言葉《ロゴス》、数《アリトモス》。

必然、〈わたしは〉という人間にとっての敵。夢想の中での（また、社会的支配による）奴隷。不幸の中の残忍な主人。組織立った行動の最適の状況下における、見かけ上の自然な均衡。（人間のあいだの三つの関係も同じ。）この均衡が自然的な義と結びつくなら、自然的な幸福そのものとなろう。立法家たちが目ざしているもの。

だが、この均衡は、見かけのものにすぎない。疲労すると、このことが感じられてくる。人間の意志もまた、無力なものにすぎない。

実際に必然に遭遇するときには、意志の訓練にはつねに幻想がまつわりつく。必然は、理論的、仮定的なものとして、純粋な観念でしかない。そこには、この観念の操作は別としても、人間は不在である。人間的なものも含めて諸事実を具体的に知るということは、それらの事実のうちに数学的な、また類似の必然を認めることである。

（それぞれの場合に、特別の形で。受肉との類似。）

そこで、必然と人間との関係は、主人と奴隷の関係または同じ身分の者どうしの関係ではなくて、絵とこれを見る目との関係である。この目の中に、超自然的な同意の能力が生れる。人は、力に対して、力としては同意しないが（力は束縛するから）、必然としてなら同意する。純粋な知性は、自然と超自然との交わる点にある。

この同意こそは、神の三つの愚かさ（創造、受肉、受難）に応ずる愚かさである。が、まず第一の愚かさに応ずる愚かさである。

ロゴス、〈愛する者〉に与えられた、〈必然〉の名称。福音書の中の光と雨（マタイ五・四五）、ストアの教え。

必然、わたしたちの中の自然的部分と超自然的な同意との仲立ちとなるもの。

類比的に、物質と神との仲立ちとなるものとも考えうる。創造と秩序づけをする行動。ゼウスとバッコス。カオスの神話。神によってさらに高められた段階で、求められる必然。

ものとものとの仲立ちとなるもの。アナクシマンドロス。揺れ動く不均衡、時間の中へと屈折した均衡。

神と神
神と人間
人間と人間
神ともの
ものともの
わたしとわたし
の間を仲立ちする神。

神は仲立ちである。それ自体において、すべてのものは、神的な仲立ちである。

類比的に、人間の思考にとっても、すべてのものは関係（比）である。ロゴス。

関係は、神的な仲立ちである。神的な仲立ちは神にほかならない。

「すべては、数である。」

神は必然を考える。必然は、神がそれを考えるから、存在する。神の思考とは、子なる神のことである。

神において世界の秩序とは、秩序づけるものである。神において、すべては主体である。それ自体として、単独では、すべての現象は世界の秩序を破壊する要素である。つながりによって、この秩序はそこにまったく存在しうる。

〈わたし〉のために、わたしたちは、必然の中に閉じこめられたままでいる。天のドーム、地の表面の中に閉じこめられているように。荒々しくのしかかる支配の外面の下に、わたしたちは必然を見てとる。〈わたし〉を放棄することによって、わたしたちは、向う側へと移り、世界という卵を砕くことができる。そのとき、必然は服従の外面の下に見える。父の家の子であるわたしたちは、奴隷の従順を好む。

必然——自由、服従は一致である。

必然、物質の神への服従。

意味のない、奇跡観。

人は、同意によって卵の殻が砕かれるのだと知るよりも前に、必然に同意する。神が、わたしたちにあって、わたしたちのために、同意する。

わたしたちの中の自然的な部分が、卵の中に残されている。

水平面が二つの面を持つように、必然は、支配と服従という二面を持つ。

神における必然は、考えつつある位格《ペルソナ》であるが、わたしたちにおいて必然は、思考の活動、関係の認知、証明である（スピノザ）。

一と一とは、加えなければ二にならない。

さまざまの必要なつながりに創造的な注意を向けること。（注意によらないつながりは、必要なものではない）。

一方では、束縛に、他方では、知性、義、美、信仰などに必然をかかわらしめること（神的真理を象徴的に言語にあらわしたもの、――循還と往復の運動――$\sqrt{2}$、偶数と奇数、など）。

知性の注意、知恵の象徴としての。

知性、自然と超自然の交わる点。半ば実在であるものを生み出す（仮定的な必然）。〈愛〉（同意）は、実在を生む。

美、純粋なよろこび、超自然的な同意の能力に、肉体や魂の自然的部分も荷担すること。不可欠のもの、〈十字架〉を使命とする人にとっても。

美の感情、魂の肉的な部分や肉体にすらも、この束縛とみえる必然がまた、神への服従であると感じられる感情。

数学における、信仰の諸奥義の象徴。数学、合理的で抽象的な科学、自然についての具体的な学、神秘学。

宇宙、ところどころに光を放つ点のあるぎっしりつまった、服従の塊。すべては美しい。

ひとりびとりの人間もまた（小さな塊、一つの点）。水と霊。

自然に対する、超自然な愛の現存のふしぎな影響（ただし、法則をおかすことなしに）。

フィロラオス、鍵。

『フィレーボス』篇。苦痛とよろこび。苦痛と世界の美しさの啓示、ヨブのこと。

美、――理論的な必然を知解する、純粋な知性の働きと、世界についての具体的な知識と技術とのうちに具象化すること、――人々の間に、義、あわれみ、感謝がときにきらめくこと。自然のただ中につねに現存する三つの奥義。――キリストという中心の門の方へとひらかれた三つの門。

わたしたちにとっては、すべては、関係である。

それ自体として、すべては仲立ち、神的な仲立ちである。神は、仲立ちである。あらゆる仲立ちは神である。

最高の仲立ち、キリストの「なぜ」(不幸の中にあるすべての魂によって、たえずくりかえされている)と父なる神の沈黙の間の調和。宇宙は(わたしたちをも含めて)、この調和のふるえひびく調べである。

(宇宙も、人間の運命も、とくに罪のない人々に及ぶ不幸の力も、それらのあるものは十字架として、他のものは、十字架につけられたキリストの兄弟として造られたのだとさとらない限りは、真に理解できない。)

この比較において汎神論的な誤まりの危険をただすために、立方体と立方体の箱とを比較すること。

こうして、すべてのものを通して神に触れること。

*

キリストのエジプトへの逃避(マタイ二・一三―一五)。ディオニュソスやオレステスの幼少年時代が秘められていること……

キリスト。盗賊の問題。奴隷の問題。放浪者の問題。

＊

キリストは、不幸がいくらかでも存在するところならどこにも、完全に現存しているはずであった。そうでないとすれば、神のあわれみはどこにあることになろうか。

秘跡。仮りに絶対に清らかなものであるとされ、不純な要素も消え去ってしまうようなもの。

不信仰者、信仰者の疑惑の時期。他のものに自分の愛を向けないこと（愚かさ）。耐え忍んで《エン・ヒュポモネー》。

アントニヌス帝治下のころ（九二―九六ごろ）のキリスト教はおそらく地獄のような時期にあった。その理由はたぶん一部は、前時代までの迫害のため、また一部は世の終りへの待望のためであった。

＊

魂に対する祈りの作用。かならず得られると信じるならば、求めるという事実そのものが、ひとつの行為となる。だから、これらの言葉は、行為なのである。これらの言葉を告げるのがむつかしいのは、そのためである。

第一原因による証明。ただ、真に正当な証明となるのは、わたしたちが、第一原因などという観念を抱くこと、奇妙にも、不条理にもそういうものを必要としていることである。

なぜ、最終目的によって同様の論証が行なわれないのだろうか。

そして、第一原因と最終目的がただ一つのものであると証明できる人があるのか。

＊

人間において、神の似像とされるものは、わたしたちにおいて人格であるという事実と結びついた何ものかである。だが、それは人格ではない。それは人格を放棄しうる能力である。服従である。

人間どうしの中では、奴隷は、主人に服従することによって主人と同等の者にはなれない。反対に、奴隷は従属する者となればなるほど、命令をくだす人とは違った者になる。

だが、人間が神に対する場合、子が父に、絵がモデルに対するのと同様に、被造物は自分にできるかぎり、全能の神とまったく同じ者とされるためには、完全に服従する者となりさえすればよい。

こういうことを知るのは、超自然的である。

*

必然。

数学。限られており、数えることができ、決まっている項。抽象されたもの。わたしたちがそこにうち立てる関係としての比。世界の本質をなすものであるが、ときおり打撃を加えてくるという形でしかわたしたちにはそれと感じられぬ必然について、わたしたちが注意力によってつくり上げる象徴。

友愛。あるひとりの人に対して利益を求めている限りは、友愛の条件はととのうことがない。その人がなくてはならぬものになること、その人が欠かせぬものであることが必要である。そうなってこそ、自分はその人の意のままの存在となり、その人も自分たちの意のままであってほしいと望みうる。しかしながら、その人に自由な同意の能力を保ったままでいてほしいと望むならば、そのときはピュタゴラス的な調和が生れる。これが友愛というものである。

わたしたちがその人に自由な同意を保っていてほしいと望んでいたのに、何か自然的な必然がこれに逆らってくるとき、自然がその人とわたしたちとの間に、必然の関係をうち立てるとき、隣人への愛は、超自然的となる。

友愛と乞食の境涯との類似。

＊

(世俗的な)道徳と宗教。努力(または意志)と願望。

＊

愛は、どんな領域においても、特定の対象に向けられてはじめて、現実的となる。ただ比較類推と移し植えによってのみ、現実的であることをやめずに普遍的となる。

このことをプラトンは、『饗宴』篇の中でいおうとしたのだ。

比較類推と移し植えを学ぶこと。数学。哲学。この研究と愛との関係。

真理を行なう者(原語、ギリシア語、ヨハネ 三・二一)、(聖ヨハネ)。マート(エジプトの女神)。エジプト語からの翻訳か。

＊

聖体の秘跡。おのずと働く約束ごと。どんな条件にも制約されぬ、現実の清らかさ(幾何学者のいう意味で仮説として立てられた)。調和。

服従。受動の能動性。上に同じ。

巨人の石と小さな仕立屋の小鳥。意志と恩寵。

第一級の芸術と科学において、創造は、自己の放棄である。

神は……

非ユークリッド幾何学。もし無限をも有限とみなすならば、平行線は出あう。無限の秩序。カントール（ゲオルグ・ー、ドイツの数学者、一八四五—一九一五）。

田園詩第六。睡眠中に羊飼いたちに襲われ捕えられて、詩によって自由をあがなったパン（ロゴス）の象徴。

これが、詩のマラルメ的観念である。

〈至上善〉に関して、プラトンは、その中にすべての善が含まれていると考えている。だから、絶対の善への愛によって、部分的な善を捨てたとしても、少くとも同程度の濃さで、その特殊性のままに、絶対の善の中にもこの部分的善を再び見出すはずである。

（あなたがたは、それを百倍にして見出すであろう）（マタイ一三・八など）。

それが、『フィレーボス』篇の意味である。

波。全体と部分、——同じであって別なもの。

海洋のただ中での水平線。わたしたちは、自分自身の見る所にとり囲まれている。

パン、羊飼いの神。キリスト誕生のときの羊飼いたち。

働く人々の使命、ものを注視すること。

*

憐れみ《ミゼリコルド》は、ふさわしくも神の属性である。人間による憐れみなどというものはない。憐れみは、無限の距離を包みこむ。人は近いものには、同情《コンパッション》を持たない。

ジャフィエ（『救われたヴェネチア』の主人公）。

憐れみは、苦しんでいないものから、苦しむものの方へとくだってくる。

憐れみ深くあるためには、自己の中に苦痛を感じない一点を持たねばならない。そして、他の部分はすべて、保護もされず運命の偶然のままにさらされていること。

不幸な人に対しておぼえる同情は、自分の魂の中の苦痛を感じない部分が、不幸のときに苦痛を感じやすい部分に対しておぼえる同情である。キリストが「わが父よ、この杯をとり去ってください……わが神どうしてわたしをお見捨てになったのですか」（マタイ二六・三九、二七・四六など）と叫んだときに、自分自身に対して感じていたのも、この同情である。父なる神のキリストに対する、沈黙の同情。

この自己に対する同情は、純粋な魂が不幸の中で感じるものである。純粋な魂は、他人の不幸に面しても同じ同情を感じる。

十字架上に見捨てられたキリストを、無限の距離を越えて父なる神と結ぶ愛こそは、すべての聖らかな魂に宿っている。このような魂の一点は、つねに御父のみもとにある。「人の宝がある所には、心もある」（マタイ六・二一）。魂の感じやすい部分はいつも、不幸の苛責にさらされている。この魂の中にあって、キリストの叫びと、御父の沈黙とがおりなす対話が、永遠に完全なハーモニイとなってひびきわたる。不幸な人の前で、この魂はすぐに、正しい音を返す。「わが神、どうしてこの人をお見捨てになったのですか。」すると、その魂の真中に、御父の沈黙が答えてくる。

「なぜ、この人が飢えるなんてことがあっていいのですか。」この問いに心が占められているうちは、人は機械的にパンをさがしに出かける。

このようにして行動が果たされたときには不幸な人は感謝をしなくてもない。なぜなら、キリストが感謝をされるからである。

「わが神、どうして……」神が、キリストの受難について、自分で自分を責めている。「わたしを渡す者は、もっと罪が深い……」

人間に対して悪をゆるそうとするなら、そのことで神を責めないかぎりは、できない。神を責めることによって、人はゆるす。なぜなら神は善であるから。

表面的にわたしたちに借りがあるとみえる人々が数多くある中で、神だけが、わたしたちに借りのある唯一の者である。だが、わたしたちの神に対する借りの方がはるかに大きい。もしわたしたちが神をゆるすならば、神もわたしたちの借りを免除するであろう。

罪とは、神がわたしたちに借りを払おうとしないのでそれを怨んで神を侮辱することである。わたしたちが神をゆるすならば、わたしたちは自分の中にある罪の根を絶つことになる。あらゆる罪の根底には、神に対する怒りがある。

もしわたしたちが、有限な被造物としてわたしたちを造ったというわたしたちに対する神の罪を、ゆるすならば、神は、有限な被造物にすぎないというわたしたちの神に対する罪をゆるすであろう。

わたしたちは、被造物であることを受け入れるならば、過去からとき放たれる。

キリストの口を通して、神が受難について自分を責めたように、人間のあらゆる不幸について神を責めること。また、神が沈黙で答えたように、沈黙で答えること。

同情には、あらかじめ、魂のすべての霊的な部分が神のうちに移り住み、その肉的な部分は、裸で、どんな衣服も、甲冑もまとわず、あらゆる打撃にさらされているということがなければならない。このように裸にされていてこそ、不幸な人がそこにいるというだけで、不幸の可能性が感じられるようになる。

不完全な人々は、自分の魂の霊的な部分を肉的な部分の衣服にしている。霊的な部分が神のうちに運び入れられると、残りの部分は裸のままになる。

十字架の上に、裸で釘づけられ、槍で突かれるままであったキリスト。

もはや、身を捧げて服従に生きるものとしか、自分を意識しないこと。

いのちの木の上に、裸にされ、釘づけられて生きること。

物質的な必然によってか、絶対的な義務によってか、さからいがたい神の命令によってか、それとも強い自然の傾向によってか、ともかくも強いられてしか行動しないこと。そのとき〈わたし〉は衰えて滅び去る。

必然も、義務も、神も、強制的な指図を与えてこないときには、自然の傾向に従うこと。

いつも、どうしても自分はする義務があると思われる事柄をする習慣を持つこと。

わたしは、努力なしに、そこにまでたどりつきたいと思う。

どうかわたしにもさまざまの過失の根が生えでてくる点を見分けて、一気にこれをたち切ることができますように。そのあとはもう、苦しい労働によって悪習慣を抑えて行けば足りる。それでもまだ、邪悪な行ないはなくならない。

「あなたがたはすでに死んだものであって、あなたがたのいのちは、キリストとともに神のうちに隠されているのである」(原文、ギリシア語、コロサイ三・三)

隣人は、同情による愛をもってしか愛することはできない。それが、ただひとつの正しい愛である。

同情がある。

人々を愛すること。

太陽にもしわたしたちが見えたら、愛してくれるであろうように、人々を愛すること。

「わざわいである」(原文、ギリシア語、マタイ二三・一五など)においても、同情がある。

「憐れむべき死すべき者たちに」(原文、ギリシア語、『イリアス』二二・三一など)。

太陽がもし考えると仮定するなら、完全の模範である。

神には、自分を与えるについてなんと多くの仕方があるのか。

同情によって、愛はすべての人に等しいものとなる。罪をさげすみ、偉大さをたたえるについても、同情においてその正しい位置が得られる。

三位一体の教義が必要なのは、わたしたちと神の対話が存在するためではなくて、わたしたちの中にあって、神と神自身との対話がなされるためである。わたしたちが不在となるためである。

食物の中に宿られる神。小羊、パンなど。人間がその労働により製造した物質においては、パン、ぶどう酒など。

このことが、農民生活の中心とならねばならないのだろう。農民は、そうしようとの意志を抱くとき、自分の労働によっていくらか自分の肉体を捧げるのである。それがキリストの肉体となるために。

それは、捧げられて聖別されなければならないだろう。

聖性とは、聖体の秘跡のような変質作用である。

ひとりの人間が、聖変化後の聖体のパンのように、現実にキリストの宿るところとなるには、かれの肉体と血とがあらかじめ動かぬ物質と化しており、さらに自分とともにいる人々に食べられるものとなっていることが必要である。そのとき、この物質は、ひそかな聖変化によって、キリストの肉体と血となることができる。この第二の変質作用は、ただ神のなされるわざであるが、最初のわざは、ある程度わたしたちのすることである。

わたしの肉体と血とを、動かぬ、無感覚の物質、他人に食べられるものとみなすことができれば十分である。

「自分の声に耳を傾けるな」「しなければならぬことだ」、——民衆的なストア主義は、その萌芽を含んでいる。

もし農耕作業によってわたしが痩せ衰えるならば、わたしの肉体は、現実に麦となる。この麦が聖体のパンを作るのに役立つならば、わたしの肉体はキリストの肉体となるのだ。だれでも、こうした意向をもって農耕に従事するならば、聖人になるにちがいない。

＊

神は、あたかも存在しているとの外観をもつ非存在として、わたしを創造した。愛により、この見かけだけの存在を捨て去り、存在の充満によってわたしがまったく無とならしめられるようにと。

＊

信仰に民衆的なストア主義を加えて完成すること。それは今まで試みられたことがなかった。不幸な人々に対して、キリスト教への市民権を霊的に与えること。

聖人の一覧表の中には、農民よりも王侯貴族の方が多く見出されるのではないだろうか。

神がわたしを、存在の外観を呈している非存在として創造したのは、愛によって、このわたしがわたしの存在であると信じているものを捨て去り、虚無から出て行くためである。そのときにはもはや、

〈わたし〉は存在しない。〈わたし〉は、虚無に属するものである。だが、わたしにはこのことを知る権利はない。もしわたしがそれを知っていたら、捨て去るなどということがどうしてありうるだろうか。わたしはそれをついに知ることはないであろう。

他の人たちも、かれら自身にとっては、存在の幻影にすぎない。

他の人たちをそのような仕方で見ることによって、わたしには、かれらの存在がより劣ったものにはならず、さらに実在的なものとなる。なぜなら、わたしはかれらを、かれら自身との関係において見ているので、わたしとの関係において見ているのではないからである。

不幸な人に面して同情を感じるためには、魂が二つに分割していなくてはならない。どんな感染からも、またどんな感染の危険からも完全に守られている部分。すっかり同一化するまで感染しつくされた部分。この緊張が受苦《パッション》であり、共に苦しみを味わう《コンパッション》ことである。キリストの受難《パッション》は、神におけるこの現象である。

人は、魂のうちにどんな不幸の感染からも守られている永遠性の一点をもっていないかぎり、不幸な人々に同情を寄せることはできない。境遇の違いとか、想像力の欠如とかのために、不幸な人々から遠くへだてられているか、あるいは、実際にこの人々に近づくとしても、可哀そうと思う気持の中には、恐怖や不快さや不安やうちかちがたい嫌悪感がこもる。

すべて、魂のうちに純粋な同情の思いが動くとき、十字架につけられるため、キリストがまたあらたに地上へ降下されたのである。

神に夢中になっていて、人間の悲惨さに同情を感じない魂は、下降の段階ではなく、上昇の段階にある（たとい、善行に熱心であるとしても）。

飢えている人に与えたひと切れのパンは、ひとつの魂を救うに十分である――もしその与え方が正しければ。

何かをもらうときに当然感じる謙虚さと同じ謙虚《ユミリテ》さをもって、ものを与えることは容易ではない。乞食のような態度で、与えること。

*

自分が存在せぬことを知り、同時に、存在せぬことをねがわなければならない。

謙虚さは、愛の根である。

謙虚さは、神に対して圧倒的な力を及ぼす。

もし神が、キリストのかたちをとって謙虚にへりくだらなかったならば、わたしたちよりも劣った存在であったろう。

*

飢え（また、渇きなど）をはじめ、すべての肉の欲望は、からだを未来の方へと向けるものである。わたしたちの魂の肉的なすべての部分が、未来へと向けられる。死をのぞみ見て、凍る思いにおそわれる。何かを欠いていることは、すでにはやくも死に似ている。

肉体は、未来に向けられて生きる。この世の欲望が、生そのものである。欲望からの離脱は、死である。

「肉のおごりを取り去る、――飲みものと食べものをつつしむことは」（原文、ラテン語）。

肉の尊大さは、肉がそのいのちを自分の中からくみとっていると信じていることである。飢えと渇きによって、肉は、自分が外部に依存するものであることを感じる。依存するものだという思いによって、肉は謙虚となる。

イオ（ギリシア神話の女性、ヘラに追われる）、さまようむすめ、ジプシーたちの月。

オリゲネスの中にさがすこと。マタイ五・四五―四八（「……完全な者となりなさい」）。

＊

公準、より劣ったものは、よりすぐれたものに従属する。

光の源泉は、ただひとつしかない。半影は、何か別な半分暗い源泉から来た光線ではない。同じ光の堕落である。

このように、神秘神学は、すべての知識、すべての価値をとく鍵を与えてくれるに違いない。

調和は、鍵である（フィロラオス）。

キリストは、鍵である。

＊

すべての幾何学は、十字架から発している。

美は、感受能力と善との接触である。（実在的なものも同じである。）

真は、知性と善との接触である。

この世のすべての善、すべての美、すべての真理は、唯一の善の多様で、部分的な姿である。従って、それらの善は秩序づけられねばならない。絵の組み立てゲームは、この作業の象徴になる。こうした全体を、適当な見地から見ると、また、適当にひっくるめていうとすると、建築みたいなものといえる。この建築によって、このとらえがたい、唯一の善がどういうものかを理解することができる。すべての建築は、こういうものの象徴であり、この類似物である。

宇宙全体は、大いなる隠喩《メタフオア》にすぎない。

占星術などは、こういうメタフォアとしての宇宙の認識の堕落した影である。おそらくは、その物質的な証拠を見つけ出そうとする企て——だが、不当な企て——である。錬金術も同じである。

*

哀願するというのは、外部から生または死のくるのを待つことである。膝をつき、頭を垂れ、勝利者が剣のひとふりで首を切るのにもっとも好都合な姿勢をとり、かれの膝に片手を当てて（だが、おそらく初期には上にあげて）、父親からいのちの種を得るように、同情を得て、生命をゆるされようとする。こうして沈黙のうちに、じっと待つ数分間が過ぎる。心は、迫ってくる死の予感に凍りつき、どんな執着からもぬけ出す。そのとき、純粋に憐れみによってつくり出された新しいいのちが与えられるのである。

このように、神に祈らなければならない。

待つことは、霊的生活の基礎である。

親への孝心は、神に対する態度のひとつの類似物にすぎない。

もし魂が、母が乳を飲ませてくれるのを忘れてしまった赤ん坊のように、いのちのパンに飢えていることを、たえまもなく、疲れも知らず、神に向かって泣き叫ぶならば……

一、二週間分の給料を受けたとき、わたしが叫んだあの声がこんどは、たえまなく、御父からいのちの種の乳を得たいとの叫びになって心の中で鳴りひびくように……

聖母の乳、御父のいのちの種、――それを得たいと泣き叫ぶならば、わたしにも与えられるであろう。この叫びこそは、人間に与えられた最初の技巧なのだ。働きによってはついに得られないものを、泣き叫ぶことによって得るのだ。子どもの叫び声に応じて、最初の食べ物が、母親から流れ出て与えられる。どんな働きも、そこには干与しない。

聖母の乳とは、世界の美しさのことだ。世界は、美しさという面から見るとき、完全にきよらかである。

〈義〉、――美しいと認められた世界は、完全に正しいものとうつってくる。童貞マリアは、義である。一本の穂をもつ、黄道十二宮の中の乙女座。黙示録の中の、宇宙的なまでの女性（黙示録二一・三）。きよらかさという面から見るとき、処女とは創造するものである。

（いきいきした女性は、それ自体として見られた創造の完全なきよらかさと同程度にまできよらかであった。少なくとも、――おそらく……）

〈真理〉――世界の美しさは、世界の実在性を示すしるしである。

＊

申命記一二・二三、「血を食べないようにしなければならない。血はいのちだからである。そのいのちを肉と一しょに呑みこんではならない。あなたはそれを食べてはならない。水のようにそれを地に注がなければならない。」

（同じく、レビ記一七・一〇—一五）。

アメリカ・インディアンの小話と過越の小羊に関する勧めの中の骨、参照。出エジプト記一二・四六。

「あなたは、その一本の骨も折ってはならない。」

「血を注ぎ出して、土でこれをおおわなければならない。すべての被造物のいのちの原理は、からだに流れるその血だからである。……すべての被造物のいのちは、その血だからである。」

生あるものの復活を見通しての勤め。

キリストの骨は、一本も折られはしなかった。その血は、大地に流された。

だが、キリスト教徒は、血を食べる。

申命記一六・二一、「あなたの神、主のために立てる祭壇のかたわらに、あなたはその所に、どんな繁み、どんな木も植えてはならない。また、あなたの所に、あなたの神、主が憎まれる彫像を立ててはならない。」

逆に、ギリシア人においては、木や森は神聖なものであった。

申命記一九・一〇、「これはあなたの所で、だれも自分のむすこやむすめに火の中を通らせる人がないようにするためである。」

バプテスマのヨハネの言葉を参照のこと。かれは、聖霊と火のバプテスマをほどこす。

デメテルとイシスがその養子とした乳呑児にほどこした洗礼もそうであった。

これは、犠牲であったのか。それとも、単に洗礼であったのか。

＊

ヤハウェは、イスラエルに対して、悪魔がキリストに対してしたのと同じ約束をした。

＊

神はこの世においては、神によって救われたいと望む人々を救うためにだけ、全能である。その残りの力を、神はこの世の君と、いのちのない物質にゆだねた。神の力は、ただ霊的な力である。そして、霊的なもの自体、この世では、存在するために必要な最小限の力しか持っていない。からし種、真珠、パンだね、塩。

＊

蛇、月の象徴。他方、脱皮の現象はおそらく、新しい誕生の象徴であった。

＊

道徳的感覚と義務の遂行における意志の努力は、それ自体としてはなんの価値もない。ただ、言葉のない祈り、身振りだけの、沈黙の祈りとしては価値がある。

生まれて数か月の小児は、何かきらきら光るものが欲しいとなると、それをもらうまで泣き叫ぶことがある。また、何時間ものあいだ、手をのばし、疲れては手を落し、また手をのばすということをくりかえすことがある。とうとうさいごに、母親はそれに気がつき、もう自分を抑えていられずに、その品物をやってしまうということになる。

一ぴきの蟻が、垂直の、すべすべした面をよじのぼろうとしている。数センチメートルのぼっては、落ち、またのぼっては、落ち、またのぼっては、落ちる。その光景を十分間おもしろがって見つめていた子どもは、とうとうたまらなくなり、蟻を一本のわらしべの上にのせて、その垂直面の天ぺんにまで上げてやる。

ちょうどそのように、わたしたちが、わたしたちの忍耐によって神を疲れさせるほどにするならば、神は時間を永遠に変えずにはいられなくなる。

神を疲れさせるほどの忍耐は、限りない謙虚さから生じてくる。

謙虚さによって、わたしたちは、神に対して影響力をもつに至る。ただ、完全に空しくなった無だけが、完全に密な存在と結び合うことができる。ただ、謙虚さによってだけ、わたしたちは、わたしたちの父のように完全な者となることができる。

それには、まったく砕かれた心が必要である。

のぼっては、また落ちる蟻のような、身振りによる祈りは、言葉や内なる叫びによる祈り、また、願望を沈黙のうちに導くことによる祈りよりも、さらにずっとへりくだった祈りである。それは、自分には何もできぬと知りながら、なおも無益とわかっている努力に精根をつくし、自分ではとても願い求める勇気はないのだが、おそらくは大いなる力がこれを認めてくれる日がくるとつつましく待ち望んでいることである。

沈黙し、忍耐をもって待ち望むこと以上に、深く謙虚な態度はない。それは、主人からのどんな命令をも待ちかまえている、いや、命令のないことをも覚悟している奴隷の態度である。

待つことは、行動する思考の受動のすがたである。

待つことは、時間を永遠に変化させるものである。

「かれらは、待つことによって実を結ぶであろう。」

＊

肉の尊大さは、自分が未来に対して勢威を及ぼしうると信じている所にある。飢えるならば、近々に食べる権利が与えられると、渇くならば近々に飲む権利が与えられると信じている所にある。窮乏に陥ってはじめて、肉はみずからの誤まりをさとり、未来の不確かさ、自分の勢威のなさ、たとい近い未来であっても人間はまったくこれに力を及ぼしえぬことを強い苦悩とともに味わい知る。

傲慢の声とは、どんな形であろうとも、「未来はわたしのものだ」ということである。

謙虚さとは、これと反対の真実を知ることである。

もし現在のみが、わたしのものであるのならば、わたしは無である。現在は無であるのだから。

超越的なパンは、今日のパンである。だからこそ、それはへりくだった魂の糧なのである。

すべての罪は、時間をのがれようとする試みである。時間を堪え忍び、時間を自分の心に押しつけて心を砕くまでにするのが、徳である。そのとき、人は、永遠のうちにいる。

不幸は、魂を凍りつかせて、自分の本意でないのに、現在にまでこれを押しつめてしまう。

謙虚さとは、このように押しつめられることへの同意である。

謙虚さとは、本性に恐怖を起すもの、無、への同意である。

わたしは存在しない。わたしは、存在せぬことに同意する。なぜなら、わたしは善ではないから。

そしてわたしは、善のみが存在することを望むから。

神がもし、キリストほどの完全さを持っていなかったら、このような愛には嫉妬を感じたことであろう。

神は、存在することを望まれる。それは、神が自立的存在であるからではなくて、神は善であるからである。御父は、愛ゆえに御子を存在するようにする。なぜなら、御子は〈善〉であるから。御子は、愛ゆえに存在することを望まれない。なぜなら、御父のみが〈善〉であるから。

御父にとって、神は御子である。御子にとって神は御父である。この両者ともが正しい。これらは唯一の真理をなす。こうして、御父と御子とは、二つの位格であって、ただひとつの神である。

御父は、存在の創造であり、御子は、存在の放棄である。この二つの動きは、ただ一つの行為であり、これが〈愛〉、または御霊である。謙虚さによって、わたしたちがこれにあずかるとき、三位一体がわたしたちの中にある。

御父と御子とのこの愛の交換は、創造物の中を通過して行なわれる。わたしたちは、この通過に同意することのほかには、それ以上に何も求められてはいない。わたしたちはこの同意そのものである。

*

神をほめたたえることと、被造物に同情を寄せること。

それは、同じ心の動きである。

この二つの事柄の間には明らかに矛盾があるというのに、このことがどうして可能なのであろうか。

その大いなる栄光のゆえに神に感謝すること、その悲惨さのゆえに被造物をあわれに思うこと。

渇き、飢え、疲れ切られたキリストに、あわれを感じること。

神への感謝、すべての被造物への同情。

神への讃美、すべての被造物への憐れみ。

どんな被造物も当然ながら憐れみのほかのどんな愛の対象にもなることはできない。

また、神は、讃美以外のどんな愛の対象にもなることはできない。

わたしたちの悲惨さは、神の栄光の讃美である。

わたしは、地上であなたの栄光でした。

わたしは、あなたのみ名を目に見えるものにしました。

わたしは、かれらのうちに自分の栄光を持っています（以上、三行、ギリシア語原文つき）。

すべての被造物への同情、なぜならすべての被造物は〈善〉から遠いものであるから。限りなく遠いものであるから。見捨てられたものであるから。

神は、わたしたちの存在全体を、肉も、血も、感性も、知性もあげて、物質の冷酷無残な必然に、また悪霊の残忍な扱いにゆだね渡す。ただ、魂の中の永遠で超自然的な部分だけは除いて。

〈創造〉とは、見捨てることである。神は、自分以外のものを創造したとき、これを必然的に見捨て去った。ただ、〈創造〉において、神自身にほかならぬもの——すなわち、すべての被造物の中の創造されなかった部分——だけは自分の保護下に残しておいた。それは、〈いのち〉であり、〈光〉であり、〈言葉〉である。それは、この世における神のひとり子の現存である。

この秩序に同意するだけで、充分である。どうして、同意が同情に結びつくのか。これは相容れぬものとも思われるのに、どうして唯一の愛の行為であるのか。

至上の知恵が、このことをわたしに教えてくれるように。

神の〈愛〉が内にいきいきと生きている人々がこの世に存在するということを除いては、神は、この世に不在なのである。だからその人々は、憐れみによってこの世にあらしめられているのにちがいない。その人々が抱く憐れみこそは、この世における神の目に見える現存である。

わたしたちが憐れみを欠くとき、わたしたちは被造物と神とを荒々しく引き離してしまう。

憐れみによってわたしたちは、被造物の、時間にしばられ、造られた部分と神とにつながりを持たせることができる。

これこそ、創造の行為そのものにもひとしい驚くべきわざである。

ユダヤ人とローマ人とは、残忍にもキリストに対して非常な力をふるい、ついにその結果としてキリストは、神から見捨てられたと感じずにいられなくなった。

憐れみは、創造によって神と被造物との間につくられた深淵をみたす。

それは、虹である。

憐れみは、創造の行為と同じ次元に属するものであるに違いない。どんな被造物も、憐れみから除かれることはありえない。

ただ同情の愛をもって、自分自身を愛すること。

すべての造られたものは、同情の対象である。過ぎ去って行くものであるのだから。

すべての造られたものは、同情の対象である。限りあるものであるのだから。

自己自身に向けられた同情が、謙虚さである。

謙虚さこそただひとつの、自己愛のゆるされた形である。

神への讃美、被造物への同情、自己自身については謙虚さ。

すべての徳は、謙虚さがなければ有限なものである。ただ謙虚さだけが、それらを無限なものにする。

＊

数学における極限への突破口を形而上学にも適用すること。

微積分においては相容れぬものも真実であるが、それでも厳密な証明を必要とする。

プラトンにおける知識（知覚から弁証法にいたる）の諸段階も、こういう意味しかない。精神を訓練して、相容れぬものが同時に真実であることを理解できる点にまで高めること。

このような点からでなければ、神を愛することはどうしてできようか。

＊

アメリカ・インディアンの説話においては、食料にした動物をよみがえらせるためにその骨を水の中へ投げ入れる
生ける水。
もしあなたが神の賜物のことを知っていたならば……あなたの方から願い出て、その人から生ける水をもらったことであろう（ヨハネ四・一〇）。
わたしが与える水は、その人のうちで泉となり、永遠のいのちに至る水が、わきあがるであろう（ヨハネ四・一四）。

＊

第四福音書。

かれは、まことの光であった（ヨハネ一・九）。

見よ、神の小羊（同一・三六）。

ぶどう酒にかわった水（同二・一―一一）。

神殿から追われた商人（同二・一三―一七）。

だれでも、水と霊とによって高い所から生れなければ……（同三・五）。

（以下、ヨハネによる福音書の抜萃と引用、数ページが続く、光、小羊、霊（風）、羊飼い、ぶどうなど、主として重要な比喩の部分を中心に。本書では省略。――訳者）

*

マルキオンに対するテルトゥリアヌス。

真のプロメテウス、全能の神〔が、マルキオンの冒瀆によって損なわれた〕。

殉教者ユスティノス、二世紀の中頃、キリスト教とギリシア哲学との合致。

*

もっとも重要な真理。

信仰の諸奥義は、マルクスの弁証法がレーニンにとって持っていたのと同じ効用を、過去にも持っていたし、現在も持っているようである（どちらの場合も、それは、誤まりの論理的な基準として、矛盾を除去するという形であらわれる）。破門宣告を巧妙に操ることによって、人々を完全に従属させてきたのである。反抗も、また同時に、精神的隷属もいさぎよしとしない、選ばれた人たちは、深く思索をこらして、これを「公案」にしている。だが、それを解く秘密は、別の所にある。そこには、二つの知があるからである。

超自然的な知がある。それは、キリストが鍵であるような知識、グノーシスであり、また、神からその息が送られてくるような、〈真理〉の知識である。

自然的な知からすれば矛盾であるものも、超自然的な知からすれば、そうではない。だが、超自然的なものも、自然的なものの言語しか利用することはできない。それにもかかわらず、超自然的な知の論理は、自然的な知の論理よりも、はるかに厳密である。

数学は、わたしたちにこうした階層秩序についての概念を与えてくれる。

これが、ピュタゴラス説やプラトン哲学、原始キリスト教の教えの根本であり、また、ここに三位一体の教義、一つのペルソナに宿るキリストの二重の本性、善と悪《ペル》の二元性と単一性、聖霊のほとんど奇跡的ともいっていい保護によって維持されていると信じられている化体説の根源がある。

信仰の奥義に自然的な知を用いるときに、異端が生じる。

どんな知的認識からも切り離された信仰の奥義は、もはや奥義ではなくて、ばかげたたわごとにすぎない。

だが、超自然的な知は、神への超自然的な愛に熱くもえる魂の中にしか存在しない。

キリストとプロメテウスとは、この地上に火を投じるために来た。

十字架の聖ヨハネは、超自然的な知の存在をさとっていた。人はただ十字架によってのみ、神の知恵の秘密に進み入ることができると書いているから。

オーディン（スカンディナヴィアの主神、戦争と英知と詩の神）もまた、脇腹を槍につらぬかれ、飢え、また渇えて、与えられた木に吊り下げられていたのだが、ルーン人たち（古代の北欧人）の超自然的な知恵を学んだ。苦しみを通して知恵を。

「水と霊とによって高い所から生れる……」（ヨハネ三・五）――

聖パウロ、「神によろこばれるのは、新しく創造されるもの（原語、ギリシア語）である」――そして、最初の創造はこうだった、「神の息吹が水の面をただよっていた。神が〈光あれ〉といわれた」。

大洪水は、ほとんど新しい創造といってよいものであった。ノアは、水の中から出てきたといってもいいのだ。

箱舟に入れられて沈められていたが、また浮び上ってきたというふうな物語の、別な形はなかったのだろうか。

ノアは、オシリスであるに違いない。オシリスは、ディオニュソスである。それは、あがない主で、その犠牲によって人類が救われたのだ。それはまた、プロメテウスでもある。

「水と霊とによって生れる」というのは、ミクロコスモス（宇宙の縮図としての人間）の理論である。人間は、世界の創造という範例に従って、あらたにまた創造されたのである。

鳥が、世界という殻をうがつように、かれは水から出てくる。

*

自分が嫌悪する悪を通して、神を愛すること。

*

アイルランドの物語（グレゴリー夫人）。――ある貧しい夫婦が、男の子が欲しいと思っていたのに、与えられたのは女の子であった。母親はいった、「この子は、神の母となることでしょう」と。その子が思春期のむすめとなったときに、天使が来てこういった、「おまえは、神の母となることをねがうか。――わたしは、ねがいます。」そこですぐに、救い主が、赤ん坊として彼女の中へはいった。天使は、彼女を連れ出した（聖女ブリギット（一三〇三―七三、スウェーデンの聖女）の時代）。

*

人間（およびすべての被造物）は、水と火との合成物であるから（相容れないもの、冷く、湿ったもの――熱く、渇いたもの、――注意せよ、四つの相容れぬもの）、水と火とによって生れるとは、融解することを意味する。血も、水と火に分離されて、非常な苦しみにおとし入れられる。――そのあとで、二つのものがまた合成されて、血となる。

あるいはむしろ、この火が消え去ると、もうひとつの別な火が、消されることもなく、天からくだってくる。

この水とは、内なる死のことである。

水は、待つことの象徴。無に似ている物質。火は、物質において存在に類似したもの。

謙虚さが、待つということである。

もし死んだ人のようになるならば、主が、高い所からいのちをたずさえて来てくださる。

待つことは、受動的在りかたの究極である。それは、時間に従順であること。時間に対してまったく服従しきるときに、神は、どうしても永遠を送らずにはいられなくなる。

消極的な試煉。果物を食べないこと、――戸を開けないこと、――白熊のことを考えないこと、それは、つねにくりかえされているものを介して、時間から永遠へと移ることである。苦しみを忍ぶこと、または、たえざる窮乏を忍ぶことは、永遠へと至る門である。ふだんのよろこびもまたそうであるが、これは一段とむつかしい。苦しみは、ある期間続くと、おのずから果てしなさの感じに染められる。

時間を受け容れること、――それを受け容れる魂の部分は、時間からまぬがれる。低きに属するものから下降することによって、高きに属するものは、高められる。

わたしたちには、高くへ上げる力はない。ただ、低い方へとおとす力があるばかりである。だから、自分を低めることが、ただひとつ上ることになる。

*

汎神論は、完全の状態に達した聖人たちにとってだけ真実である。低級な状態にあっての真理などというものはない。そこには、誤まりが含まれているのだからである。従って、悪の真理などというものもない。ただ、完全な存在が苦しむという形をとらずしては。だから、罪を洗い清められて、次には苦しむということが、真理に達する条件なのである。〈十字架〉が、道である。

*

伸ばされた腕は、頭部と胴体との間の比例中項である、――もし人間がいくらかでも地面より高い所に上げられているとするなら。(ギリシア彫刻においてはどうか。標準を求めてみること。)

この世にあるすべてのものは、条件づけられている。

わたしたちの内部で受け容れるものだけが、条件からまぬがれている。ともかくも何かしら、無限を宿すもの。

ここでもまた、数学は、あがないの方法の象徴である。

ともかく何でも受け容れて、ともかく何もしないこと。「する」ことの直接補語となる「何でも」は、無限ではない。逆に「する」ことを無限へと移し入れるのは、制限である。決してしない。禁忌《タブー》。

だが、タブーが、報いや罰によって条件づけられると、その効力を失なう。

タブーが純粋の服従であるときには、「する」ことは、「受け容れる」という形になる。受容が完全であるためには、このことは必要である。そうでないかぎりは、つねに、代償となるものがあらわれてくる。

待つことと服従すること。

待つことには、願望の緊張感はすべて含まれるが、願望はともなわず、ただ緊張感だけが果てしなく受け容れられている。

福音書の中の非人格的な神。「わたしは、その人をさばかない。わたしの言葉が、その人をさばくであろう」（ヨハネ、一二・四七、四八）。

神は、悪に関しては無知であるために、非人格的であり、善に関しては責任ある者として、人格的であらねばならない。

＊

「だれでも、無と存在とによって高い所から生れなければ……」

食べられること、次にその骨を水の中に投げ入れられること。

*

この世にあるすべてのものは、死につながれた奴隷である。死の恐怖こそは、わたしたちのあらゆる思考、あらゆる行動をしばりつけている鉄の法則である。

死を受け容れることが、ただひとつの解放である。

わたしを信じる者は、その人の腹から、幾条もの生ける水の川が流れ出すことであろう(ヨハネ七・三八)。

神の子とされる権、その名を信じた者、肉の意志、また人間の意志によらずに、神によって生れた者。

人間の意志とは、――ひとりの男が内心で、わたしは妻と結ばれ合って、子どもを得ようというようなとき。

肉の意志とは、ひとりの男が邪欲に引きずられて、ひとりの女と結ばれ合うようなとき。

*

神の子となるためには、死んで、新しく生れなければならない。神のいのちの種によって生れること。

朽ちることのないいのちの種が、からだの中に播かれる。

聖なる霊の息によって、バプテスマを授ける人。

まず最初に、水がくる。

招かれた者が酔ったころに、キリストはいちばんよいぶどう酒を出される(ヨハネ二・一〇)。

天の火を水の中に送りこんで、水を完全なぶどう酒と変えられる。

肉から生れる者は肉であり、霊の息から生れる者は息である（ヨハネ三・六）。

霊の息は、生むために肉と結び合うことはできない。ただ、水に結びつく。肉は、水とならねばならない。

だれでも霊の息から生れた者は、思いのままのところへ吹き、その音を人々に聞かせる。だが、それがどこからきて、どこへ行くかは知らない（霊から生れた者を除いては）（ヨハネ三・八参照）。

わたしは、地上のことを語った。

天から下ってきた者のほかには、だれも天に上った者はない。

かれを信じる者は永遠のいのちを得る（ヨハネ三・一三、一五）。

*

「神はそのひとり子を賜わったほどに、この世を愛してくださった。それは御子を信じる者がひとりも滅びないで、永遠の命を得るためである。神が御子を世につかわされたのは、世をさばくためではなく、御子によって、この世が救われるためである。かれを信じる者は、さばかれない。信じない者は、すでにさばかれている。神のひとり子の名を信じることをしないからである。そのさばきというのは、光がこの世にきたのに、人々はそのおこないが悪いために、光よりもやみの方を愛したことである。悪を行っている者はみな光を憎む。そして、そのおこないが明るみに出されるのを恐れて、光にこようとはしない。しかし、真理を行っている者は光にくる。その人のおこないの、神にあってなされたということが、明らかにされるためである」（ヨハネ三・一六―二一）。

そうすると、光が現存することによって、選別が行なわれることになるのだ。

かれの証言を受け容れる者は、神が真実であることを誓って認めたことになる。

御子を信じる者は、永遠のいのちを得る。御子にそむく者は、いのちを見ない。

キリストの律法を行なう者は、かれを愛している者である。——たとい、受肉の奥義を信じないとしても。

神は、霊であるから、礼拝する者も霊とまことをもって礼拝すべきである（ヨハネ四・二四）。

キリストと呼ばれるメシヤがこられる……——あなたに話をしているこのわたしが、それである（同四・二五、二六）。

わたしは、わたしをつかわされたかたの、み心を行なっている。そのかたのわざをなしとげている（同、四・三四）。

ほかにも、このために労苦してきた人々があった。あなたがたも、この人々の労苦の実にあずかっているのである（同四・三八）。

その収獲がキリストである。それを播いたのは他の人々、キリストをねがい求めたすべての聖徒たちである。

この点で、「ひとりが播き、ひとりが刈る」（ヨハネ四・三七）という言葉は、真実である。

わたしがつかわされたのは、つかわされたかたのみ心を成就するためである。

父のなさることであればすべて、子もそのとおりにするのである（同五・一九）。

それこそが善である。

父は子を愛して、みずからなさることはすべて子にお示しになるからである（同五・二〇）。

わたしのわざは、わたしが父からつかわされた者であることをあかししている。

なぜなら、それこそが善であるから。

あなたがたは、互いにほまれを受けながら、ただひとりの神からのほまれを求めようとしない（同五・四四）。

神のパンは、天からくだってきて、この世にいのちを与えたものである。わたしは、いのちのパンである（同六・三三、三五）。

わたしの律法を知って、これを守る者は、わたしを愛する者である。わたしを愛する者は、わたしの父からも愛される。わたしもまた、その人を愛して、わたしの持っているものをその人に示そう。

＊

「はい《イエス》（ただし、…の場合にかぎり）」という解答は、誤まりとみなされるアメリカの試験の話。なぜなら、その答は結局、「いいえ《ノー》（…の場合を除いて）」ということになるからである。

人間というものは、たいていいつもこんなふうに理屈をたてるものだ。

＊

あなたがたは、聖書の中に永遠のいのちがあると思っている（ヨハネ五・三九）。

かれは、ただ水をくぐってこられたのではなかった。水と血をくぐってこられたのだ。すなわち、かれは単に、物質であり、神であったのではなかった。かれは、人間の魂を持っていた（息《プシユケー》は、血の中にある）。水と霊の息からできあがった人間の魂は、絶対に清らかなものであるはずである。

神の御子を信じる者は、一身をもってあかしをしているのである。

信仰とは、あかしである。

「平和の王であるかれには、父がなく、母がなく、系図がなく、生涯の初めもなく、生命の終りもなく、神の子のようであっていつまでも祭司なのである」（ヘブル七・三）。

「モーセはわたしについて語った」（ヨハネ五・四六）。これはメルキゼデクのことではないだろうか。

「かれは、いと高き神の祭司であった……わたしは、いと高き神であり、天と地とをつくられたかたであるヤハウェの前で手をあげる。」

ヤハウェは、わたしの主人にいわれた。「わたしの右に座していなさい。朝の胎から出る露があなたにくだって、あなたの若いいのちをよみがえらす……あなたは、メルキゼデクのように永遠に祭司である……かれは、道のほとりの川の水を飲み、それによってそのこうべをあげるであろう」（詩篇一一〇・一―七）。

（水、天よりのいのちの種。）

もし、あなたがたがモーセを信じるならば、わたしも信じなければならない（ヨハネ五・四六）。ヤハウェではない、いと高き神の祭司である者を。

かれは、永遠にいますかたであるのだからその祭司職もついにゆらぐことはない。

「イエスは、人間の手で造った聖所にはいらないで、上なる天にはいり、今やわたしたちのために神のみまえに出てくださったのである。大祭司は、年ごとに、自分以外のものの血をたずさえて聖所にはいるが、かれはそのように、たびたびご自身を捧げられるのではなかった。もしそうだとすれば、世の初めから、たびたび苦難を受けねばならなかったであろう。しかし事実、ご自身をいけにえとして捧げて罪を取り除くために、世の終りに、一度だけ現れたのである。そして一度だけ死ぬことと、死んだのちさばきを受けることとが、人間に定まっているように、キリストもまた、多くの人の罪を負うために、一度だけご自身を捧げられたのち、かれを受け入れる人々には、まちがいなくあらわれて救いを与えられるのである」（ヘブル九・二四―二八）。

キリストの受難と（キリストにおいて死に定められた）人類の運命との関係は、死と個人との関係にひとしい。（至福千年を待つ精神状態において。）

個人の生活においても、罪のない者がいつも罪ある者のために苦しまねばならない。なぜなら、罰は、悔悛が先立つことによってはじめて償いとなるからである。悔悛した者は、罪なき者となり、悔悛によって滅び去った罪ある者のために苦しむ。

ひとつの存在としてみた人類は、アダムにおいて罪をおかし、キリストにおいて償いを果たした。ただ、罪なき者だけが、償いを果たす。罪の苦しみようは、まったく別である。

聖パウロのこのテキストは、一方ではミサの犠牲についての考え方や、他方では黙示録の文章（世の初めからほふられていた小羊）とも矛盾するように見える。

キリストは、悪魔は最初から人を殺す者であると語っている。そうするとアベルが殺されたのも原罪のひとつの形であるということになる。

もし、すべての絶対にきよらかな存在は受肉したものであるとするなら、次の系列が考えられる。アベル――エノク――ノア――メルキゼデク。

ところで、ヨブはどうか。だが、ヨブは寓意的存在にすぎない。

また、ダニエルはどうか。非常にわかりにくい。

ノア、ヨブ、ダニエルの全部が、エゼキエル書に出てくる（一四・一四）。どうして、ギリシア人たちはダニエルについてとくに記していないのか。（クセノフォン『キュロスの教育』（政治小説）参照。考えられるような同一のものがないかどうか。）

アベルは殺された。ノアは（もう少しで）溺死するところだった。

カインとユダ。

アベルとザグレウス（ギリシア、オルフェウス教の神）。

ノア。二か月めの第十七日に、天の窓が開けて、雨が降りそそいだ（創世記七・一一）。第十七日めに、オシリスは死んだ。——二か月めとはどういうことか。秋以後のことか。

アブラハムは、その地の神々に仕えていたが、そのとき主がかれにご自身をあらわされた。主が、かれの神となった。他方、エジプトのユダヤ人たちは、ヤハウェをあがめることをやめた。かれらは、その国の宗教に加担した。

アブラハムは、新しい神（至高の神）を頼りにしながら、放浪にいで立った。この神は人間を犠牲にすることも、あらゆる種類の醜行もゆるす神であった。全然、倫理的性質は片鱗も見られない。ヨセフもなお、この神に仕える者であった。

その子孫は、この神を忘れた（そのことが非難されたことは、一度もない）。モーセはパロのむすめの子として、エジプト人として育てられたが、逃亡する身となり、遍歴を重ねるが、進んだ考えをもつようになる（ヤハウェ、有るもの、〈わたしは有る〉など）。

自分の母親がだれかもわからないのに、どうしてかれには兄があるのか。

モーセは、エジプト人に同化される前のヘブライ人の諸伝承や、神政政治を許容するところまですっかり堕落していた、エジプト本来の諸伝承を混合して、聖書を編んだ。

なぜ、こんなにまで神の唯一性に執着し、偶像を拒否するのか。偶像の拒否と神政政治とには、なんらかの関係がありはしないか。

*

〈十字架〉とは、地獄を受け容れることである。苦しみは、高い方の〈無〉か、それとも低い方の〈無〉へと向かうことである。

罪をおかしたアダムに、神は「地は、あなたのために呪われよ」（創世記三・一七）といった。犠牲を捧げたノアには、神は「わたしはもはや二度と人のゆえに地を呪わない」（創世記八・二一）といった。あがないとなる犠牲。

モーセが、創世記において語られていることを神から聞いたとは、どこにも記されていない。従って、かれはこのことを、エジプトで教えられて知ったのにちがいない。

モーセはパロに向かって、ヤハウェは純粋にヘブライ人の神であり、ヘブライ人がこの神を礼拝できるためにただかれらの出発をゆるすことだけを求めていると説いた（出エジプト記九・一）。ヤハウェはなんらパロをあがめるようにとは求めていない。

*

聖アウグスチヌス（ペラギウスに対する）。もし、不信仰の徒が裸の者に着る物をやるなどのことをしても、たといそのわざは善であろうとも、よき行ないをしたことにはならない。なぜなら、悪い木の実は悪いからである。そして、その木は悪いのだ。「信仰がなければ、神をよろこばせることができない」からである。

これは、「あなたがたは、その実によって木を見わけるであろう」(マタイ七・二〇)、——「木によって実を」ではなく、——といったキリストに、真向から反対するものである。逆にこれは、キリストに対するパリサイ人の態度とまったく同じである。これは、社会的な偶像崇拝に属する。ヘブライ人の中のイスラエル崇拝と同じ教会崇拝である。——善きサマリヤ人(当時、異端者であった)の物語(ルカ一〇・三〇―三七)にも真向から反するものである。

これは、全体主義に属する。

どうすれば、キリスト教は、全体主義的であることなしにすべてをひたしきることができるのか。すべてのものにあってすべてとなることが。全体主義的でなくて。

ただ、聖なるものこそが、世俗的なものの霊感の唯一の霊感であると認められ、自然的な知は超自然的な知の下落のすがた、芸術は宗教の下落のすがたであると認められるときに。下落ではないのだ。光の次元はより低いが、同じものなのだ。

自然の領域へとくだってくる超自然的な光は、自然の光となる。もしその過程が見分けられるならよいのだが。超自然的な光の源泉がなければ、自然の次元においても、程なく闇だけしか存在しなくなる。

*

アブラハムがイサクを殺そうとしたときに、そのそばにあったという牡羊（創世記二二・一三）、——それは、もとの版では、神の小羊だったのではないだろうか。

火あぶり用のたき木。木と火とに関する信仰は、犠牲の象徴としてなんらかの関連があるのではないだろうか。犠牲にされた人々は、「火によるバプテスマ」を受けたのである。祭壇の前に肉を「吊り下げること」は、吊り下げて殺す刑と関係していないだろうか。

主は、ペリシテ人のアビメレクの所へのぞまれる（創世記二〇・三）。

神はカインにいわれた。「あなたは何をしたのです。あなたの弟の血の声が土の中からわたしのところまでのぼってきます。今、あなたは、この土地のゆえにのろわれます。この土地が口をあけて、あなたの手から弟の血を受けたからです。あなたが土地を耕しても、土地は、もはやあなたのために実を結びません。あなたは、この世界をさまよう者、逃亡する者となるでしょう」（創世記四・一〇―一二）。

ノアの犠牲の香ばしいかおりをかいで、神はもはや、二度と、人のゆえに地を呪うまいと誓われたあとで、ノアにこういわれた、「……わたしは、あなたにすべてのものをゆだねる。しかしどんな被造物も、その血によっていのちが保たれているかぎり、あなたはこれを食べてはならない。そればかりか、あなたがたのいのちである血を流すものには、わたしは必ず報復するであろう。どんな獣にも、報復する。人間に対しても、その人が兄弟を打ちたたくならば、その人のいのちを求める。人の血を流すものは、人によって自分の血を流される。神が自分のかたちに人を造られたゆえに」（創世記九・二―六）。

創世記の中では、これが神の律法としては時期的にもいちばん早いものである。

アブラハムは、カナンの人たちのためにたたかい、カナン人の王メルキゼデクから祝福を与えられた。

燔祭のいけにえ。「一晩じゅう、焼きつづけられるいけにえ。」ギリシア人が、死者を焼いたのは、神に捧げるためであったのか。かれらは、火のバプテスマをほどこしていたのか。フェニクスもまた、焼かれていたのか。

火だけが、完全に破壊しつくす。焼かれたものは、この世の外へ、他者の中へ、神のみもとへと移る。これは、灌奠《かんてん》（神酒をそそぐこと）と同じ象徴である。

灌奠においては、一滴だけを神に捧げる。神に属するものは、無限に小さい。

焼かれた物質は、においに変わる。

破壊は、犠牲である。

油は、旧約聖書においては、聖別するのに用いられた。聖霊の象徴である鳩が、ノアのところへオリーヴの枝を持って帰ってくる（キリストの場合と同様に、鳩は、ノアが水に沈んだのちにやってくる）（創世記八・一〇、マタイ三・一六など）。――古典古代を通じて、請願者におけるオリーヴの枝のこと。油は、御霊、愛、神のいつくしみなどを象徴する。アテーネーの神。

モーセの祭壇は、油で聖別され、血で清められていた。

完全に焼きつくされる、あがないの牡牛。

燔祭に捧げられるための牡羊。

任職の牡羊（出エジプト記二九・二六）。

油菓子（同二九・二三）。

モーセは、油と血をまぜたものをアロンに注ぐ（同二九・七など）。火が天からくだってきて、捧げられたものを焼きつくす。

「だれでも、獣を会見の幕屋の入口にたずさえてきて、供え物として主に捧げる前にこれをほふる者は、……殺人者とみなされる。その人は血を流した者である……だれでも……血を食べるならば……わたしはその人を断つであろう……肉のいのちの源は血にあるからである。あなたがたの魂のためにあがないをするために、祭壇の上でわたしはこれをあなたに与えた。血は……その人をあがなうことができるからである。……だれでも……食べてもよい獣あるいは　を狩り獲た者は、……その血を注ぎ出し、土でこれをおおわなければならない……すべての被造物のいのちの源は、そのからだの中にある血だからである。そこで、わたしは、イスラエルの子らにいった。あなたがたは、どんな被造物の血も食べてはならない。すべての被造物のいのちは、その血だからである。すべて血を食べる者は断たれるであろう」（レビ記一七・三―一四）。

モーセに対するこの啓示の部分は、ノアへの啓示から発している。だが、これはただ動物に関するものにすぎない。

地上の楽園では、野獣たちも菜食だけしかしなかった。人間は、植物の種と実とを食物とし（創世記一・二九）（植物のたねは、生命のエネルギーを二乗に含んでいる部分である）、動物は草や葉だけを食べていた。

アベルが家畜を殺して食べていたとは、いわれていない。

神はノアにいわれた、「すべて生きて動くものは、あなたがたの食物となるであろう。さきに青草をあなたがたに与えたように、わたしはこれらのものをみなあなたがたに与える。しかし、どんな被造物も、その血によっていのちが保たれているかぎり、あなたはこれを食べてはならない」(創世記九・三、四)。食物の規定として無類のものである。これは、まだ生きている獣を引き裂いて、なまのままで食べる者をいましめているのであろうか。

ただ反芻動物だけが、地上の楽園ですべての獣たちがそうしていたように、青草だけを食べて生きている。

豚は、角質の足を持つが、反芻はしないから、蛇と同じく、堕落し、呪われた獣なのだろうか。

しかし、角質の足を持たない、らくだはどうか。

ヘブライ人たちは(ただモーセ以後であるが)、他の民族が偶像崇拝を行なっているという理由で、いずれとも条約を結ぶことができなかった。

*

ローマとイスラエルとは、キリスト教の中に、キリストの御霊といっしょくたに、〈獣〉の精神をもちこんだ。キリストを殺したイスラエルは、聖アウグスチヌスの理解するところによれば、教会の象徴である。不信仰者が飢えた人に食物を施すことを罪ときめつけたかれは、御霊に対して罪をおかしたのではないだろうか。〈獣〉とは、社会的な偶像崇拝であり、プラトンの巨獣の崇拝である。この〈獣〉が、「破門《アナテマ・シット》を命ず」というのである。「あなたがたは、その実によってかれらを知るであろう。」その意味は、すべての純粋な善は、キリストから発するということである。すべての善は、神から由来する。

この真理こそ、何より大切であるのに、一般に認められていない。およそ、善なるものはすべて、神を起源とし、超自然的であって、直接に、また間接に、世の一切の善から超越した、天の源泉から発している。

これ以外の源泉から発するすべてのもの、自然を起源とするすべてのものは、真の善とは無縁なものである。

神は、創造者であるから、全能者ではない。創造とは、権威の放棄である。だが、その放棄を自発的に望んだという意味では、神は、全能者である。神は、その結果を知っていてそれを望んだのである。

神は、だれでも願い求める者に対して、ご自身のパンを与えようとされる。ただし、願い求める者に対してだけであり、また、ご自身のパンだけである。神は、わたしたちの全存在を見捨ててかえりみようとしない。ただ、わたしたちの魂の中でご自身と同じく、天を宿りとする部分だけを除いて。キリストその人も、この真理は、十字架の上でようやく知り得たにすぎない。

この世における神の権能は、この世の君（悪魔）の権能に比べるとき、無限に小さい。

神が、神を見捨てた。

神が、おのれをむなしうした。この語によってこそ、創造と、受難をも含む受肉とのすべてが包括される。

＊

聖アウグスチヌス。キリスト以前にも、イスラエルの外側の、他の民族の中に、イスラエルの「霊的なメンバー」が存在していた。そして、そのおのおのに対して、独自の仲保者が、やがて来るはずであると、神から啓示されていた。たとえば、ヨブ。

その数も、その影響力も、特に記されてはいないから、限られたものではないはずである。エジプトの祭司たち、よき時代のエレウシス秘教（エレウシス湾に面するギリシアの町レスピナの神秘的秘法伝受を中心とする宗教）の霊能者ら、ピュタゴラス派の人々、ドリュイド教徒たち（ローマによる征服以前のケルト民族の土俗宗教）、インドの裸行者たち、シナの老荘の士たちなどの大部分がこの場合にあてはまると考えていけないはずは全然ない。もしこのことを認めるならば、これらの伝統は真理であり、今日その中で生きている人々は、真理の中にいることになる。福音が救いにとって重要であるというのは、歴史的な物語としてではない。

もし、ひとりの救い主を待望する苦悩の中で、たまたまブッダと呼ばれるにいたった人物をその救い主であると思い誤る結果になり、今日もなお、その人物を、完全で、神にひとしく、あがないをもたらす人であるとして、この人に祈願が捧げられているとしたら、その祈願は、キリストに向けられた祈願と同じ程度に有効である。

＊

聖アウグスチヌスの認めた、永遠の地獄。かれは、悪を、非存在であると定義した。そうすると、すべて存在するものは、なんらかの点からみてまさに有るものである。今日では、悪魔が聖徒たちの聖化に一役買っている。世の終りと最後の審判ののちには、どういう点からみて、悪魔はなおも存在しうるか。だから、悪魔は、虚無であり、地獄もまた、そうである。

（実際、悪魔がそれをどうまぬがれるかを見ること。）

このような悪の定義と、永遠の地獄への信仰は、超越的な領域では、許容できぬ矛盾の一例である。定義上も許容できる矛盾とは、どういうものかをどうして判別すればよいか。

許容できぬ矛盾の場合には、ある事項を削除しても、他の事項の理解がそのために影響をこうむらない。

さらによく調べてみなければならない。

*

不条理な事柄でも、なかには仮定してみると益になるものがある。たとえば、神がわたしの地獄堕ちを望んでおられるとすると……というふうな仮定である。これは不条理である。わたしに関する神の意志とわたしの救いとは、神の中では同一であってかわらない。それでも、益になるというのは、わたしの願望を神の意志の方へ向けるか、それとも自分の救いの方へ向けるかは、わたしにおいては二つの非常に違った事柄だからである。

知ってはならない、あるいは、あまりに多く知ってはならない真理がある。たとえば、神への服従の果てはおそらく、至福の状態であるということなど。

まずはそうしたものだと考えるのはよいのだが、それ自体としてはよくない事柄が、いろいろとある。魂が地獄堕ちの瀬戸際にあると感じるとき、神の意志を尊ぶ所から地獄を承認するのは、よいことである。しかし、魂が救いの手の届く範囲内にあると感じているときに、そうするのはよくない。そのときには、他の人々にとって地獄があると認めることになるからである。

このように、いくつかの表象の仕方には、真理としての価値があるが、運用に当っては価値は多様化する。

超越的な事柄においては、表象の仕方や概念がある構造をもっている。ずっと前面にすえるべきものがあるかと思えば、黙して、ひそかで、意識には知られない、魂の部分に宿らせるべきものがある。また、想像力の中に置くべきもの、まったく抽象的な知性の中に置くべきもの、この両方の中に置くべきもの、等々がある。

この複雑で、微妙をきわめた構造は、一般に単純な人たちと称される人々においても築かれてくるのであり、かれらが聖性に近づくとき、救いへの備えができた魂を作り上げるものである。人間がこれを築くのではない。妨害さえ加えられなければ、恩寵の働きによって築かれるのである。一般には、内部にこれが築かれている人はそのことに気がつかない。あるいは、ほとんど気がつかない。

こうした構造に対するとき、結局は「破門を命ず《アナテマ・シット》」に終る命題をどんなにいい立てたところで、なんとも惨めな程不十分ではないか。破門の宣告は、この命題中に告げられる観念が魂のどの部分に宿っているかに従って、正当な場合も、そうでない場合も多くある。

こうした事柄は、あまりにも微妙であるから、「破門を命ず《アナテマ・シット》」のような粗剛な手段によっては、ただ盲目的な破壊を演じるだけのことに終ってしまう。

よき時代においては、宗教の教派や秘密結社における異端排除の方法は、おそらく魂の内的構造をさぐる最良の基準であったのだ。

*

神は無力である。善を憐れみ深く、公平に分配することを除いては。このほかに、神は何もできない。だが、それで十分である。

神は、善を一手に所有している。神は、純粋な善が行なわれているあらゆるものの中にみずから臨在する。同じ善でも程度の低いものは、神の臨在するものから派生したのである。どんな次元のものであろうとも、すべての真正な善は、超自然的に神から流れ出てきたものである。直接に、また間接に、神の超自然的な働きの結果でないようなものは、すべて、悪いものか、どうでもよいものである。

善ならざるものは悪いもの、またはどうでもよいものとみなしていいが、ただどのような見地に立って考察しているかに従って、正しさの程度はことなる。

神は、ただ善を行なうことしかできない。また、ただそれを受けるにあたいする人に対してしかできない。それにあたいする人から、それをとり去ることもできない。

この世は、神のひそかな、超自然的な臨在によらない限りは、(その一つの形が、世界の秩序と美しさである、——他の形もみな、列挙する必要があろう)、ただ悪を行なうか、どうでもよい事柄を行なうばかりである。

この世は、神から発した善によって超自然的な保護を受けていないすべてのものに対して、ありうる限りの悪を及ぼすことがある。

神が臨在しておられるところで、この世が及ぼしうる悪の程度は、四福音書のうちに、完璧の真実性をもってさし示されている。

キリスト教徒であるとは、このことを信じることにほかならない。

信仰は、テキストの美しさによって、またテキストを深く研究することから、人間の条件について得る光によって、生じさせられる。

創世記においては、人間の言葉を用いて語るためのさまざまな必要から、創造と原罪とが二つに分けられた。だが、被造物は、創造されたということにおいて、神の心にかなったのである。そうでなければ、創造などということがなされたであろうか。神は、善であるから創造をした。だが、被造物は悪であるから、創造されるがままになっていた。被造物は、みずからを砕いてほしいとの祈りを重ねて、神を説きつけることによって、自分をあがなうのである。

＊

人は、空腹になれば、食べる。神への愛のためにではなく、ただ空腹だからである。道端にくずおれ伏している未知の人が空腹だというならば、食べ物を与えなければならない。自分の分として十分な食べ物がない場合でも。それは、神への愛のためにではなく、その人が空腹だからである。

こういうことなのだ、自分自身と同じように隣人を愛するということは。「神のために」与え、「神のために」、「神において」他者を愛するのは、自分自身と同じように他者を愛することではない。人は、動物的な感覚にうながされて、自分自身を愛するのである。こういう動物的な感覚が普遍的なものとならなければならない。これは矛盾である。奇跡的である。超自然的である。

矛盾とか不可能とかが、超自然的なもののしるしである。

人は、「神のために」、「神において」自分を愛しはしない。そうではなくて、自分が神の被造物である限りにおいて、自然が心の底に入れておいた自己愛を正当なものと認めるのである。

隣人への愛についても同じである。

すべての思考する存在は、ただ神の創造の行為によってその生存を与えられたという限りにおいて、愛されてよい価値があり、また、神への愛ゆえに、この生存を捨て去る能力も持っている。わたしは、わたし自身をも、他人をも、ただこの資格において愛してよい権利を持つ。

ただ神だけが、善である。従って、ただ神だけが、あらゆる心労、気づかい、気苦労、願望、思考の熱中の対象とされるにあたいする。ただ神だけが、なにかの価値とも結びついた、こういう魂のあらゆる動きの対象とされるにあたいする。ただ神だけが、善へと向かうこの動き、わたしという存在の中心をなすこの善への願望にふさわしい何かを持っている。

わたしと呼ばれるこの被造物は、善ではない。従って、このものはわたしにとっては、この世の何ものとも同様に、無縁で、どうでもよいものである。

本当に、このとおりなのである。

なぜわたしは、善でもないものに関心を寄せるのだろうか。

しかし、それでも神に従わぬことは、わたしにとっては堪えられない程に苦痛である（実にたびたびそういうことがあるとしても）。

これは、どんなふうに折り合いをつければよいか。

減少できぬ、れっきとした矛盾。

矛盾がれっきとしているというのは、一方の極を廃棄すると、どうしても他方の極を破壊するか、それともその実質を空にしてしまう場合である。別ないい方をすれば、矛盾が避けられない場合である。

必然ということは、すべての論理において最高の基準である。必然のみが、精神を真理と触れ合わさせる。

なぜか。この点も深く考えてみること。

神において、憐れみと義、願いと可能とを区別するのは（単に人間の思考としかかかわりのない、ばかげた仮定の形においてではなく）、一級の重大性をもつ、不当な不条理をあえてすることになる。例。神は、すべてのことができる。神にはできたであろう……しかし、実際、神は願ったのだ……など。

不条理である。願いと可能との限界は、神においては同じである。神は、自分にできることしか願わない。神にこれ以上のことができないのは、神がこれ以上できることを願わないからである。このように、無限に、円環をなして続く。その円環は、神の真理の投影である。

憐れみと義についても、同様である。神はその義のゆえに、だれでも、その憐れみを受けうる者には、憐れみも、どんな種類のさいわいも、与えずにはいられない。また、その憐れみのゆえに、そのゆるしやどんな種類のさいわいも受けようと望まぬ者からは、これらを取り上げずにはいられない。

神のことを考えているときに、神の憐れみと義とを区別するのは、幼稚である。また、人間のことを考えているときでも、こうした区別は正しくない。なぜなら、こうした不条理は、ほかのこととは違って、用いようがないからである。少くとも、わたしにはそう思える。

神のもろもろの属性は、互いにはみ出すことがない。

これらには、共通の限界があり、神の創造の行為によって、放棄されることが、その限界である。

わたしたちの方は、被造物としての自分の生存を放棄することによって、この限界を消し去ることができる。

「あなたがわたしに与えてくださったすべての血を、あなたに返す。」

*

すべての人間がこれ程までに崇高な事柄の可能性を内に秘めているのをさとったとき、絶対的な必然のゆえでなければ、どんな人も殺すことはできない。いったん流血の惨事を引き起したならば、その人は二度とその血をとり戻すことはできない。

神だけが、死ののちにも、この可能性がつづくものかをご存知である。神は、わたしたちがそれを知らないままでいるようにと望まれたのだ。

*

ひざまずいて、生命乞いをしている不幸な者は、自分ではそれとさとらずに、こういっているのだ。どうかわたしに、完全になれる時間を残しておいてください。こんなにもさいわいにあずかることは少なかったのだからわたしを消さないでください。

神を愛する人ならば、このような嘆願を聞かないわけにいくだろうか。

もし不幸な者の願いが聞かれず、殺されてしまうならば、何が起るかは、神だけがご存知である。

ノアへの啓示、「人の血を流すすべてのものは、報復される」（創世記九・五）。

歴史以前の知恵の断片。そこには、測り知られない程に深い意味の深淵があるにちがいない。だが、それはどういう意味か。深く考えてみること。

数学的な推論における不可能性（他のすべてがそこに帰結するような、帰謬法による証明）や、倫理的生活における「決して《ジャ》……な《メ》い」は、時間を永遠へと移し入れる。

否定は、永遠へと移ることである。

「わたしは決してこんなことはしない。」この数語は、わずか数秒内で告げられるのだが、永遠の持続を内に含んでいる。

「決して……ない」には、こういう特性がある。必ずしもいつもというわけではないが。「わたしはつねに、そうする」には、実際どんな意味もない。

だからこそ、エジプトの死者の書における正しさの弁明は否定の文句なのである。

数学においても同じである。限りなく多種な三角形があるが、決してどんな三角形もその一辺が他の二辺の合計よりも大きいものはない。

この「決して……ない」は、あらゆる定理の本質である。

（そこで、最初見たところ、帰謬法による証明にはしばしば、何かあまり満足できぬ点があるのはなぜかを、さぐってみること。）

うつろい過ぎるさまざまのものについての確実な知識はすべて、この「決して……ない」を含んだ永遠の命題から生じてくる。

これらのものは、自然的で、時間にしばられているが、これらのものの限界は、神からくる。

ピュタゴラス派の人々が語ったのは、こういうことである。限定されないものと、限定するものとがある。限定するものは、神である。従って、限界は、永遠のものである。

かれは海にいった、「おまえは、これ以上遠くへ行くな」と。

数学は、このことの解明であり、保証である。

人が神に関心を寄せ、絶対に他の何ものにも関心を寄せぬことは、ただ神のみにかなったことである。

多くの興味ある事柄があって、神について何も語っていないことについては、どのように推断すべきだろうか。それは、悪霊のまどわしによるのだと、結論すべきだろうか。

いや、いや、そうではない。それらも神について語っていると、結論しなければならない。

今日、この点を明らかにすることは、焦眉の急である。

青銅の蛇を高くかかげ、人々に見えるようにし、これを見た人が救われるようにしなければならないのは、まさにこのためである。

日々の行動においても、時間を永遠に移し入れるのは、限界であり、この「決して……ない」である。あなたは、この木の実を取って食べてはならない（創世記二・一七）。毎日は、無限の変化を見せながら次々に移りすぎ、あなたは、さまざまの事柄をつくしてその日々を満たすことだろうが、その中には、この実を食べるという、ただ一つの行為はついにあらわれてこないだろう。

「あなたは、この戸をあけてはならない。白熊のことを考えてはならない。」

禁忌《タブー》の超自然的な効力。今日では、この効力については、堕落した形しか知られていない。魔術的な効力しか知られていない。

しかしながら、アダムの罪は、この命令に対する不服従というのではなかった。この物語はただ、真の罪を人間の言葉によって表現したものにすぎない。時間は、この罪の結果として生じたのであり、これに先立って存在したのではないからである。

「あなたは……食べてはならない」、「あなたは……あけてはならない」、「あなたは……考えてはならない」。

このような命令に従うことができる人は、さいわいである。

自分から進んで断つことは、服従から生じるのであり、こうした性質をもち、永遠へとはこび入れてくれる。

それがひとつの決心によって生じる場合は有益ではない。ひとつの決心の効果は、一日、一週間、二十年間、ひとりの人間の一生よりも長い間続くこともあるが、いつまでも続かない。どんな決心も、永遠へとはこび入れてはくれない。

反対に、「あなたはそれをしないであろう」、たとい一万年間生きるとしても「あなたは、決してそれをしないだろう」は、そうしてくれる。

服従を受け容れることが、永遠の中での魂の中心である。

だから、修道士の誓願は、単なる召命の表現でないかぎりは、救いに役立たない。別ないい方をするなら、単なる服従の表現でない限りは。主人に呼ばれた召使いの「はい、ただいま、はい、ただいま」でない限りは。

もし修道士が、貞潔、清貧、上長への服従を守るという決心を表明しているのならば、それは無益であって、救いにも害になる。

ただ神の命令のみが、永遠である。

ただ条件づけられぬもののみが、神へとはこび入れてくれる。

(「……のために捧げられる」ミサ、祈り、「……のために捧げられる」苦しみなどは、神との接触をつくり出さない。)

条件づけられないものが、神との接触である。条件づけられたものはすべて、この世に属する。

(例、ヤコブ、もし……なら、もし……なら、もし……ならば、あなたはわたしの神であったでしょう)(創世記二八・二〇)。

条件づけられないものは、絶対的なものである。

*

愛は、条件づけられないときに、超自然的である。条件づけられない愛は、愚かさ(狂気)である。母性愛は、この世においてそのもっともよい類似物である。しかし、それは類似物であるにすぎない。母性愛でさえも、これをたえずあらたにする条件がなにも存在しないならば、つき果ててしまう。ただ神への愛と隣人への無名の愛だけが、条件づけられていない。

そこになおつけ加えられるものがあるとすれば、聖性への途上で、聖性が何か決定的なものであるような点を超えたところへ到達した、神のふたりの友の間の愛(友愛)がそれである。すなわち、この友愛の唯一の条件は、ふたりのどちらもが聖性の道を辛抱強く歩み続けることである。だが、ふたりが聖性のうちに堅く立つことは最終的な事柄であり、その持続はどんな条件にも左右されないのであるから、この友愛は条件づけられていないとみなしてもよい。

しかし、これ程の聖性の高みは、じつに稀れであり、従って、こういう友愛も稀れである。

この友愛を、キリストは第三のいましめとして、すなわち、完全に聖なる愛の三つめのものとして、神と隣人への二つの愛につけ加えられたのである。

これ以外の愛はすべて、どんなに誓いが立てられても、条件づけられており、条件が欠ければ次第に消滅する。

〔夫婦の愛を例にとれば、夫婦のどちらもが聖徒として清らかであるならば、それは聖なる者どうしの友愛といっていい、――もし一方だけがそうであるならば、その人が相手に隣人への無名の愛を向けることになり、これが辛うじてふたりの関係を安定させる要素となる、――もしふたりのどちらもがそうでないとしたら、すべての条件を欠くことになり、夫婦愛は、結婚の秘跡によって成り立っていようとも、つき果て、消失する。〕

憎悪は、あくまで条件づけられぬものとはならない。

人生に起るさまざまの出来事は、何ごとであろうとも、例外なく、聖餐のパンがキリストの肉であるのと同様に、契約により、神の愛を示すしるしとなる。

だが、神との契約こそは、どんな実在にもましてはるかに実在的である。

神は、ご自身を愛する人たちとともに、契約の言葉を定められた。人生のあらゆる出来事は、この言葉の一語一語に相当する。これらの語はすべて、同意語であるが、世の美しい言葉において見られるように、それぞれがまったく独特のニュアンスを持ち、それぞれが翻訳不可能である。これらのすべての語に共通の意味は、「われ、なんじを愛す《ジュ・テーム》」である。

かれは、一杯の水を飲む。水は、神の「われ愛す《ジュ・テーム》」である。かれは、まったく飲み水を発見できずに、砂漠に二日間さまよっている。そののどの渇きは、神の「われ愛す《ジュ・テーム》」である。神は、愛する男のそばを離れずに、何時間も、とめどなく、耳に口を寄せて、「好きよ、——好きよ、——好きよ、——好きよ……」と低くつぶやき続ける、しつこい女に似ている。

この言葉の習得をはじめたばかりの人々はこれらの語の中のあるものだけが、「われ愛す」の意味をもっと思いこんでいる。

この言葉に精通した人々は、ここにはただひとつの意味だけしかないことを知っている。

神には、ご自身の被造物に対して、「われ、なんじを憎む」というための語がない。

だが、被造物には、神に対して、「われ、なんじを憎む」というための語がいくつもある。ある意味では、被造物の方が神よりも強い。被造物は神を憎むことができるが、その代わりとして神は、被造物を憎むことができない。

神は、この無力さのゆえに、非人格的な〈人格〉である。神は、このわたしが愛するようにではなく、エメラルドが緑色であるように、愛する。神は、「われ愛す」である。

ところで、このわたしも、もし完全の状態にあるならば、エメラルドが緑色であるように愛することであろう。わたしも、非人格的な人格であっただろう。

もし人が神を、ただ人格的なものとしか考えないときには、完全の道において、ある一定の点より先には進むことができない。それを越えて進もうとするならば、——願望の力を用いて、——自分が非人格的な完全と等しいものにならなければならない。

罪に対しても、美徳に対しても、無差別に太陽と雨〔霊と水〕とをそそぎかける、天の父の完全さ。人格的と非人格的というこの神の二面性が、神のさばきの働きについて述べた福音書の記事の矛盾の中に示されている。「父がわたしにさばきのことはすべて、ゆだねられた」(ヨハネ五・二二、二七)。これは、人格的な究極のさばきである。「わたしはその人をさばかない。わたしの語った言葉が、その人をさばくであろう」(ヨハネ一二・四七、四八)。これは、非人格的な究極のさばきである。

この愛の矛盾した二面を、自分たちへの愛の中に感じとれるために、人間はつねに、具体的なものにおいて神の人格をあがめ拝する必要があるのだと体験上さとってきた。太陽、雨、彫像、聖餐のパンなど。

太陽崇拝、すなわち太陽を通して神を礼拝することは、この二面的な愛の何よりも美しく、胸に迫るあらわれである。

もし、太陽をそのあるがままのすがたで思い描くことができるならば、——はるか遠くにあって、完全に公平に光を分ち与え、定まった運行を厳密に守らねばならぬもの、——感じたり、考えたりするひとりの人間として、これ以上に、神のすがたの的確な表現に接することができるだろうか。これ以上に、わたしたちのまねぶべき、すぐれた模範があるだろうか。

太陽にこの世の罪や不幸が見えるとしたら、太陽からわたしたちの方へとくだってくる同情は、どんなにか無力で、まったく純粋なものであることだろうか。

このような理解でとらえられた太陽こそは受肉と等価のものである。ある点では、受肉よりもさらにすぐれているか、別な観点からは劣っている。人間のかたちとはへだたっているから。

プラトンが持ち出してくるのは、太陽ではなくて、世界の秩序そのもの、とくに天体の秩序そのものである。世界の秩序というひとつの存在である。世界をからだとし、完全という魂をもった存在である。

もし、ひとりの人間において神を礼拝するとするならば、その場合、この人間は、受動的態度によってひとつのものと化していなければならない。受苦を堪え忍び、しかも沈黙のうちに堪え忍ぶ者でなくてはならない。

そうでないならば、儀式の執行を通じて、天体の秩序と同じ程固定した秩序に服している、ひとりの祭司（メルキゼデクのような）でなければならない。

儀式は、世界の秩序とものみなの沈黙を模倣しようとするものである。

天にあって、ご自身の子を見捨て、ただ沈黙を守る父なる神。沈黙の中に見捨てられ、釘づけられるキリスト。互いに照り交わしつつ、しかもひとつの神であるこの二つの非人格的な神性。

神の無差別な力の波及を象徴するものは、被造物の受身の服従である。

神が神を創造し、神が神を知り、神が神を愛し、——そして神が自分に服従する神に対して、命令をくだす。

三位一体は、受肉を含んでいる——従って、創造を含んでいる。

奥義、この概念の、正しい行使また不法な行使とはどういうものか、このことはまた、定義を厳密にすることである。それは何にもまして非常に重要なことである。

（たとえば、聖アウグスチヌスは、これを不法に行使した。）

自分が何かあることを主張する場合に、これを自分の身を守るのに用いてはならない、——聖アウグスチヌスのように。なぜなら、そのとき、この概念は、全体主義的な権力の道具となりさがるのであるから。そのとき、教会がいいたがることは、理性の同意によって認められた真理として、あるいは奥義として、受け入れよということにつきる。別ないい方をするなら、教会への無条件な同意である。このことを聖トマスも、トリエント公会議（宗教改革にともない、カトリック教義を確立するために行なわれた重要な公会議。一五四五—六三）の教理問答も、信仰だと称するのである。

無条件の愛は、三つしかない。神への愛、——隣人への無名の愛、——ふたりの聖徒のあいだの友愛。

教会への無条件の愛は、偶像崇拝の一種である。

人は、条件づけられないものをしか、無条件に愛することはできない。

すなわち、神と神のあまねくしみわたった現存だけしか、——聖人においては現実に、またすべての考える被造物においては可能的に広くあらわれている現存だけしか。

教会においては、条件づけられていないものは、ただひとつしかない。それはただ、聖体におけるキリストの現存だけである。

さまざまの意見を発する社会的存在としての教会は、条件づけられた、この世の一現象にすぎない。

神は、あらゆる考える存在の中に、いっさいの思考の真実性を批判するのに必要な光の能力をそなえしめられた。〈み言葉〉こそは、すべての人を照らす光である。これより以上に明白な文言を、ほかに望むことができるだろうか。

奥義の概念は、知性をもっとも論理的に、もっとも厳密に行使した結果、ひとつの袋小路に、すなわち、一方の項を取り除けば他方の項が意味を喪失し、一つの項を持ち出せばもう一つの項も否応なく出してこなければならなくなるといった具合の、どう避けようもない矛盾に逢着するときに、はじめて合法的なものとなる。そのとき、奥義の概念はてこのように思考を、この袋小路の向う側へ、開けることのできない扉の向う側へ、知性の領域のかなたへ、その上方へとはこびこむのである。だが、知性の領域のかなたへ到達するためには、その領域を端まで通り越してきたということが必要である。非の打ちどころのない厳密さできちんとつけられた道をたどって、通り越してきたということが必要である。そうでないかぎりは、かなたにいるどころか、まだこちら側にいるのだ。

この点を察知していたからこそ、プラトンや十字架の聖ヨハネは、本能的に、前者は論証的な形式、後者は分析的な形式を採るにいたったのだ。読者は、こういった形式に驚かされるのだが、著者においては、こういう形式が神秘的探求に対する釣り合いの必要にあい応じるものであった。

奥義を以上のように定義するとき、信仰の諸奥義は、知性によって批判できることとなる。

もう一つの基準は次のようである。精神が長いあいだの、愛をこめた静観を通じて奥義によってはぐくまれてきたとき、この奥義を否定したり、除去したりすると、自分の内部にある知性から、知性にはとらえがたい宝、しかも本来知性の領域に属し、知性の所有するものでもある宝を奪い取ってしまう結果になることが確認できるのである。

知性は、奥義それ自体を批判はできないが、奥義へとみちびき、奥義へとのぼりつめる道、また奥義から再びくだってくる道の途上では、批判の能力を完全に把持していられるのである。このように、知性は、自己よりも一段とすぐれて、自己をはるかに超えた所へと思考をみちびく能力が魂の中に存在することを認めるとき、まったく完全に自己に対して忠実でありうるのである。この能力が、超自然的な愛である。

魂の中のあらゆる自然的な能力が、超自然的な愛に服することに同意するのが、信仰である。これをプラトンは、『国家』篇の中で、義と呼んでいる。

聖パウロにおいては、信仰と義とは、つねに同一視されている。「その信仰によって、かれは義と認められた。その信仰によって、かれは義とされた……」など（ローマ四・三など）。

この語の、別な用例においては、義は、超自然的な愛の実践であるとされる。

これは結局、同じ事柄である。なぜなら、超自然的な愛はただ、魂の他の能力がこれに仕える者となり、その仲介によってからだまでがこれに仕える者となるときにはじめて、実践に移され、具体化し、行為となってあらわれるからである。

自然的な能力はそれぞれ、その固有性の中に、超自然的な愛にどうしても従属せずにいられないようになる十分な要因を持っているはずである。ただし、自分をあざむく場合は除く。

義をはずれた、――従って、信仰をはずれた魂は、自分をあざむいている。

〈わたしは〉というのは、あざむくことである。

主よ、わたしは、誤まりのほかの何ものでもありません。誤まりは、無以外の何ものでもありません。主よ、わたしの魂のすべてが、このことを知り得ますように。わたしの魂のすべての部分が、またわたしのからだまでが、このことを知り得ますように。

このペン軸の、わたしの手とこの紙とに対する関係がそのまま、わたしの魂の、からだと神との関係になりますように——仲介するものに。

キリストは、人間の魂、人間の人格とはただ、このようなものでしかありえないことを示された。そうすると、人間の人格とは、三位一体の神の人格と同じものである。すなわち、生み出され、知りつくされ、愛され、また、そのお返しとして愛し、命令を受け、服従するものである。

ひとりの人間がこの状態に達したとき、その人はキリストである。

しかし、おそらく、もっとも偉大な聖人ですらも、ほんの一瞬間、死の苦しみのときにやっとこの状態に達したのだろう。

あるいはまた、ごくわずかな、きわめてわずかな人々だけでも、これまでにここに達した人があるのだろうか。

キリストは、生れたときからこのようであった。しかしかれは、やっと十字架の上で、完全な者とされた。

*

狂人（ある種のタイプの）は、過度に論理的な人々のことだといわれている。

同様の理由で、真正の神秘家もまた、そうであるにちがいない。

これが基準になるだろうか。

*

プラトン——十字架の聖ヨハネ——

信仰は、神との接触ではない。そうでなければ、信仰が〈夜〉であるとか、〈とばり〉であるとかいわれるはずがない。信仰は、神と触れ合っていない部分が、触れ合っている部分に従属することである。

異端として告発されるのが当然な思想とは、神に関する事柄においてその奥義をなす矛盾を外見上の一致によっておおいかくし、その実在性を弱めるような思想である。

たとえば、神のみ子を、単になかば神的なひとりの人間とみなすことなど。または、キリストの神性と人間性とを両立させようとして、どちらをも軽くみてしまうこと。または、聖餐のパンとぶどう酒を単なる象徴にまで小さくすること。

そのとき、奥義は、静観の対象であることをやめる。もはや、どんな役にも立たなくなる。ここには、知性の不当な濫用がある。このような思弁にふける者はまだ、超自然的な愛によって魂に光を受けていないのだと考えてもよい。

しかしながら、このことは、教会から除名するに足る正当な理由にはならない。なぜなら、教義に承服している人々の大部分もまた、超自然的な愛によって魂に光を受けてはいないからである。これはただ、人に教える立場からはしりぞけられてよい理由になるばかりである。

微積分において、正当な矛盾と正当でない矛盾とを定義し、類比的な理解ができるように努力する必要があるだろう。

教会がその権威によって、ただ一つ正当に命じうることは、注意を働かせよということだけである。個々の真理については、知性と愛とが内的に照らし出されることから同意が生じなければならない。

教会が過去、現在、未来にわたって教えてきたすべての事柄に無条件に、全体的に同意すること、すなわち聖トマスが信仰であると称していることは、じつは信仰ではなくて、社会的な偶像崇拝なのである。

たいていは不完全な大多数の人間は、神がひそかに、沈黙のかたちをとって、冥想中の完全なひとりの人に送り届けられるような真理を、言葉ではっきりいいあらわすことができないことは、確かである。

教会は、真正の奥義にばかげたものを持ちこんで色づけするような試みをしりぞけたときに、はじめてその権威を正当に行使したのである。

この正当な行使を定義づけることは、たやすくはない。だが、それを行なうことは、そんなにむつかしくないはずだ。

*

神の属性として想定されているものは、限度にまで押し進めるという作業によって人間の属性を変化させたものにすぎない。

この変化は、完全に厳密な方法に則して行なわれるかぎり、正当である。

そこで神について述べるに当り、三つの関係を区別しなければならない。

神と神自身との関係。ここに、三位一体がかかわってくる。

この世のもろもろの出来事を動かすという面での、神とその創造物との関係。動かすといっても、二次的な諸原因のつながりによる。この領域では、神の意志は、一切の倫理とは無縁である。

思考をもつ被造物に霊感を伝えるという面での、神とその創造物との関係。この領域では、神の意志は、すべての意識に本質的に宿る義務の観念にさからってあらわれることは、決してありえない。キリストが、「わたしは、律法の一点、一画もとり去りはしない」（マタイ五・一八など）と語ったとき、いいたかったのはこのことである。

第一の意味での神の意志は、父なる神と関連づけられよう、――なぜなら、創造の破棄という行為は、父なる神のすることだからである、――第二の意味での神の意志は、聖霊と関連づけられよう。

アベラルドゥスは、このことを気づいていたように思われる。

ヘブライ人たちは、第一の意志をもとにして、第二の意志を想像していた。

〈み言葉〉、〈知恵〉は、仲立ちとなるものである。

プラトン、知恵ある説得によって、大部分のものを善へと変化せしめるように、必然をいい含めた。

だから、神の義は、第一の意志と第二の意志とではそれぞれ別個に理解されなければならない。

しかしながら、キリストは（完全な者となりなさい……）この二つのものを近づけられる。

神の義が、二つあるのではない。ただ一つしかない。

それ自体に矛盾するもの。

矛盾こそは、超越性のてこである。

＊

一つの点は、無に等しいものである。点一つの差異しかない、二つの線分はあい等しい。

しかし、この点が二つの直線の交点にあるときには、非常に重大なものとなる。なぜなら、この点が、両側にある半分づつの二つの直線の境界を定めることになるからである。

重力の中心にある一点は、全体とも等価のものである。この一点が支えられているなら、何も落ちることはないからである。

集合論を物理学に、まず古典物理学（重力など）に適用すること。

重い容積のものの中には、その一点が下降しないかぎり、何も下降しないような一点がある。

しかしながら、一つの点は、容積も無、重力も無である。

ところが、その下降をはばむためには、全体の容量にも等しい抗力が必要である。

直線の一線分に対して一点が果たす作用のリストを作ってみることができよう。

「領域」という概念に基づく新しい論理。ひとつの領域において真実であることも、他の領域においてはそうではない。

真理は、証拠を重ねても発見されない。ただ探索によって発見される。それはいつも、経験に基づいている。ただ、必然もまた、探索の対象である。

……の性質を持った三角形を作るのが可能であることを証明せよといわれるならば、たまたま、設問にかなうような三角形に出会うことで足りる。

……の性質を持つ三角形を作るのが不可能であることを証明せよといわれるならば、この要求には無限が含まれており、経験主義の領域から必然の領域へと移ることなしには、これを満足させることができない。

不可能とは、すべての可能なものの限界を定めるもののことである。限界は、時間に従属する必然である。

目に見えるものについては、不可能とは、目で見ることよりも確かな確実さの源である。

これこれのことをせよと、いわれる場合に、命令を果たしても、魂はなお、時間的なものの領域内にとどまる。

これこれのことをするなと、いわれる場合に、魂の中心を永遠性の次元にまで引き上げずに、これに従うことは不可能である。

なおその上に、同じ一つの行動をいろんな仕方で考えることができる。そして、その場合々々によって、その行動を果たすことが魂の中に、時間的な実、または永遠の実を結ばせる。

これが救いの秘密のひとつである。

ここに少なくとも、謙遜の徳の一面がある。

時間的で、変化しやすい、可能なものが、一定の限界に従属することこそ、この世がもう一つの世に従属することの象徴であり、保証である。従って、ひそかな、純粋なよろこびを湧き出させる静観の対象となる。

わたし自身の魂、わたしの自我は、こういう時間的で、変化しやすい、可能なものの中にはいっている。

わたしの自我、わたしの魂、わたしのからだ、わたしのすべての欲望が、堅くゆるがぬいくつもの限界に従属していることは、ひそかな、心をみたすよろこびを湧き出させる静観の対象となる。

わたしが想像力によって、わたしの自我を他の人々の中に宿らせているとき、その人々もまた右のごとくなる。

ある欲望を満足させるとき、その原因がはっきりしていて、欲望それ自体とははっきり無関係であるならば、また、その満足の心もとなさが感じられるならば、この従属しているという感じはいっそう強くなる。

そこで、自分が空腹であるときに、ひと切れのパンを食べるのは、宇宙と、またその創造主と通じあうことである。

不幸は、原因の構造が明確でありさえすれば、この従属の感じをいっそう強くする。そこから、不幸の荒々しいばかりな美しさが生じる。

キリストがなさったように、服従を学ぶとは、このことにほかならない。

キリストは、大海のようにつながれて行かれた。

わたしたちの魂の中で不幸に屈してはふさわしくない唯一の部分は、他の世界に位置づけられている部分である。不幸は、この部分に対しては、なんの影響も及ぼすことはできない、――なぜなら、マイステル・エックハルトのいったように、それは創造されずに存在していた部分であるから――だが、不幸は、魂の中の時間的な部分から、この部分を激しく引き離す力を及ぼす。その結果、超自然的な愛が魂に宿っていても、そのかぐわしさは感じとれない程になる。そんなとき、あの叫びが起る、「わが神、どうしてわたしをお見捨てになったのですか」。

ひとたび、神を、最高の、実在する善、永遠にそれ自体で充足した善と認めることができたら、それで十分である。神は、その被造物に報いることもなく、罰することもしないばかりか、神に従おうとする被造物の努力も、その衰えも、その反抗も知らずにいるらしいと推測される。それでもなお、人は他の何ごとにもまして、飢えや渇きや、情欲の炎や肉体的な責苦のさ中での安らぎの要求よりももっとつよい願いをもって、神に従いたいとの望みにもえることであろう。同時に、神は、永遠に完全に自分自身を抑制する者であるとの確信を抱くならば、神を所有することをも含めて、余のいっさいがなんの重要性もないとうつってくるであろう。

自然が人間の魂の中にそなえしめて、食物、飲みもの、休息、肉体の安楽さ、目や耳の楽しみ、他の人間存在などに結びついた欲望のすべてが、こうしたものから取り去られて、ただ神への服従だけに向けられねばならない。

この世のものごとが楽しみや苦痛の対象となることは当然であるが、願望や嫌悪の対象となってはならない。

そして、神への服従こそは、魂のすべての願望の唯一の対象であるが、それは知られずにいる対象である。わたしは、神があすわたしに何を命じるかを知らない。

さらにわたしは、もし自分が神に服従することを拒むとしても、また自分の弱さのゆえにそうすることができなくなるとしても、やはり自分は神に服従する者であることを知っている。なぜならこの世においては、神の望まれないことは何ひとつ生じないからである。

だから、この願望があることは、その成就も確かなのである。すでに、成就しているのである。その飢えはすでに満たされているのである。この先つねに満たされるのである。しかもそれでいて、魂の中で、ついに満たされることがないかのように、果てしなく叫び続けるのである。

それは、虚空への叫び、永遠に答えられることのない呼びかけである。この呼びかけこそは、神の栄光をほめたたえるうたである。わたしたちの苦悩の叫びが神を讃美する。

十字架の上で、「わが神、どうしてわたしをお見捨てになったのですか」といわれるキリスト。ここにこそ完全な、神の栄光の讃美がある。

みじかくて終わりが定めなく、終わりが定めなくてみじかいこの地上での滞在のあいだ、ただこのように叫ぶこと、そして無の中へ消えて行くこと、――それだけでいいのではないか。それ以上何を求めることがあろう。神がもし、それ以上のものを与えてくれるとしても、それは神だけに関係したことである。わたしたちには、後になってからわかることである。わたしは、最善の場合でも、神はただこのことをわからせてくれるだけのことだと、考えておきたいのだ。それだけでも、この上なく十分に満たされたことなのだ、――だからもう今から、死の瞬間にいたるまで、わたしの魂の中には、永遠の沈黙のうちにとぎれることなく叫ばれるこの叫びのほかには、どんな言葉もなくなってしまえばいい。

＊

キリストは、人間と父なる神、父なる神と御霊とのあいだの仲保者である。三位一体の中では、かれは対象（客体）である。客体は主体と行為との仲に立つものである（もっとも、この関係はまた、別なかたちでいいあらわすこともできないわけではないが）。愛されているものは、わたしの愛とわたしとのあいだの仲に立つものである。

わたしたちが神を愛するとき、父なる神がわたしたちを通して、御子を愛している。なぜなら、対象としての神は、御子だからである。御子は、父なる神とその〈愛〉との仲に立つものである。

神への不服従は、神の実在を知るまいとすることである。すぐさま、欲望は地上のくさぐさの物にとりついて離れようとしない。欲望をそこから引き離すまいとして、わたしたちはなおも、不服従を続けようとする。だが、同時に、引き離さねばという思いのために、魂は非常な苦悶の中へつきおとされる。

実際上は、神が存在するかぎりは、神に対するわたしの不服従なんぞは、なんの重要性もない。だが、わたしはそのことを、自分が服従の状態にはいったときに、はじめて知る。いったん、わたしが不服従をしだすとき、この不服従は、架空の重要性を帯びてくる。それは、二つの方法でしか消し去ることはできない。一つは、非常な苦しみを経て、自分をもぎ離してきて、服従の状態に戻ることによって、もう一つは、わたし自身をあざむくことによってである。

こうした構造になっているかぎり、神を知るならば、道徳的な弛緩に導かれることはありえない。

こうした結果が生じる所では、神の名がとなえられていても、愛の対象は、別のものである。

神に服従するためには、その命令を受ける必要がある。

わたしが青年時代、無神論を公言していたときには、神の命令を受けたなどということがどうしてあるのだろうか。

善への願いはつねに報いられると信じること――それこそが信仰である。この信仰を持つ人はだれでも、無神論者ではない。

光を願い求める人々を闇の中へ放置しておくような神を信じること、そのようなことこそ逆に、信仰がないということである。

信仰とは、この世界のように、善と悪とがもつれ合い、入りまじった所とは別な領域、善が善だけしか生まず、悪が悪だけしか生まない領域の存在を確信することである。

善を善として認めながら、その起源に悪があるようなことをいうのが、御霊に対する、**ゆるされぬ**罪である。

善と悪とが、問題の中心であり、何より肝心な事実は、その関係が相互に転換可能ではないということである。悪は、善の反対であるが、善は何ものの反対でもない。

現代物理学における、相互に転換が可能でない関係。それは、まだ認められてはいないが、二つの違った性質のエネルギーを持つ、二つの異った領域に属する現象ということになろうか。

(学者たちは、大部分のカトリック教徒が教会を信じるように、科学を信じている。すなわち、誤まることのない集団的見解として結晶した〈真理〉を信じるように、信じている。学説はたえず変化しているのに、何とかこじつけをしては、あくまで信じ続けている。どちらの場合にも、神への信仰が欠けているのである。)

カトリック教徒が思考を進めるときに、二次的には真理の方へ向かうこともあるが、まず第一に、教会の教理との合致という方向へ向かう。学者も同じことをしているが、こちらの場合は既成の教理ではなくて、形成されつつある集団的な見解との合致をめざす。学者は、ともかくもさいわいにも、また、多少なり予測の上に立って、直観的に感じとってきたある時流に従って、その思考を進める。

知的誠実さという見地からも、このことはいっそう悪い。なお、いっそう悪いのは、知性を押し殺してしまうことである。

おそらく、いつもこんな具合だったというわけではないのだろう、ここ最近四、五世紀の間においても、そうではないこともあったのではないか。どうしたら、それがわかるか。しかし、ともかく、ずいぶん悪化したものである。

人は、神と偶像崇拝のどちらかをしか選ぶことはできない。これ以外の選択の可能性はない、いったい、わたしたちの中には、何かを崇拝する能力があり、それは、この世のどこかへ向けられるか、別な世界へ向けられるかのどちらかだからである。

もし神を肯定するなら、神を崇拝しているか、それとも神という外見をまとった、この世のものを崇拝しているかである。

もし人が神を否定するなら、自分ではそれと知らずに、神を崇拝しているか、それとも、この世のものを自分ではこの世に属するものとみなしていると思いこみながらも、その実は、たとい自分では知らないとしても、そこに神的な諸属性を想定して、崇拝しているかである。

崇拝の能力が分割されて、——一部分はこの世のものに向かい、一部分は別な世界へと向かうような、——魂の成長の一時期があるものだ。

その判別の基準は、こうである。だれでも、条件づけられたものを、例外なしに、条件的にしか愛していない人は、真の神を崇拝する人である。

真の〈善〉は、この世の外にある。

この世界に、美というかたちで善のしるしを置かれた神の知恵のおかげで、わたしたちは、この地上のものを通して〈善〉を愛することができる。

この物質の従順さ、この自然の母性的性質が、聖母マリアのうちに肉となったのである。

しかも、耳のきこえぬ物質が、神の説得の言葉に注意深く耳を傾けている。

「この世は、あなたの支配に同意しています。」

愛によって、物質は、神の知恵の刻印を受け、美しいものとなった。

世界の美しさを愛するのは、正しいことなのだ。美しさこそは、造りぬしと造られたものとの愛の交換のしるしであるから。

美しさとものとの関係は、聖性と魂との関係にひとしい。

真に美しい人間は、愛されるにあたいする。顔の美しさとか、からだの美しさとかがかきたてるよこしまな欲望は、美しさが受けるにあたいする愛ではない。それは、自分にとってあまりにも純粋なものに面して、肉がとらわれる一種の憎しみである。プラトンは、このことを知っていた。

神の恩寵とは、不幸の中にあっても、ときとして、わたしたちに美しさを感じさせるようなものである。そのときには、それまでに自分の知っていた美しさよりも、もっと純粋な美しさが啓示される。ヨブ。

しかし、いつも不幸の最初の侵害は、美しさを奪うこと、魂の中に醜悪さが侵入することからはじまる。そのとき、たとい目標をなくしたとしてもいっさいの常識に反して、同じ方向にじっと愛を向けていることのできない人々は、おそらくは決定的に、善とのつながりを失ってしまう。

わたしは、ありうることだと思っているのだが、ある限界が存在していて、それはこの世にあってはやくも越えて行けるようなもの、そしてそれをいったん越えた向う側には、もはやどんな救いの希望も残されていないようなものだとするならば、これを超えた人たちは、肉体的な苦痛すらも感じないか、あるいはほとんど感じないのではないかと信じたくなってくる。

どんなふうにも用いようのない苦しみがあるとすれば、それは純粋な悪であろう。聖アウグスチヌスは、純粋な悪とは無であるといっている。

だから、また、わたしは、動物は苦しむことがないと信じたいのである。

神は、二つの仕方で、わたしたちの愛をご自身の方へと向けて行くことができるようにとなさった。美しさを通してと、真空においてと。

わたしたちは、すべての過去において、神の意志が成就されたことを、何よりも大事なことに思わなければならない。未来においては、思考を持つ被造物に対して、霊感のかたちで神が純粋な善を送ってよこされるという希望を。現在は、その中間にある。現在は、受容の対象でも、希望の対象でもなく、冥想の対象である。必然と善という、二つの相反するものが一体としてある世界の美しさの中に、神の〈知恵〉を冥想すること。すでに成就された事実は、必然であり、来るべき善は、待ち望まれるものである。

「あなたのみ心が行われますように」（マタイ六・一〇など）は、受容である。「あなたの御国がきますように」（同六・一〇）は、希望である。「あなたの御名があがめられますように」（同六・九）は、ただ愛をこめての静観、感嘆の思いをもって仰ぐことである。

「わたしたちの負債をおゆるしください……」（同六・一二）。

わたしたちにとって債権者は、神である。神はまた、わたしたちの唯一の債務者でもある。わたしたちは、自分たちの願望と相反した出来事にあうたびに、債権を踏み倒されると感じるのである。

しかし、負債をゆるすということで何よりも困難なのは、神に対して、わたしたちの罪をゆるすことである。罪の意識には、真の〈善〉である神に対する、一種の怨恨と憎悪がつきまとっている。そうした構造を持つために、罪は、魂を害するのである。

移ろいやすい罪意識につきまとわれていない罪は、魂を害することはない、だが、そのようなことは、精神的な病気といっていいような、ある種の魂の状態の中でしか生じない。

病気が回復期にはいると、こうした罪も、有害となる。そのときになって、罪意識があらわれ、しかもむりにこれを押し殺そうとするからである。

＊

神ご自身ですら、いったんなされたことをなされなかったことにすることはできない。創造が権利の放棄であるということの、これは何よりも有力な証拠ではないだろうか。

時間の存在より以上に、神が大きい放棄をされた事実はないのではないか。

わたしたちは、時間の中へと投げ捨てられている。

神は、時間の中におられない。

創造と原罪とは、わたしたちからすれば異なっているが、放棄という神の唯一の行為の二面にすぎない。そして、受肉も、受難もまた、この行為の両面なのである。

神は、自分の神性をぬぎすててむなしくなり、わたしたちに、にせの神性をまとわせて満たした。わたしたちも、にせの神性をすてて、むなしくなろう。この行為こそ、わたしたちを創造した行為の最終目標となる。

今この瞬間にすら、神はその創造の意志によって、わたしを存在の中に保持している。わたしがそれを放棄するようにと。

神は、わたしがついに神を愛することに同意する気持を抱くようにと、忍耐づよく待っている。神は、立ったままで、動かずに、黙って、おそらくは自分に一片のパンを投げ与えてくれそうな人の前にたたずむ乞食のように、待っている。時間とは、この待望である。

時間とは、わたしたちよりの愛を乞い求める、神の待望である。

もろもろの天体も、山々も、海も、わたしたちに時間について語りかけるものみなが、神の嘆願の言葉を伝えてくる。

待つことにおける謙虚さによって、わたしたちは、神にも似た者とされる。

神は、ただ、善である。だから、神はかしこにあって、ただ沈黙して待つ。だれでも、前に進んだり、語り出したりする者は、幾分の力を行使しているのである。ただ、善でしかない善は、そこにあるということしかできない。

恥じらいの気持をもつ乞食は、神の似像である。

謙虚さは、時間に対する魂のある特定の関係である。それは、待つことの受容である。だから、社会的にも、下級の者の特徴は、人に待たされるということなのである。圧制者のいい分は、「わたしは、すんでのことで待つところだった」である。だが、詩的雰囲気の中ですべての人が平等となる、儀式にあっては、すべての人にとっての待つがある。

芸術は、待つことである。霊感は、待つことである。

待つことにおいて、芸術は、実を結ぶ。謙虚さは、神の待望にあずかることである。完全な魂は、神ご自身と同じく沈黙し、動かず、へりくだって、善を待つ。十字架上に釘づけられたキリストは、御父の完全なる似像である。

どんな聖人であろうと、過去がなかったことにすることも、一日のうちに十歳年とることも、十年間に一日分だけ年をとることも…神からゆるしてもらうことはできなかった。どんな奇跡も、時間に逆らう力はなかった。山をも移す信仰も、時間に逆らっては、無力であった。

神は、わたしたちを時間の中に投げ入れられた。

神と人間との関係は、逢引きの場所を間違った、恋する男と女との関係にたぐえられる。どちらも、時間よりも前にきているのだが、どちらもが違う場所におり、ふたりとも、ただ待ちに待っている。男の方は、立ったまま動かず、その場に時間の続くかぎり釘づけになっている。女の方は、移り気で、忍耐しようとしない。女がついに飽いて、去って行くとしたら、女はわざわいだ。なぜなら、かれらが今いる二つの点は、第四次元においては、同じ点であるのだから…

キリストの十字架上のすがたは、神のこの不動のさまを示す象徴である。

神は、放心のない注意そのものである。

神の待望と謙虚とにまねばねばならない。

「わたしは聖であるから、あなたがたも聖でなければならない（レビ一九・二）」。神をまねぶこと。おそらく、モーセは、エジプトの英知から借用したのである。

わたしたちは、時間の中で、わたしたちの自我を固守している。

時間と、時間がもたらしうるすべてのものを受容すること、――どんな例外もなしに、――（運命愛《アモール・ファティ》）――それだけが、時間に対して魂がとりうる、唯一の条件づけられない在り方である。そこには、無限が含まれている。何ごとが起ろうとも…

神は、ご自身の有限な被造物に、無限の中へと自分を移すこのような力を与えられた。数学は、その象徴である。

もし毎分毎分の（わたしたちが罪をおかす瞬間をも含めて）、喜ばしい内容、また苦痛にみちた内容を、神の特別な恩恵とみなすことができるならば、どうしてわたしたちは、時間によって天から分けへだてられているといえようか。

神がわたしたちを見捨てられた状態に放っておくのは、わたしたちに恩恵を施す神の独特なやり方である。

時間は、わたしたちの唯一の悲惨さにほかならないが、神の手がここに触れているということでもある。神は、権利の放棄によってわたしたちに存在をゆるす。

神は、わたしたちの遠くにとどまっている。なぜなら、もし神が近くへくるとすれば、わたしたちを消滅させずにはすまないだろうから。神は、わたしたちが神の方へと赴いて、消滅することを待っている。

死においてある者は、神の不在のうちに消滅し、また他の者は、神の臨在のうちに消滅する。わたしたちは、この相違を理解できない。そこで、想像力によって理解可能な近似のものを得ようとして、天国と地獄という表象をつくり上げたのだ。

＊

信仰の本質。真に善をねがい求めながら、それを得ないということはありえない。

また、逆に、真にねがい求めているのに、得ることもできないようなものは、まことの善ではない。

善をねがい求めることがなかったならば、善を与えられることはありえない。

自分次第である事柄以外には、執着しようとするなどといういましめは、まさにこのことを意味している。


だが、このことは、人が自分のうちに何かを持っているとか、自分の意志によって何かを得ることができるとかを意味しない。なぜなら、そういうものはみな、惨めで、価値のないものだからである。

そうではなくて、つつましく、絶望的な願望の対象、哀願の対象のことがいわれているのである。

善とは、自分自身ではついに得ることのできないもの、しかしまた、ねがい求めるならばかならず得られるものである。

だから、わたしたちの状況は、ひもじいと泣き叫んで、とうとうパンを与えられる小さな子どもの状態に、まったくそっくりである。

だから、あらゆる種類の哀願する人々は、聖とされている。哀願も、聖とされている。

人は、自分に拒む義務のないものはすべて、認容する義務がある。

オリーヴの枝。聖霊の木、哀願する人々の象徴。

神は、この世において、善と力とを分離され、ご自身のものとしては善だけをとっておかれた。

神の命令は、頼みという形をとる。

*

わたしたちが、自分の意志や努力で手に入れるすべてのもの、また、外部の事情によって運次第で与えられたり、与えられなかったりするすべてのものは、まったく無価値なものである。そういうものは、悪いものか、どうでもよいものであるのだろうが、決して、よいものではない。

神は、この世に、わたしたちを悪にさらされたままで放っておく。

しかしながら、もしわたしたちが、自分の魂の、感覚的でない、永遠の部分が、一切の悪からまぬがれられているようにと望むならば、そうなる。

存在するすべてのものは、必然に従属している。だが、そこには、善と悪との対立が関係してこないような、肉的な必然もあり、また、この対立にまったく従属した霊的な必然もある。

あがないという概念そのものに、霊的な必然の意味が含まれている。

必然だけが、認識の対象となる。他のものは何ひとつ、思考によってはとらえられない。必然は、探索により、経験によって知られる。数学は、ある種の経験である。必然とは、人間が思考によって接触するものである。

わたしたちの中で、ただひとつのもの、願望だけが、条件づけられてはいない。その願望が、条件づけられぬ存在、神の方へと向けられるのは、ふさわしいことである。

生み出されるための条件がととのわないかぎり、何ものも生み出されない。

何かある一つのものは、何かある一つの条件を必要とする。しかし、すべてのものがある条件をもって生み出され、すべてのものは等価値である、と考えるとしたら…

もし、人が、何かある一つのものをねがい求めるならば、一連の諸条件の隷従下に服することになる。だが、一連の諸条件そのものをねがい求めるならば、その願望の満足は、条件づけられてはいない。だから、世界の秩序を愛することが、ただ一つとき放たれることになる。

十字架のキリスト、最大の善に対して加えられた最大の悪。もしこのことを愛しうるならば、世界の秩序を愛しているのだ。

水と血において。キリストの公生涯は、水の洗礼によってはじまり、血の洗礼によって終った。

十字架の上で、かれは、カイザルのものはカイザルに、神のものは神に返した（マルコ一二・一七など）。

*

あなたがたは、その実によってかれらをさばくであろう。人間に対して悪をなすより以上に大きい悪はなく、人間に対して善をなすより以上に大きい善はない。
ひとりの人間がこうした言葉（神、自由、進歩など…）を口にするとき、その心の中にどういう思いを抱いているかを知ることはできない。その魂の中にひそむ善は、ただその行動のうちに、また独自の思想の表現のうちに見られる善によって、はじめて知られるのである、
あるひとりの人間における神の現存を知覚することはできない。ただ、その人の地上の生活の受けとり方のうちに、この光の反映を感じとれるばかりである。こうしてみるとき真の神が、『イリアス』

の中には現存するが、『ヨシュア記』の中には現存しない。

『イリアス』の作者は、神を愛する人だけに見えるような仕方で、人生を描いた。『ヨシュア記』の作者は、神を愛しない人だけに見えるような仕方でそうした。

神について語るよりも、魂が創造主である神を通ってきたときに、全被造物がまとう新しいすがたを、行為においても、言葉においてもあらわす方が、ずっと神についてのよいあかしになる。

本当のことをいえば、このようにすることだけが、あかしなのである。

神のために死ぬことは、神への信仰を持つというあかしにはならない。不正を受け忍んでいる、見るもいやらしい、未知の、ひとりの前科者のために死ぬことが、神への信仰を持つというあかしになる。キリストは、このことを人々にわからせようとしたのだった。「わたしは裸であった…わたしは空腹であった…」（マタイ二五・三五、三六）。

神への愛が、被造物に対する自然的な愛と超自然的な愛との中間にある。

ただ十字架につけられたことによって、キリストへの信仰が、聖ヨハネもいうように（五・一三）、ひとつの基準となりうるのである。恥ずべき拷問を受け、死刑に処せられた、一般の法によるひとりの囚人を神として受け容れるのは、この世にうち勝つことである。（だから、かれは、復活については語らなかったのである。）それは、世俗の一切の保護を捨て去ることである。必然を受け容れて、これを愛することである。

だが、今日では、キリストの敵のほかにはかれのことを、一般の法による死刑囚なのだと考える人があるだろうか。人々は、教会の歴史的な偉大さを讃仰しているのである。

黒人奴隷たちは、キリストへの信仰によってこの世にうち勝った。「やつらは、わたしの主を十字架にかけたのだ」（原文・英語）。

ひとりの人間からひとりの人間へと、超自然的な徳行が行われるところでは、どこにおいても、神が現存し、キリストが現存する。

神に対する魂の態度は、それ自体としても確かめうるものではない。なぜなら、神は、別のところに、天に、隠れたところにおられるからである。それを確かめうると思っているならば、神というレッテルのもとに何か地上のものを包み隠しているにすぎない。ただ、確かめうることは、この世に対する魂のふるまいが神を通ってきたものか、そうでないかということだけである。

ある許婚の女性の友人たちが、夫婦の寝屋にまではいりこまないのも同じである。ただ、その女性が妊娠したらしいのを見て、彼女が処女を失ったと知るのである。

調理ずみの料理の上には、火は残っていない。だが、その料理が、火の上を通ってきたことを、人は知っている。

反対に、もえあがる焔が見えるように思ったとしても、じゃがいもがなまのままであったら、それが火の上を通ってこなかったことは確実である。

ひとりの人間が、神について語るときのようすによってではなく、地上の事柄について語るときのようすによって、この人の魂が神の愛の火の中に宿ったことがあるかどうかをよく見分けることができる。ここでは、どんな隠しだてもできない。神の愛については、にせの装いをすることもありうるが、神が魂の中に行なわれる変化については、装おうことができない。なぜなら、自分自身がそこを通りすぎることなしに、この変化がどういうものかは全然察知できないからである。

同様に、ひとりの子どもが割り算ができるのは、その法則を暗誦しているからではない。いくつもの割り算をしたからである。その子が法則を暗誦してみせても、わたしは、その子に法則がわかっているのかどうかは、知らない。その子に多くのむつかしい割り算の問題を出して、かれが正しい答を持ってきたならば、規則について説明させる必要はない。そんな説明ができなくても、その計算法の名称を知らなくても、大したことではない。とにかく、かれはわかっていることを、わたしは知っているのである。法則を暗誦してみせることができた子どもが、割り算の答のかわりに、わたしの出した数の合計の数をもってきたとするなら、その子には何もわかっていないことを、わたしは知る。

同様にして、『イリアス』の作者は、神を知り、神を愛していたが、ヨシュア記の作者はそうではなかったことを、わたしは知る。

ものや人に対するふるまいの仕方の中に、あるいは単に、ものや人を見る仕方の中に、超自然的な効果があらわれてくるときには、その魂は、もはや処女ではなく、神とともに寝たことがあるのがわかる。ねむりこんでいるうちに凌辱を受けた少女のように、自分ではそれと知らずにいるとしても。こんなことは、大切なことではない。ただ、事実だけが大切である。

ひとりの若い女性が妊娠したことは、その友人たちにとっては、彼女が処女を失ったことの唯一の確かな証拠である。そうでなければ、彼女が言葉やふるまいにおいて、いくらみだらな態度を示したとしても、だめである。証拠がないからである。その夫は、おそらく性的無能力者なのである。

同様に、公然とであろうと、内側でだけであろうと、魂が神に対して信仰と愛の言葉を告げたとしても、他人にとっても、魂自身にとっても、証拠にはならない。魂が神だと称しているのは、無能力な存在、すなわち、にせの神であるかもしれない。魂は、本当に神と寝たことがないのかもしれない。証拠となるものは、被造物の方へと向けられたその行動面に、超自然的な効果があらわれることである。

ある裁判官の信仰は、教会におけるかれの態度においてではなく、裁判所におけるかれの態度のうちにあらわれる。

だが、女性における妊娠の場合と同様に、この変化は、直接的な努力にはよらず、神との愛による結びつきによって生じる。

ひとりの女性が、どんなに猥褻な話をしても、処女であるということは可能である。だが、彼女が妊娠すれば、いかに何も知らないふうを装っても、もう処女ではない。旧約聖書と『イリアス』についても、同様である。

『イリアス』。ただ神への愛だけによって、ひとつの魂が、やさしさや平静さを失うことなく、これ程まで明敏に、冷静に、人間の悲惨さの恐怖を見てとることができたのである。

自分の奴隷たちを責苦にあわせまいとして、自分が死ぬ方を選んだあのローマ人は、神を愛する人だった。

奴隷たちを自分と平等であると信じている主人はだれも、神を知り、神を愛する者である。その反対も真実である。

画家というものは、その画家が今いる場所で描いているのではないのだ。その画家の絵を見ることによって、そこに描かれているものに対してかれがどういう位置にあるかを知ることができる。

反対に、かれが自分を絵に描いているとするなら、かれがいかにもそこにいるように見せかけている場所は、実際にかれのいる場所ではないことを、わたしは、確かに知る。

ひとりの人間が、その行為や言葉においてどういう人生観をあらわしているかによって、その人がこの人生を、この世にある一点から見ているか、それとも天の高い所から見ているかを、わたしは知る(わたしに、知るだけの眼識があれば、知るだろうという意味である)。

反対に、その人が神について語るときには内側から語っているのか、外側から語っているのかを、わたしは見分けることができない(もっとも、ときどき、できることもあるのだが…)。

ある人が、飛行機に乗って、雲の絵を描いてきたといっても、その絵は、わたしを説きつける証拠にはならない。空想で描いたのかもしれないと思うこともできる。もし、都市の鳥瞰図をもってくるならば、証拠になる。

福音書には、人生観が含まれているが、神学は含まれていない。

夜、戸外で、懐中電灯をともすとき、わたしはその電球を見て、光度を判定はしない。どれ位の分量のものが照らし出されているかを見て、判定する。

ひとつの光源のかがやきは、光を発しないものの上にどれだけの明るさが投じられたかによって評価される。

ある信仰生涯の価値、あるいはさらに広く、ある霊的生涯の価値は、この世のものの上にどれだけの明るさが投じられたかによって評価される。

肉的なものが、霊的なものをはかる基準となる。

このことを、人は一般的に認めようとしない。基準をおそれているのである。

何かあるものの効果は、その外側にあらわれ出てくる。

もし霊的なものだけに価値があり、肉的なものの上に投じられた明るさを基準にするのを拒むならば、ただ無だけを、後生大事に守るということになりかねない。

霊的なものだけに価値がある。だが、肉的なものだけが、確かめうる存在を持っている。従って、霊的なものの価値は、ただ肉的なものの上に投じられた明るさとしてだけ、確かめうる。

(だからこそ、王《クシヤトリヤ》族が婆羅門に教えるのである。)

この世を創造しようと望まれた神は、この世がこのようにあることをも望まれた。

もし、ある人が、わたしの左手から手袋を取り、自分の背中の後へまわして、それを右手の手袋に変えて、わたしに返してくれるとするならば、わたしは、かれが第四次元に近づいたと知るだろう。他のどんな証拠をもってしてもできないことである。

同様に、もしひとりの人が、ある種の仕方で不幸な人にパンの一切れを与えたり、また、ある種の仕方で、敗北した軍隊の話をしたりするとき、わたしはかれの思いは、この世をぬけ出て、キリストとともに、天にいます御父のかたわらにすわっているのだと知る。

もしひとりの人が、ある山の背中あわせの両山腹のことを同時に述べるとしたら、その人は、頂上よりももっと高い位置にいることを、わたしは知る。

『イリアス』のしているように、勝利者と敗北者とを同時に理解し、愛することは不可能である。

神の〈知恵〉が宿る、この世の外に位置する場所からでなくては。

*

ヴォルポーン（ベン・ジョンスンが一六〇五年に書いた戯曲の主人公の、子どものない老人、のちに、J・ロマンやS・ツヴァイクも劇化した）を相手に自分の妻に売淫をさせた末、自分は後継ぎにされなかったと知った男の状態。

人は、何かのさいわいを望んで、これにしがみつくものだ。このさいわいだけを目当てに、そうでもなければ不可能な行動をやってのけながら。

このさいわいが取り除かれれば、不可能の中に落ちこむ。その行動は、なされてしまったのだ。なされなかったようにすることは断じてできぬことだ。しかし、それは不可能な行動であった。若くて、貞淑で、美しい妻を持ち、その妻を愛しているひとりの男が、動機もないのに、いやらしい老人相手に売淫をさせることはないだろう。そんなことは、重いものが勝手に持ちあがるのと同様に不可能なことである。

だが、かれは、そうすれば遺産を手に入れられると信じこんでそうした。そのあげく、遺産の入手なんて全然問題にもならないのに気づくのだが、そのときすべては、動機もなしにその事柄が果たされ、重いものが勝手に持ち上ったかのように、もう起ってしまっていた。

魂は、そこから出ることもできずに、不可能の中に生きる。なぜなら、その不可能はすでに果たされてしまい、起こってしまったのであるから。

そんなとき、自分の過去を根だやしにすることがただひとつののがれ道である。その人にとって、それはこの上なくつらい苦しいことなのだが。

過去が、わたしたちをつかんで離さない。過去は、現在よりももっと実在的である。そして、各人は、だれも他人が一指も触れることのできない自分の過去を抱いている。

思いの中で、魂は、動機もないのに、その行為をもう一度やってみる。

自分の妻がまだ汚れのない身であるようにとたえず祈り求めながら(この男こそは、まさに悲劇の主人公ではないだろうか)、彼女が本当にそうだったまだ身近な時期へと、かれの思いは向いて行く。現在に追いつくためには、かれは思いにおいてあの行為の中を通りぬけてこなければならないのだ。ところで、この行為には、今や、それをただひとつ可能としていた動機が失われているのである。たえず、思いは、過去の中へと沈んで行くのだが、不可能の中を通り越してこないかぎり、現在に追いつくことはできない。

ある行動をただひとつ可能にしていた動機が、その行動の成就によってくずされてしまったとき、事情はつねに同じである。たとえば、かっとなって人を殺してしまったが、いったん殺人が果たされてしまうと、その怒りも消えてしまう、そんなとき。

思いは、罪のなかった過去へと逃げこむのだが、今はもう怒りもないのに、殺人行為の中をもう一度くぐりぬけてこなければならない。ところで、それは不可能な旅路である。

ある行動の結果は、その動機よりもながく続く。不幸な結果によって、魂は、そうした結果のなかった過去の中へと逃げこまずにいられないのだが、動機を失った行動の中を通りぬけて現在に追いついてこなければならない。それは、思いにとって非常な責苦である。

動機がどんな性質のものであっても、りっぱな動機であろうと、恥ずべき動機であろうと、いつもこうなのである。

人間は、動機もなしにいろんな行動を果たして、やっとこの責苦からまぬがれるのであろう。

本当に、まぬがれられるのだろうか。

ただ、神がその人の中へくだってきて、その人に代って行動されるときにかぎって。

どうしたら、その人はそこに到達できるのだろうか。

神に、くだってきてくださいと切願することによって。

神への服従だけが、ただひとつの条件づけられていない、あくまで消失することのない動機である。

それによって、行動は永遠のうちへと移される。

＊

心の中で次のようにいうと仮定しよう。たとい、死の瞬間になにも新しいことが生じず、もう一つの生の予兆はあらわれずに、ただこの世の生がそれで終りとなるだけであるとしても、死はただ、無をもたらすだけであるとしても、また、この世は完全に神に見捨てられてあるのだとしても、さらに、この神という語には、絶対にどんな実在性もともなってはいず、ただたわいもない幻想とだけ結びついているのだとしても、——すべてがこの通りであることを認めつつも、しかしなお、その場合でも、わたしは、何か他のふるまいに走るよりも、そこからどんなにおそろしい不幸がひき起されてくるとしても、神がお命じになったと思われる事柄を果たすことの方を大事に思いたい。

ただ、愚かな者（狂人）だけが、こんなふうに考えることができるのだ。

だが、こういう愚かさ（狂気）にいったん染まったならば、この思いのままに果たしたどんな行動をも、決して後悔することはないのだと、はっきり確信してよいのである。

ただひとつ、困難は、こうした思いは、ごくわずかなエネルギーしか、もろもろの行動を果すには不十分なエネルギーしか与えてくれないということである。

このエネルギーを増し加えるには、どうしたらいいか。

祈りが、これを増し加えてくれるにちがいない。

服従の実行によっても、これは増し加えられるはずである。なぜなら、どんな行動も、ある動機をもって行なわれるとき、その動機によってエネルギーは増大する。

そうならないときは、まさしくエネルギーは、尽き果てる。ここには、どうやらまったく異なった、二つのメカニズムが働いている。

この二つを区別することが、何よりも重要なことである。

ある動機が力を及ぼさなくなるのは、その動機によって押しやられる分を越えた行動に走るときである。

だから、服従するとき、ほとんど逆らいがたいまでに押しやられると感じる分を越えてまでは決して進まないように、十分な配慮をつくすならば、魂の中に、神に仕えるためにそなえられたエネルギーの割合は増えてくるはずである。

そうでないなら、神への愛は、尽き果てるか、同じ名をかかげていても、別なものへの愛になり代ってしまう。

これは、じつに重要なことである。——なぜなら、あまたの肉的な愛が、この神への愛という名のもとに、忍びこんでくるかもしれないからである…

＊

祈りは、ただ条件づけられていないときにはじめて神に向けられたものとなる。条件なしに祈るとは、キリストの御名によって祈ることである。それこそが、決してしりぞけられることのない祈りである。

あなたのみ心が行なわれますように、――どんなみ心であろうとも。

わたしの中へくだってきてください、わたしを通じて、あなたのみ心が果たされますように、――どんなみ心であろうとも。

信仰とは、こうした祈りの後に果たされる行ないが、それ以前に果たされた行ないよりも、神への服従にもとる所が少なくなっているはずだと信じることである。

もし、ある行ないが、神のお命じになったものだと思われるならば、それを果たすのをお助けくださいと神に乞い求めてもよい。

ただし、次のような留保を含んだ上である。わたしがあなたの助けをおねがいしますのは、ただこの行ないについてだけです。この行ないがあなたのみ心にかなっていると信じるからです。そして、この行ないがみ心にかなう場合に限ります。

同時に、この行ないがうまく成功するようにと、守銭奴が金を、飢えた者がパンを求めるのとかわらぬはげしさで、ねがい求めなければならない。

いったい、わたしたちは、神のみ心について思いあやまることもあるからである、――だが、わたしたちは、自分たちがみ心にかなうと信じるすべてのことを行なうのを神が望んでおられることは確かだと、みなしてよい。聖フランチェスコは、聖ダミアノに石を持って行くようにとの命を受けたと信じた。かれが、そうした錯覚のうちにあったかぎりは、神は、かれが石を持って行くのを望んでおられたのである。

ひとりの人間の魂の中に、神が何かある特別の事柄を望んでおられるとの感じが生じてくるのは、どうして可能なのだろうか。これこそは、受肉と同じくらいに奇跡的な出来事である。

あるいはむしろ、これが受肉の奇跡そのものなのであろう。生れたときから、死に至るまで、たえずこうした感じが心を占め続けていた人が、人となられた神である。

芸術も、同じ種類の驚異である。(非常に数少ないが)第一級の芸術における、芸術的霊感は、こうしたものだからである。知性にひらめく光も、同じである。

こういう奇跡のすべては、条件づけられたものの中に条件づけられぬものが現存し、思考が動かぬものに導かれた方向をたどるところに生じる。

こういう奇跡がなければわたしたちは、まったく地上につながれた存在にすぎないであろう。

こういう奇跡を自分自身の中に感じたことのないすべての人々、——遠くから見ていると、どうやら大多数の人々がそうらしいのだが、——は、まったく地上につながれた存在である。

少数の人々には、どうしてそれが感じられるのだろうか。

だが、第二の奇跡がある。こういう種類の霊感によって生じる行為や言葉は、もっとも現世的な心の持主にもこれらを愛せずにはいられなくさせるかがやきを持っているということである。

もし、人がこれらを、憎しみをまじえず、ねたみもなく、自分をかえりみず、しかも、ただここにこそさいわいがあるのだという思いで、いつの日か自分もその源泉を所有したいというねがいをこめ、どんな他の理由もなしに、愛するならば、――やがて、そこに達するときがくる。

この世にありながら、霊感を得た、聖なるもののこのかがやきこそ、地上につながれた魂をさばき、ついには、かれらが神か悪魔かどちらかに身を捧げずにはいられないようにする。だから、ヨハネによる福音書の中で、キリストは、たえず、ご自身に対する態度について語っておられるのである。それは、人間としてのかれにかかわる事柄であり、教会や神学に関係したことではない。

わたしたちの魂は、秤である。さまざまの行為におけるエネルギーの方向は、あれこれの数字をさし示す、秤の針である。だが、この秤は、間違っている。

神――真の神が、魂の中で、ご自身に帰属すべき全部の場所を占められるとき、秤は、正確となる。神は、秤の針がどの数字を示すべきかをいわれないが、神がそこに存在されるという一事によって、針は正確にさし示す。

ウパニシャッド（ヒンズー教の経典）。神は、言葉によって表明されるものではない。それによって言葉が表明されるものである。それによってすべてのものが表明され、何ものによっても表明されないものである。針によって示される数字ではなくて、針が正しい数字をさし示すようになるもの。

だから、完全な人は、神のために行動をするのではなく、神によって、神に代って行動する。神にあって人々を愛するのではなくて、神に代って、神を通して、人々を愛する。

神は、人間の代わりになって、苦しまれた、——このことは、キリストの不幸が、たといわずかでも、人間の不幸を減少させたという意味ではなく、キリストの不幸によって（キリスト以後の時代、その以前の時代を問わず）すべての不幸な人が、それを望みさえすれば、その不幸が意義を帯び、償いの価値を持つようになったことを意味する。このとき、不幸はただ神からだけ由来するような、無限の価値を持つようになったのである。

どんな償いにおいても、償いをするのは神であることを前提としている。

あがないの観念には多くの難題があり、またさまざまの不条理につきまとわれているから、罰の観念そのものと、これと犠牲の観念との関係とを、さらに精細に吟味してみなければならないと思われる。

あがないに関して聖パウロが述べたすべてのことは、ただ人類を、ひとりの生きた人間とみなすならば、十分承服できる、——すなわち、アダムの時代に罪をおかし、律法の保護下に服し、死において清らかさと解放とをかち得、復活を待つ人間として。

世の終りが近いという待望が、原始キリスト教の本質をなし、多くの異常な事柄を解くかぎである。おそらく、これは、宣教内容のうちもっとも一般に受け入れられ易かった部分なのであろう。

＊

最後の審判は、次のようになされる。——人々が死と呼ぶものの中をくぐりぬけてきた魂は、突然、どんな疑いを容れる余地もなく、逆らいがたいまでに、神をも含めて、生あるあいだに果たしてきたいいいいいいいあらゆる行動のあらゆる結果がついに空しかったという確かな事実をつきつけられるのである。感覚をも含めて、魂の全体にしみ通るこの確かさの中で、魂は、いま一度、思いによって自分のすべての行動をながめわたす。

そこで、たいていの場合、恐怖にとらわれて、魂は、無をねがい求め、消えて行く。

ごく稀れな場合だが、魂が、なんの後悔もしないことがある。少なくとも、後悔しないですむ、いくつかの行ないにすがりつくことがある。それは、条件づけられていない行ないであったからである。純粋な服従であったからである。

魂は、恐怖にとらわれることもない。なおも、愛をこめて、善の方へと向かい続ける。だが、自分の個的人格のために、善との完全な触れ合いに至ることができず、へだてられていることを感じて、魂は、溶け去ることを望み、消えて行く。

おそらくは、純粋な服従によって果たされたただひとつの行為で十分なのである。だが、ただひとつでも実際にあったならば、ずいぶん多くあったことになる。

*

罰とゆるしとをつなぐ絆は、何であろうか。満たすということが、あるようだ、——侮辱を受けた人は、侮辱を与えた者が、苦痛と恥ずかしめをこうむらないかぎりは、ゆるせないものである。侮辱を与えた者がみずから同意して、そうした罰に服するにせよ（中世においては、そういう場合が多かった）、また、否応なく罰を課され、鞭でうたれたローマの奴隷たちのように、「ゆるしてください、わたしはもう十分に苦しみましたから」というようになるにせよ。

もう一つの絆は、癒やすことである。——罰が薬となって働き、罪人の情状をよくすることが期待される。ひとたびよくなったならば、それだけでかれはゆるされる。

これは、人間どおしの二つの関係であるが、当然神と人間との関係に置き換えることもゆるされる。置き換えの諸法則を守るという条件つきで。

その諸法則とは何か。

満たすことの目的は、罪をおかした者を癒やすことではなくて、侮辱を受けた者を癒やすことである。侮辱を受けた者は、罪人の苦しむ姿を見ないかぎりは、侮辱を忘れることも、心乱されずにそれを考えることもできない。

このことは、苦しみの転移の必要ということにあい応じている。大佐から叱責を受けた大尉は、こんどは中尉を叱りつけて、その思いからとき放たれるまでは、この叱責のことをあれこれと思いめぐらす。

だが、もし下級の者から侮辱をこうむったときは、人はそれを起こした者に対して、いちだんと大きい苦しみのお返しをする。

磁器の鉢は、こわれれば、修繕がきかない。だが、そのかわりとして、さいわいにも、それをこわした奴隷は、鞭打って引き裂くこともできる。

もし奴隷がひざまずくとしても、奴隷にそうするだけの力が残っているという事実だけで、ときとして十分である。

鞭打たれた奴隷は、——お慈悲を乞う苦痛だけしか残っていなかったとしても、——こんどは自分が満たされる必要がある。

この世においてひき起されたすべてのわざわいは、人から人へと移り動いて（ホメロスにおけるアテーの神話がそれである）、ついに、完全に純粋な存在の上にふりかかり、それを受け忍んだこの人を滅ぼし去る。

天にいます父は、わたしたちの侮辱によって、人間のようには、そこなわれることはない。だが、まさにこの理由によって、人間に向けられた侮辱とは反対に、天の父に直接に向けられたすべての侮辱は、反転して、侮辱した者の上に呪いのかたちをとってふりかかる。そのとき、この者は、他の被造物に悪を加えることによってこのわざわいからまぬがれようとせずにはいられない。かれは、悪を循環させて、果てしなく人から人へと移るようにするのである。

カインに起ったのは、このことである、――カインは不承不承、供え物をしたからだと仮定すれば（創世記四・一二）。

こうして循環させられる悪は、つねにめぐりめぐって、ついに完全に純粋な犠牲者の上にふりかかる。天にいます神は、悪を滅ぼし去ることはできない。ただ、呪いのかたちでこれを送りかえすことができるばかりである。ただ、神は、この地上で、犠牲者となられ、悪を受け忍ぶことによって、これを滅ぼされることができる。

こうして、満たすものとして悪をとらえることから、置き換えを正しくすることによって、あがないの観念へと導かれる。

天にいます父は、悪を送り返さない。だが、父は、悪のためにいささかも傷つけられることはないのだから、悪はまた、ふり落ちてくる。

復讐をする人は、父なる神をまねぼうとしている。神のまねびという点では、それはよくない仕方である。人間には、子なる神だけしかまねぶことはゆるされていない。だから、「だれでもわたしによらないでは、父のみもとに行くことができない」（ヨハネ一四・六）。

しかし一方では、「あなたがたの天の父が完全であられるように、あなたがたも完全な者となりなさい」（マタイ五・四八など）。だが、これは、父なる神の放棄のすがたにまねぶようにということである。受肉は、その完全なあらわれである。

人間はこれまでいつも、汚れのない者、動物、子ども、処女などを犠牲に捧げて、自分を清める必要を感じてきた。その犠牲が自分の意志でなされるとき、汚れのなさは、最高の段階にある。

悪をこうむった人は、その悪をほかの所へ持って行って、自分は悪からまぬがれたいと望む。これが、満たされたいという願望である。悪をなくしたいというのではない。自分の生活の中から悪をとり除きたいというのである。そのために、外部へと悪を投げ捨てようとする。

だが、神には、悪を投げ捨てるべき外部がない。神の存在範囲は、すべてのものに及ぶ。神は、悪をなくしたいと望まれてもできない。そこで、悪は、神と触れあうときにだけ無の中に落ちこむ。

こうして、満たすということは、人間にあっては侮辱を自分から遠くへ投げ捨てることであるが、神にあっては、それを受け忍ぶことになる。

アダムは、木の実を食べて神を侮辱したが、その侮辱は、呪いとなってふりかかってきた。それは、神に痛みを与えなかったからである。だが、キリストの肉体に釘をうちこんだ人たちの場合は、その侮辱は、呪いとなってふりかかってこなかった。その侮辱は、神に痛みを与え、消えてしまった。

キリスト教が急速に普及したのは、あのすべての不幸な人々がそんなにまでも、世の終りを望んだということが原因である。このように考えて、はじめて理解できるのである。対立するどんな宗教、どんな宗派も、キリストの生と死と復活ほどには、世の終りがまったく切迫しているという証拠を鮮かにさし示してはくれなかった…

＊

次のような思いをもって、どんな制限も設けず、すべてのものを神への服従に従わせることができればよいのだが…。もし神が実在するならば、そのときはすべてを得ることになる、――たとい、死の瞬間に、無だけしか与えられないとしても。もしこの神という語が、ただ幻想だけに対応するものであったら、何も失ったことにはならないのだ。なぜなら、その場合には、まったく何ひとつ善は存在しないのであり、従って何も失なうものはないのだからである。真理のうちにあったということで、十分にかち得ているのである。なぜなら、存在することは確かだが、真の善ではない、架空のもろもろの善を捨て去って、(この仮定においては)存在はしないが、もし存在するとすれば、唯一の善であるはずのものを選んだのだからである。

このように、自分の人生を導くことができれば、死の瞬間に、何があらわれようとも後悔の気持を生じさせることはない。なぜなら、偶然とか悪霊が、どの世界をも支配しているのだとしても、このように生きたということは後悔の必要がないからである。

こう考える方が、パスカルの賭け(『パンセ』ブランシュヴィク版、二三三)よりもずっと好ましい。

神は、存在という見地からは、幻想にすぎぬとしても、善の見地からは、唯一の実在である。この点を、わたしは確信している。これは定義だからである。「神は善である」ということは、「わたしは在る」ということと同じくらいに確実である。わたしが、善ではないすべてのものから、自分の願望を引き離し、真の善が存在するか否かを知らなくても、ただひたすらその方へと自分の願望を向けて行くならば、わたしは、真理のうちにある。

ひとたび、わたしの願望が、善の方へと向けられるならば、わたしはほかにどんな善を期待する必要があるだろうか。そのとき、わたしは、一切の善を所有しているのである。一切の善を所有するとは、まさにこういうことなのである。このほかのさいわいを想像するのは、なんとばかげたことであろうか。

自分が死ぬ前には、十字架にかけられて、「わが神、どうしてわたしをお見捨てになったのですか」といわれたあのキリストと完全に同じ状態にされていたい、——その特権をうるためなら、わたしは天国と呼ばれているようなものは全部よろこんで捨て去ってしまおう。

なぜなら、キリストのすべての願望は、まったく神の方へと向けられていたのだからである。そのとき、かれは完全に、神を所有しておられた。

かれは、まるで地獄といっていい苦しみを味わわれた。だが、その詳細な内容なんて、どうでもいいではないか。

願望と所有とは、にせの善の場合には、違うものである。真の善の場合には、どんな相違もない。そのときから、神は存在する。なぜなら、わたしが神をねがい求めているのだから。このことはまた、わたしの存在と同様に、確かなことである。

わたしがこの世にいるときには、わたしの願望は、善でもなく、よくも悪くもないものに、はりついている。わたしは、自分の願望を、そこから引き離さねばならない。だが、それは、血を流させる程のことである。

願望がこうしたものにはりついているかぎりは、所有とは違っていても、驚くにあたらない。所有のためには、善が必要なのだから。そして、これらは善ではないのだから。

願望が引き剝がされ、善の方へと向かうならば、すぐにそれは所有となる。

だが、このことは、魂の全部の願望についても、一挙になされるわけではない、まず無限に小さい部分からなされる。

しかしながら、所有となったこの極少量の願望は、真空にすぎない残りの願望のすべてよりも、ずっと強い。

もしわたしが、ただ善を願望することだけをねがい求めるならば、善を願望しながらもわたしは満たされる。

このことより以上に、むつかしいことはない。

そして、わたしは、この善という語によって何かを思い描く必要はないのである。逆に、わたしの願望の対象はただ、この語の背後にあって、完全にわたしからは知られない実在であらねばならない。

わたしは、善をただひたすらにねがい求めている（わたしは、そうしているはずなのだが、という意味にとってほしい）。だが、わたしがただひたすらにねがい求めている当のものについて、わたしはその名前のほかには、絶対に何ひとつ知ってはいないことは、了解している。しかも、それでいて、わたしの願望は完全に満たされており、わたしにはそのほかに何も絶対に必要としない。

救いの秘密はこんなにも単純なので、その単純さのために知性からぬけ出てしまう。それは、しゃれかなんぞのようにも見える。

アートマン（万物の内的本質）に関するウパニシャッドの章句についても同様である。

だが、秘密を手に入れるということが、すべてではない。その適用が簡単ではないのである。なぜなら、願望が、善でもないものにはりついているのであるから。

この執着の構造は、どうなっているのであろうか。

人が、空腹のときには食べたいと望み、のどが渇いたときには飲み、からだの一部分が痛むときには休息をし、辱かしめられたときには思いやりを示され、退屈するときには気ばらしをし、長い間同じ姿勢でいたときには、姿勢をかえ、眠いときには、眠り、疲れてへとへとになったときには休止をし、愛する人に会い、その手を握り、話しかけ、声を聞き、また自分の手足や感覚器官を使いたいと望むようにさせるのは、何であろうか。

人が、こういうすべてのつまらない事柄を望んでいるかぎりは、魂の中枢が善の中にはないのである。どうして、また、なぜ、人はこういうものを自分に禁じることもできずに、ねがい求めるのであろうか。どのようにして、こういう願望を抑えつけることができるのか。

それは、苦痛やよろこびに対して無感覚になることではない、——それは、むしろやさしいことであろう、——そうではなくて、苦痛やよろこびに敏感に反応する、魂の全性質はそのまま保持した上で、苦痛を避け、よろこびを得ようとねがい求めないことなのである。

必然を感じることによって、魂が非常にはげしくとらえつくされるとき、しばしば、願望がおし殺されることがある。もっとも自然な願望すらも。

してみれば、秘密は、ここにあるのだ。剣をもってたち切るように、一切の願望を、服従によってたち切ること。

*

真空

あるひとりの人に対して悪を加えた者らがこの人の手の届く範囲内にはいず、ずっと遠い所にいる。かれの手の届く所にいる人々は、かれを助けてくれた人たちである。その人たちに対して、悪行の償いを迫ることはとてもできない。その人たちには、敬意を払い、微笑を返さなければならないのだ。だが、かれは、とても他人には思いもつかない程の努力をつくさない限りは、そういう状態に達することができない。かれの方から、そういう態度を示すのは、いかにも当然と思われているのだが。

もしひとりの人が、他人から当然のように期待されている行動をするのに、非常な努力を必要とするならば、——真空、底知れない苦悩。

真空、内的な緊張に呼応する外的なものが何もないとき。

真空の例、一つの石を、B点からA点に、次にA点からB点に、さらにまた、B点からA点にというふうに一日中移動させられる、強制収容所での刑罰。ひとつの労働の中での同種の努力とは、非常にことなる。

R。「もし、ただ生きるためにだけ働かねばならないのだとしたら、わたしにはできない。わたしは、いっそう自分を高めて行くためにしか、働くことはできない。」(真空)。

〔R。じゃがいも泥棒についてのかれの言葉。くださいといえばいいのだ。「だが、施しを乞うにも、そこに品位が欠けてはならない。」J神父について。「わたしは、とてもそんなふうに従順に、自分を曲げて従うことはできない。一日八時間も、ぶどうの摘み取りをするなんてできないね。——どうしてもやらなきゃならないとしたら……——どうしてもやらなきゃならないのなら、そうだとしたら……いいとも、それでもわたしはやらないさ。わたしは、別な仕方でその場を切り抜けるね。」〕

真空はただ、恩寵に役立つだけである。だから、社会生活からは、できるだけそれを除くようにしなければならない。社会は、聖人によってでき上っているのではないからである。選ばれた人々にとっては、いつでも十分な真空があるだろう。

真空は、外部からもたらされる均衡よりも価値がある。だが、均衡は、想像力によって作り出された真空よりも価値がある。

想像力は、恩寵の通過するどんな小さな割れ目をも塞ごうと、たえずつとめている。

そしてまた、現実的でありながら、想像上のものにすぎない均衡の諸要因がある。ルイ十四世の微笑。金銭。

そこで、恩寵とは別な、均衡の諸要因について、もっとも現実的なものから、もっとも空想的なものに至るまでの段階づけをしてみることができよう(もっとも空想的なものとは、また、限界づけのない部分をもっとも多く含むもののことである)。

〔大地主に、ぶどうアルコールの納入が義務づけられたと不平をもらすR。その結果として、かれは、三倍以上も少ない、五十ヘクタールのぶどう畑しか持たないのと同じ収入しかなくなった、――「こんなありさまじゃ、わたしはただ働きしているようなものだよ。」〕

動機。思考は動きやすいもので、さまざまの空想や、情念や疲労に屈しがちである。思考の働きは、継続的で、一日に何時間も、毎日続かねばならない。そこで、思考の動きやすさ、つまり、相関性から脱した動機が必要になってくる。すなわち、絶対なるもの、偶像が必要になる。

そうでなければ、毎日、超自然的な糧が必要である。

だから、偶像崇拝の情熱は、洞窟の中ではひとつの必然である。

できるだけ害悪の少ない偶像が、必要である。

キリストは、復活される少し前には、完全な真空を体験された。

かれは、罪を別として、人間の悲惨をことごとく味わいつくされた。だが、かれは、人間が罪をおかしかねないようにするすべての要素を持っておられた、人間が罪をおかしかねないようにするものとは、真空である。すべての罪は、真空を満たそうとする企みである。だから、このわたしの汚れにみちた、あわれな人生も、かれの完全に清らかな生涯にごく近いのである。もっとも下賤な人生にとっても同様である。わたしが何をしようとも、どれ程まで低い所へ落ちようとも、わたしはあくまでそれ程にかれから遠くへだたることはない。だが、わたしがあまりにも低い所へ落ちてしまうと、もうこの真実を知ることはできなくなる。ただ、日々にさずかる恵みだけが、一日一日、これを知ることを可能にしてくれる。

後悔。ひとたびおかしてしまい、とり返しようのない、過去の悪を、そのままに知って、それに対し言い抜けを求めようとせず、ひたすらこれを注視するのが、真空を堪えることである。同様に、その悪がとり返しのきくものであるとしても、とり返しの労役も、真空に向かっての労役となろう。

すべてのものが、役に立つ。罪でさえも《エチアム・ペッカータ》。しかし、このことを信じすぎないこと。なぜなら、そう思うのは、不死への信仰やもろもろの出来事の神意による配剤への信仰と同じように、苦悩をいやし、真空をみたすものだからである。

真空とは、最高の充満であるが、人間にはそれを知る権利がない。その証拠は、キリストご自身ですら、ある瞬間には完全にこれを知られなかったからである。人間の中の一部分は、それを知っているにちがいないのだが、他の部分は、知っていない。知っているとしても低い程度に、想像力をついやして知っているにすぎず、ついにはこれを破壊してしまう。

わたしたちの中の低劣な部分も、神を愛しているかもしれないが、それ程には愛していないか、あるいは愛していても、同じ神ではないかもしれない。

否定的な徳行は、真空への努力である。このことをしないでおくこと。人は、努力をするが、外部の何ものも変化しない。その実を摘もうとしないこと。

真空をも含むような世界の表象をつくること、世界が、神を必要とするようになるために。このことは、悪の存在を前提とする。「さいわいに反して」（原語、ギリシア語）。

また、同時に、神のあらわれとしての世界は、充実している。「これも、あれも、みちみちている。」

世界は、神をあらわすとともに、隠している。「まことに、あなたは隠れておられる神である」（イザヤ四五・一五）。しかし、「かれらは、神をあらわに示しているこの世界を通じて、神を知ることができたはずである。」

＊

聖ペテロの否認（マタイ二六・六九―七五など）。キリストに対して「わたしは、あなたを知らないとはいいません」というのは、すでにかれを否認していることであった。なぜなら、恩寵の中にではなく、自分自身の中に忠実さを守れる根基があると想定しているのであるから。ペテロは選ばれた者であったから、この否認もさいわいなことに、はっきりとむき出しにされた。他の人々においては、同じような思いあがりが、外側からも認められ、また明らかに実行されているのに、その人々は、さとろうともしない。

わたしは、恩寵なしには、ぶどうの実を摘みとることすらもできない身に生まれたことを、どんなにか感謝すべきであろうか。

＊

黒人のポーターのうた。
　キリマ・ムズリ・ムバリ
　カリブ・キナマユト…
遠くから見ると、山はなんと美しいのだろう。いざ登ろうとすると、どうしてこんなにけわしくなければならないのだろう。

＊

アーモンドの木、――

女が、雪の降る中で、アーモンドの木かげで、りんごを食べている、けがをし、血のように赤く、雪のように白い子どもが欲しいとねがい、男の子を得て、死に、アーモンドの木の下に埋められる。父親は再婚する。女の子が生まれる。男の子は、虐待される。

女の子は、自分と兄のために、りんごを一つねだる。まま母は、男の子に、りんごをやり、その首を切り、箱の中へとじこめる。女の子が自分で殺したのだと思いこませるように、手はずをととのえる。それを焼いて、父親に食べさせる。父親は、こんなにおいしいものを今まで何も食べたことはなかった。小さな女の子は泣いて、その骨を自分のいちばんきれいなハンカチに包み、アーモンドの木の下へ埋める。女の子はまた、快活になる。一羽の小鳥がとび出してきて、うたをうたう。

わたしの母さんが、わたしを殺し、
わたしの父さんが、わたしを食べた、
わたしの妹のマルレーネは、
わたしの骨を拾って、
自分の着物で包み、
アーモンドの木の下に置いた、
クウィト、クウィト、なんときれいな鳥だろう、わたしは(グリム童話より、原文、ドイツ語)

うたと一しょに、(父親に)金の鎖と、(女の子に)一足の赤い靴と、(その女には)石うすを持ってくる。父親は、小鳥のうたうのを聞いて、よろこぶ。女の子は泣く。女は、たいへん不安になる。父親は、贈り物を受けとって、いっそうよろこぶ。女の子も、自分の分を受けとって、慰められる。女は殺される。男の子は、よみがえる。

食べられてしまったあとで、骨から復活する動物についての、インディアンの物語を参照。

聖盃。宝石は、凝結した水と火である。

〔黙示録一・一三、足《ポデレー》までたれた…〕

イザヤ(一一・九)、「水が、海の水の中に溢れているように、神を知る知識が地に満ちる」。プラトン、参照。

クレメンス、五・五。

ピュタゴラスとその後継者たちは、またプラトンやその他の大部分の哲学者とともに、かれらの教えからも結論できるように、律法を与えた者をだれよりもよく知っていた。そして、神々の助けを得て、そのさいわいな明察の能力を発揮し、ともに予言的な宣言を放ち、真理を細部に至るまで、正しく把握して…(この部分、原文は英語)。

酒神バッカス祭の象徴は、神聖な蛇である…

(以下・グリム童話、アイスランドのエッダ、ケルト神話、ロシア、デンマークの民話などの断片的引用、古代哲学、諸宗教、伝承の参考書目らしい著者名、題名などのリストが、数ページにわたって続く。

「吹きさらしの木に三日三晩吊り下げられていたオーディン」や、「赤い牡牛に変えられていた王子と結婚し、すぐに姿を消した夫をたずね、飢えと渇きに苦しみながら、夫の覚醒をねがってさまよいうたいつづける王女」の物語はとくに、詳しく梗概がノートされている。

「その胸は張り裂けんばかり、何度も何度も張り裂けんばかりであった……」

参考書目の中には、聖盃伝説、マニ教、アルビ派、各国の民話研究書などにまじって、老子や鈴木大拙博士の『禅と日本文化』英訳本なども見出されるのは興味深い。)

＊

「死も、老年もない」(原語、英語)国をたずね求める物語の諸系列。
ジプシー——赤い王さまと魔法使(グルーム『ジプシー民話集』)。
日本——浦島太郎——マージョリイ・ブリュース——民話宝典——ヴィズー——アドランド・デイヴィス——日本の神話と伝説。
朝鮮——木こりと森の物語。
オランダ——リップ・ヴァン・ウィンクル。
トルコ——年をとらない若さ、死のない生。
からすと日光——エスキモー
からすが、天へ日光をさがしに行く。日光は、一つの球の上にあり、赤ん坊がその球で遊んでいた。自分の兄弟をさがしに行く女の子の物語——フィンランドにも、カビリア人たちの国にも同種のもの。
アルバニヤの物語——蛇と結婚した王女、プシケーの型。探索•「蛇とあがなう者」——夫を選ぼうとして、若者たちの方へボールを投げたのだが、そのボールは、蛇の上へ落ちた。
ノルウェーの物語——十二ひきの野がも、——ある女王が魔女に、彼女にむすめがあれば、橋の上で何に出あうかを予告する。彼女は、十二人の息子にあう。息子は姿が変わっている——あざみの綿毛を摘みとり、梳いて、織りなさい。十二枚のシャツをつくること。口をきかず、笑ったり、泣いたりしないこと――
王が、彼女を奪い去って、彼女と結婚する。「王の後見者」が魔法のかどで非難する――

＊

真実に美しい中世的なものを存分に、世の人々にそそぎかけなくてはならないのだろう。中世において、保守的な精神と、革命思想における真正なもの、すなわち、進歩の幻想とか、権力意志とかではないもの、ただ、正義への願望にほかならないものを、結び合わせ、とり戻させること。

＊

どんな仕事の中にも、労働行為のひとつびとつの中にも、どんな祝祭の中にも、社会的階層秩序のどんな関係の中にも、あらゆる芸術、あらゆる科学、あらゆる哲学の中にも、超自然的な真理が見てとれるような、そんな生きかたを。

本当に、そのとおりだ。だが、戦争はどうか。戦争の中にも、悪に関連した超自然的な真理を読みとらねばならない。

＊

宗教と心理学上の行動主義。

超自然的要素が、人間の行動と動物の行動の違いである。

この違いは、無限に小さいものである。

ざくろの一粒、または、からし種の一粒。

〔アレクサンドリアのクレメンスによると、アテナイの女たちは、ざくろの実は、ディオニュソスの血に由来すると信じていた。）

＊

不幸。

思考が、一瞬間のうちにとらえつくすものが、長い期間にわたって生きられたものであるとき。

〔仏教における九つの罪。殺人——盗み——性的不浄——虚言——財宝の蓄積——不公平——憎み——愚鈍——恐れ。〕

「死んだ人」のふりをする、動物的な反射作用、——しばしば、拷問や手足の切断によっても変えられない態度、——この反射作用は、不幸におそわれた人間の魂が示すものである。そこには、奴隷的な屈従の構造が見られる。

火と水をまぜたもの。血。ぶどう酒。宝石。虹。

ノア。ぶどう酒を発見した（創世記九・二一）。神は、かれに血を食べることを禁じられた（同九・四）。かれと虹の契約が結ばれた（同九・一三）。あがないの犠牲（同八・二〇）。

パハラヴィのテキストによる黄道十二宮（ゾロアスター）。

ヴァラク（小羊）——トラ（牡牛）——ド・パトカル（双子）——カラカン（かに）——セル（獅子）——クフザク（乙女）——タラズク（秤）——ガズドゥム（さそり）——ニマスプ（ケンタウロス）——ヴァヒク（山羊）——ドウル（水がめ）——マヒク（魚）（以上、英語）

天文学者の二十八の下位区分。

かに座に従属する、第四か月めの射手座。洪水の月。

パハラヴィ。男性の精子は、脳から降りてくる。母胎の中へとはいらない部分はすべて、血にまじって、女性の血管内を循環し、乳となる。（ギリシア人の場合、参照）。

〔天、金属、風、火は、男性である。水、地、植物、魚（?・）は、女性である。〕

〔チベットの死者の書による生殖。魂は、恋人たちの欲望に加担して、受肉する。魂は、二つの欲望のどちらかと共感し、それに結びついた性器の中に受肉する。〕

＊

至上の善、すなわち、可能な、すべての善を内に含んだ善。『フィレーボス』篇の仮説による。すなわち、もろもろの善のあいだに不調和がないこと。

だから、最高の善のために、部分的な、また二次的な善を捨てるのではない。

しかし、最高の善ではない、すべての善、すなわち、どんな例外もなく、表象可能なすべての善を、望んだり、追求したりすることは、やめなければならない。

単に、最高の善には、すべての善が含まれているからというのではない。善というものはすべて、いわば最高の善の影でないかぎりは、よいものではないのだ。

＊

ドン・キホーテ。この世において、善を渇望する非現実性。

＊

人間の性のエネルギーは、季節にしばられていない。このことこそ、人間の性のエネルギーが、自然のままに用いられるべきではなく、神への愛に向けられるべきものであるという、最良のしるしである。

＊

〔リジューの聖テレーズ（一八七三―九七、カルメル会修道女）。「わたしは、ある種の嫌悪感をこめ、服従という唯一の動機にうながされて書いたものでないかぎりは、文字ひとつでもどんな実もみのらせないと思います。」〕

リジューの聖テレーズ。いかに非常識といっても、その出発点が完全に例外的な状況にあった人の運命を、模範として一般大衆にすすめたという非常識こそは、まさに検討にあたいするものであろう。彼女その人が、すでにこの非常識をあえてしてしまっていた。彼女のもてはやされるに至った秘密は、天へのぼる「エレベーター」を発明しようというその着想にある。このことは、彼女の同時代の人々に気に入ったかもしれないが、キリストに対する彼女の愛は受け入れられなかった。――一九一四年以来、いや一九一四年以来ますます、彼女の場合のような、特異な聖性の性質は、どうもあまり現代的ではないようである。

＊

「だれでも、自分が愛されるにあたいするか、憎まれるにあたいするかは知っていない。」だが、そういう問いを発することが、無益なのである。救いのドラマは、幕のうしろで展開される。人は神への愛を、自分のうちに持っているかぎりは、その現存を確かめることはできない。それは、意識の対象ではないのである。なぜなら、神を愛するのは、わたしたちの中の神であり、神は、対象ではないからである。隣人への愛についても、わたしたちが自分のした善行を覚えていても、キリストは感謝の言葉の中に、それをいちいちお取り上げにならない。なぜなら、わたしたちは、それを覚えているというだけで、「その報いを得てしまって（マタイ六・二）」いるからである。わたしたちの思い出せない行為については結局の所、果して行なわれたのかどうか、自分でもわからないのである。

しかし反対に、悪については、確かに知りつくしている。人が、神のみ心に反すると信じる行ないをするとき、実際には、無邪気な事柄にすぎないとしても、不服従の罪をおかしたことは確かである。自分が助けの手をのべなかった不幸な人々のことを思い出すとすれば、その人々を助けなかったことは、確かである。

そこで、もしさばきがなされるとすれば、わたしたちは、まちがいなく有罪とされることを、原則としては承認しなければならない。だが、また、そういうことは、なんら重要視する必要はなく、どうでもよい事柄とみなし、現在の瞬間と死の瞬間とをわかつこの時間のうちは、完全に神に服従することだけをただひとつの願望としなければならない。そのほかのことは、なんらわたしたちに関係したことではない。

＊

死の瞬間、時間と永遠との交点、十字架の二本の木が交わる点、この瞬間と時間の中の他の瞬間との関係は、キリストとわたしたち人間との関係にひとしい。この瞬間にひたと思考の目を向けていなければならない。死すべき生にも、また、永遠にも目を向けてはならない。なぜなら、わたしたちは、永遠については何も知らないのだから、永遠を考えようとすると、想像力がただ野放図にはたらきだすのを避けがたいからである。

公理、わたしに属するすべてのものには、なんの価値もない。なぜなら、真の価値と個人の所有とは、本質的に相容れぬものだからである。

奴隷が、肉体のまったく衰弱しきるまで、主人を待っているとしよう。

このような待望は、すべてを消耗せずにはやまない行ないといった姿をとるものである。ここで肝心な不動性は、魂の不動性であって、それは何よりもはげしい不安動揺の中ではじめて生み出されるものである。

*

夜どおし、漁をしたが、何もとれなかった（ルカ五・五）。漁師たちの忍耐は、忍耐の一つのあらわれ、その美しい姿である…（漁師たちに固有の霊的特性は、この点に基礎づけられるべきであろう。それぞれの職業における霊的特性）。

神はすべてを無償で与えるので、人間に対してなんら負うところがないというのは、誤まりである。わたしたちを創造したということで、神は、わたしたちにすべてを負うている。その結果として、神は、わたしたちに、すべてを与えるのである。だが、神は、わたしたちに、受けとるようにと強制はしない。神がわたしたちに対する負債を返そうとするのに同意してほしいと要求するばかりである。わたしたちは、拒否することもあり、半分だけ同意することもある。創造は、愛の行為であるから、自由な同意の能力の創造である。

神がわたしたちに負うているのは、わたしたちを奴隷の状態につなぐことである。わたしたちは、奴隷となることに同意しなければならない。

もし神が、よろこびや権力や栄光を与えようとするならば、わたしたちには、これらの賜物を拒む力がないであろう。神は、わたしたちが自由に拒むことができるようにと、その賜物を選ぶ。

わたしたちにも、十字架を拒む力はあり、それは容易なことである。

*

超自然的なものについて考える際に、この世においても、死後においても、必然のくさりがゆるめられることを求めてはならない。超自然的なものは、粗雑な物質の構造よりもずっと精確で、厳密である。それは、この構造につけ加えられるが、これを変質はさせない。それは、鎖の上につけ加えられた鎖、真鍮の鎖の上の鋼鉄の鎖である。

わたしの存在は、神の栄光を小さくするものである。神がわたしにこれを与えたのは、わたしがこれをなくしたいと望むためである。

*

クレアントスの讃歌。雷の一撃、この恐怖の対象、――それは、御霊であり、愛であり、それによって世界は神に説き伏せられて、神の支配に同意する。驚くべきもの――異様なるもの、不幸と神の愛の同一性。神が、強制してくるように見えても、――さらに仔細に見るとき、神は、説いているのだ。

ローマのある奴隷が、その生活を奪いとられ、主人の権勢下に服し、虐待され、ついに十字架につけられて、心には憎しみを一ぱいに抱いたまま、死なければならなくなる、――もし、キリストがかれの中にくだりたまわなければ、――従って、当然、地獄へ落ちねばならないわけである。キリストがこられたのが、やっと二千年前のことにすぎないとすれば、ローマのこういう奴隷たちの不幸を、神に対してゆるすことができるだろうか。

*

「階層」という概念は、霊的生活においては垂直的に積み重なったものとして考えられる。その最高のものは、意識や心理学的境域のはるか上方にあり、それ以上に重要なものは何もない。最高の階層において、真実であることは、下方においては虚偽であって、その逆もまた真である。こうして、最高のものの秘奥において、神への愛と隣人への愛がただひとつのものとなる。下方の、意識の中では、神への真正な愛は、人間に対する裏切りとも見え（ヒュッポリトス）、人間への真正な愛は、神に対する裏切りとも見える（プロメテウス）。キリストは、この二つを結びつけられた。

「死すべき人間をあまりにも愛したために、神々から憎まれて…」

泥の中に車がはまった農民の手助けをしていて、神との約束を守れなかったという、聖ニコラウスについてのロシアの伝説。

（以下、エウセビオス『教会史』よりの興味を引かれた個所の引用若干）

*

平和、一〇九五行（アリストパネス作『…平和』か）、預言の解釈者のひとりは、引用して見せられた詩句に関してこういった。

「われわれ三人である神は、人間によろこぶことをすすめる」（原文、ギリシア語）

*

日本の能。ブッダは、人間に高い所を見よとすすめるために、木の枝に花を咲かせる。ブッダによって、月は、波間に沈む。不幸な人々が、神がくだってくると知るように。

＊

カビリアの説話。ひとりの白人貴族のむすめが、黒人の女をひとり供に連れ、一羽の鳥（おうむのような種類の）を持って、自分の七人の兄弟をさがしに出かける。黒人の女が、馬に乗りたいとせがむ。むすめは「おお、お父さま、お母さま、どうすればよろしいでしょうか」という。すると、鳥が「ずっと、そのままで」とこたえる。だが、ある日、むすめは鳥のことを忘れてしまう。そこではじめて、黒人女のいいなりになる。黒人女は、馬に乗って、自分が先へ進み、やがて、黒人が白くなるという泉に到着し、そこでからだを洗う。貴族のむすめも、その泉で並んでからだを洗い、黒くなる。七人の弟は、黒人女を自分の妹と思って歓迎する。黒くなったむすめは、らくだの餌をやってくらす。だが、みんなは、彼女がなげくのを聞いて、もらい泣きをし、身も痩せる思いにひたる。耳のきこえないひとりを除いて。そこで、何もかもが明らかになる。

＊

謙虚さとは、他人との比較の上で自分の人格をわるく考えることではない。それは、自分の中にある非人格的なものとの関連において、自分の人格を根本的にわるく思うことである。

非人格的なものが、魂の中に植えつけられ、そこで育つとき、すべての善を自分の方へと引きつける。人格は、自分の固有性として、ただ悪だけしかとどめることができない。そこで、自分を他人と比較してみると、自分をいつも他人より以下の者と思うのである。そして他人は、善と悪との混合物であることに気づく。

＊

何よりも大切な、緊急を要する努力、不条理の論理をつくること、矛盾がその場所を得ている、超越の領域、神秘の領域において、できるだけ、真と偽との基準をはっきり定義すること。この領域においては、数学におけるより以上の厳密さが要求される。今日では、とても人々の思いもつかない程の、新しい厳密さが。

基準はこうなる。真の不条理性は、人間の条件というどう動かしようもないひとつの不条理性の反映であり、置き換えであり、翻訳だということである。

だから、どう動かしようもない、これらの不条理性の探究が必要である。

＊

極限の概念を神学的に用いること。

キリストが十字架上で息を引きとった瞬間は、造られたものと造るものとの、交点である。そのときまでは、かれのうちにあった神性と人間性との一致は、いわば潜在的であって、充実した実在性をめざしつつあったのにちがいない。それがただこの瞬間に到達されたのである。(到達不可能の充実、――ゼノンのパラドックス、または有限量の無限級数におけるような可能でも、不可能でもあるような極限。)

聖パウロは、キリストについて「救いの君を、苦難をとおして全うされたのは……ふさわしいことであった」(ヘブル二・一〇、原文、ギリシア語)といった。

＊

「能」に関する書物、舞いについて。芸術においては、どんなによいものでも、それが五分と続くと退屈であるのならば、二分半にちぢめようとしないこと。かえって、十分、二十分、一時間に引き伸ばすこと（ウェイレー）。

もはや堪えがたいものによって、天井が引き裂かれることもありうる。

劇、——その初めと終りが、時間の感覚をもたらしてくれるような。

＊

時間を注視することが、人生のかぎである。それは、どんな科学も力を及ぼすことのできぬ、どうしようもない神秘である。人は、未来についての自分の不確かさを知ったとき、どうしても謙虚にならずにいられない。時間に従属し、変化しやすいこの自我を捨てることによってしか、人は、落着きを得られない。

どんな合理主義からもとり去ることのできない二つのもの、時間と美と。そこから、出発しなければならない。

＊

（ウェールズの十二世紀の物語『マビノギオン』、アメリカ・インディアンの神話『ダーティ・ボーイ』など、詳細な引用をまじえたノートののち）

からすと光。

（チムシアン、ボアズ『アメリカ民族学会レポート』）

世界は、真暗だった。動物たちの町では、おかしら夫妻が、自分たちの息子をなくしたところだ。

夫妻は、毎日毎日泣きくらしたので、天はいつまでも続く悲嘆の声にわずらわしくなり、息子を送り返す。かれは、何も食べない。だが、二人の奴隷が、「かれらの向うずねにできたかさぶた」(この部分は英語)を食べさせたところ、それから非常に大食になり、とうとう国を出て行かねばならなくなる。

かれは、からすとなって飛び立つが、やがてからすの皮を一時ぬぎすてる。暗やみの中で食物を見つけるのはむつかしいだろうと思う。そこで、自分がおりてきた天には、光があったことを思い出し、その光を世界へ持ってこようと決心する。かれは、からすの皮をまとい、天へ戻って行く。西洋杉の葉に身を変えて、水中へ沈むと、天の主のむすめが、その水を飲む。かれは、そのむすめから、子どもとなって生まれ出る。かれは、泣き叫んで、「あたしの」と名づけられた、一日の光がしまいこまれた箱をもらう。それを持って、地上へと逃げかえる。

(エスキモーの物語よりも、はるかに美しさの点では劣る。)

多くの小話の中に、いったん飲みこまれたが、ふたたびこの世界に生みおとされたという存在、光や太陽や火を盗むために出てきた存在が見られる。

「だれでも、新しく、または高い所から、生まれなければ……」(ヨハネ三・三)。

*

コーカサスの説話。

ある少年が、永遠のいのちの国をさがし求め、とうとうそれを発見する。その国には＜美しさ＞という名前の、不死の少女がいる。しばらく経ってから、かれは、自分の家族にもう一度会いたいと思う。少女が、かれにいう、「あなたはもうあの人たちの 骨を見つけることもできないでしょう」と。——

「どうしてですか。ほんのしばらく前に、来たばかりですのに。」――「最初から、あなたには申し上げておいたはずです。あなたは、永遠のいのちを受けるねうちがない方ですと。」かれは、自分の家へたどりついて、一千年が経過したことを知り、とつぜん、老人になって、死ぬ。その説話の題は、『地は、自分自身のものを持つであろう』となっている（創世記三・一七）……

＊

断食、徹夜の祈りなど。――これらが信仰の行為であるとき、容易であるのは、すばらしいことだ。その容易さの中には、何かしらふしぎなもの、モーツアルトの五重奏曲《クインテツト》やモンテヴェルディの歌曲をしのばせるような何かが宿っている。わたしは、人間の側から受ける暴力はじっと堪え、他人を活かすために強いてでも自分を抑えつけるようにしたいと思う。だが、神に対するときには、容易にできることしか、したくないと思う。ただ、神の方へと思いを向けることだけは別として。このことだけは、魂が自分自身に対して加える、ひそかな、しかし最大の暴力なのであるから。

＊

わたしたちの中ではたらくために、神は、わたしたちがご自身に、わたしたちの生命のエネルギーを捧げ、ご自身のみ心のままに用いることができるようにすることを、要求される……

アティス（小アジア、フリジア人の神、若い牧神）。牡牛の血によるバプテスマ、清め、新生、アティスの死とよみがえりの時節である、春分のときに。……

ローマのラテラノ美術館にあるアティスの像、手に小麦と果物を持ち、松かさ、ざくろと、その他の果物を頭上にのせている。

ざくろ、松かさ——いのちの種の増殖させる力を示すのか。

アドニスとアティス、樹神《ツリー・ゴッド》（ミルラと松）。

そして十字架の木……木に吊るされ（ラテン語）……

オーディンも「ガロウの主、吊るされた者の神」と呼ばれていた。『ハヴァマル』の中でかれはいう。

「わたしは、吹きさらしの木に
九晩のあいだずっと、
槍で傷つけられてオーディンへのささげ物とし、
わたし自身をわたし自身のために吊り下げたことを、知っている……」（原文英語）

（こうして、かれは、神となったのだろう）。

（じつに驚くべきことだ）

アルカーディアのアルテミスも、〈吊り下げられた者〉と呼ばれていなかったか。

ローマのアティスの祭においては、森の中で一本の松の木を伐り、それをキュベレ（アティスの恋の相手）の神殿へ運んで、花環やすみれでかざり、幹にアティスの像をゆわえつけたものである。それは、三月の二十二日か、二十五日である。アティスは、復活したのだ。

木に吊り下げられ、一刀を浴びせかけられている牡牛（あるいは、牝牛か）をあらわした、イーリオン（トロイア）の貨幣。

アティスとキリストとの類似性について、四世紀の無名著者の作品を参考にすること。

神話の基礎は、宇宙が神的な諸真理の隠喩《メタフオア》だということである……

（フレイザー『金枝篇』、アメリカ・インディアンの伝承、古代ギリシア信仰などから、諸例の引用続く。）

一羽の鳥が蛇の夫となり、雨を降らせるという、オーストラリヤの伝説。

*

創世記において、蛇は、罰として、這いあるくものとされた（三・一四）。従って、それ以前には、蛇は、真直に立つものであったはずだ。モーセの青銅の蛇のように（民数記二一・四―九）。蛇は、人間や木のように真直に立つものであった。

秘跡の動物。中央アフリカのマディやモリュについて、ペルキン博士の説。年に一度、人々は石を円形に並べ、そのまわりにすわる。ひとりの若者が、選ばれた小羊を引いて一巡する。各人は、いくらかの乳をしぼりとり、それを自分のからだにふりかける。ひとりの祭司が、石の上でこれを殺し、その血を人々にそそぐ。そして、ひとりびとりに対して、その血で、あるしるしを描いてまわる。それから、説教をする。小羊の肉は、貧しい人たちに分配され、その骸骨は、石のかたわらの木に吊り下げられる。この儀式の前は、人々は非常な悲しみをおもてに浮べている。儀式が終ると、大きいよろこびにかわる。

この小羊は、テーベの牡羊と通じるものであるのにちがいない。

コーカサスの一部の羊飼いたちは、腰に縄の帯をしめ、手に棒を持って、秘跡の食事をする。

アブデーラ（トラキアのギリシアの植民地）では、年に一度、ひとりの市民が、石で打たれた。その六日前には、「かれがひとりで、民のすべての罪を負うために」、交わりから放逐された。（確かめること。）

ひとりの清らかな人が、すべての罪を負わなければならない。なぜなら、罪とは、償いを妨げるものであるから。

「バビロンにおいては、神の役を演じた罪人は、十字架にかけられる前に、笞打たれた」（原文、英語）。（確かめること。）

さまざまの法則に服従しており、十分に知った上で服従している神という魔術的な考え方。王家の一員であるかのように気まぐれで、気に入った者にだけ、恵みを与える神という考え方。この両方の考え方の背後に、一致点を見つけ出さなければならない。

十分に知った上でといっても、技術としてではない。まったく、愛に属したことである。その恩恵は自由であり、恣意的ではない。それは義の恩恵だからである。

ゼウスに殺されたとき、ヒュッポリトスは、アエスクラピウス（ローマの神、医学の神）によって復活させられていた（源泉はどこか）。

*

魂の平静《アタラクシア》が、愛の土台にはある。愛は、心の動揺を抑えるものである。ところが、だれでも心が動揺している人は、愛が原因でそうなっているのである。だから、そんなものは、正しく導かれた愛ではない。

*

二プラス二が四になって、
　五や三にはならぬと考えて、
人間は長いあいだ心を痛めてきた。
　これからもずっとそうだろう（ハウスマン）（原文は英語）。

まさしく、そのために、ピュタゴラス派の人々もいったように、数は、神的なのである。

＊

埋葬をするという習慣の起源は、植物の種の隠喩《メタフオア》ではないだろうか。

『イリアス』の中の完全に清らかな人々、パトロクレスとポリダマスか。

美しさと肉の愛、——美しさは、永遠の「はい」の象徴である。——美しさは、感覚に感じられる永遠である。

＊

神への愛は、本質的に条件にしばられない感情である。単に、不幸から独立しているというだけでなく、魂がおちいるかもしれない罪からも独立している。すなわち、罪が、神への愛の妨げとなってはならない。そうではなく、神への愛が、罪を阻まねばならない。

悔悟している罪人は、全然罪のない人々に比べるとき非常に大きい特権を与えられているといっていい。もし、罪のない人々が、不幸によって「呪いとされて」(ガラテヤ三・一三)いないならば。

もろもろの出来事は偶然に生じるのであるが、それでも、不幸によって少しもそこなわれないという程の霊的水準にまだ達していない人たちは、たとい事情がゆるしても、人間に対して残酷なふるまいにはでないという霊的水準にもまだ達していないのであるから、この事実によって義は確かに守られている。人から害を受ける者は、もし自分たちにその力があれば、人に害を加える者と同じである。どんな場合にも、人に害を加えない人たちに対しては、だれもがどんな害をも与えることができない。もっとも、その人たちを「呪いとされる」ような状態に追いこむことはできるかもしれないが。

超自然的なものの根底は、不均斉であり、不可逆の関係であり、――「非アーベル」関係である。キリストの物語は、象徴であり隠喩《メタフォア》である。だが、むかしの人たちは、隠喩が、この世の出来事として生じるのだと信じた。神は、最高の詩人だというのである。

『四人のばか者』（スコハリー・ヒルズの民話）――パンを焼くために、かまどをパンの方へともってくる女、りんご酒の入った壺の置いてある台所へ、その樽をもってくる女。ほし草を日なたへ出すかわりに、ほし草の倉の中へ日光を入れようとする男。ズボンをはくのに、自分が跳びながら、ズボンの中へ足を入れようとする男。

確かに、霊的な意味をもったメタフォアである。太陽とほし草のこと。この世から出て行くかわりに、神をこの世へと導き入れようと試みること。

力の相対的な性質についての民話のテーマ。めすのねずみが、一ばん力の強い夫をさがし求めて、結局さいごに、おすのねずみと結婚する。

神秘学およびこれに関係した諸課題の中心は、現存の感覚の価値評価という問題につきる……

（以下、二ページにわたり、各国民話の参考書のリスト、約二十数冊分の題名、ケルトの知られざる言語シェルタの単語約三十ばかりの英訳などが続く……）

太陽と月の神話。罪と時間との関係。時間とは、懲罰である。

放浪する民ら。聖書におけるカインの子孫たち（アベルは、羊飼いであったのだが）。

これが兄弟を殺すということである（創世記四・一二、またJ・エリュール『都市の意味』第一章参照）。

アベル殺しは、原罪のまた別な表現である。

ダナオスの王女たちの神話と太陽と月の神話。

ジプシーたちは、自分たちをとくに原罪の証人であり、その継承者である民とみなしていた。

ジプシー語でダイヤモンドのこと、オ・ラチョ・バル、真の石……

ロシアでは、ジプシーは、暑熱を保存する秘密を知っているとの評判を得ていた。

ジプシー語のあいさつ、サリシャン。

＊

ギリシア人たちは地獄の苛責について、――ダナオスの王女たちなど、参照、――罪に対する罰とは、まったく、単純に、時間がそれだとしている。

ただ、聖性だけが、時間からぬけ出させてくれる。

わたしたちは、この地上では、時間と永遠がまざった状態の中で生きている。地獄とは、純粋な時間のことであろう。

＊

この時間と永遠の混合状態の中では、よろこびは、永遠の要素の拡大とあい応じ、苦痛は時間の要素の優勢とあい応じている。それでは、なぜ、苦痛を通しての方が、美しさがいっそういきいきと感じられるのだろうか。

＊

わたしたちは、この地上では、時間と永遠のどちらかを選ぶことしかできない。ある意味ではこのどちらかを選ぶのは、よろこびと苦痛のどちらかを選ぶこととあい応じている。だが、目に見えるようにはっきりと、ではない。どうして、そうなのか。

*

わたしたちは、永遠のいのちへの信仰を必要としない。——なぜなら、永遠のいのちのただひとつの証拠は、わたしたちがこの世でもつ、永遠への予感だからである。そして、そういう予感は、それだけで十分なのである。まさしく、永遠のいのちの充満を前提としての予感だからである。だが、わたしたちに対する場合は、必ずしもそうではない。

よろこびによって、わたしたちは、永遠へと釘づけられ、苦痛によって、時間に釘づけられる。しかし、欲望や恐れは、わたしたちを鎖で時間につなぎ、執着からの離脱はこの鎖をたち切る。

よろこびの追求は、わたしたちを、時間にしばりつける。よろこびとは、わたしたちが時間の外へと逃亡することである。

苦痛は、わたしたちを、時間に釘づけにするが、苦痛の受容によって、わたしたちは、時間の果てへ、永遠の中へとはこばれる。わたしたちは、時間の無限定な長さを通りぬけ、これをのり越える。

新しく生まれること。いのちの種がもとになり、別な存在が生み出されるというのではなく、同じ存在がもう一度生み出されるのである。自己への回帰。回路の完成、循環。

循環運動はまた、表面上は遠ざかりであるが、じつは接近であるものの象徴である。

「高い所から生まれない者は、神の国にはいることはできない」（ヨハネ三・三）。天へ再びのぼるために、そこから降りてこなければならない。

「水と霊とから」（ヨハネ三・五）。最初に生み出されたのは、血からだった。

＊

（ヨハネ黙示録の細部に亘った、正確な読書ノート、約六ページ。要約。とくにその数字の象徴についてのまとめ、解釈。完全数七のくりかえしに寄せている深い関心……）

イエス・キリストは、水と血とを通ってやってきた者である。単に水だけではなくて、水と血の中を通ってである。そして、御霊はあかしをするものである。御霊こそは、真理だからである。そこで、あかしをするものが三つあることになる。霊と水と血とであり、この三つはひとつである……

＊

だれでも、神から生まれた者は、罪をおかすことがない。なぜなら、神のいのちの種がその中にとどまっているからである。かれは罪をおかすことがない。かれは、神から生まれた者だからである。愛さない者は、死の中にいる。自分の兄弟を憎む者は、人を殺す者である。そして、人を殺す者はだれも、永遠のいのちを自分の中に持たない。

わたしたちは、かれと同じ者にされるであろう。なぜなら、わたしたちは、かれをあるがままに見るのだからである。誰でもかれにあってこの望みを抱く者は、かれが清い者であるように清められるであろう。誰でも、かれのうちにとどまる者は、罪をおかすことがない。誰でも罪をおかす者は、かれを見ず、かれを知らなかったのである。

＊

御霊は、あかしをする。水を血にかえるのは、御霊である。もし、キリストが、ただ水によってきたのならば、この御霊のあかしはなかったことであろう。

高い所から生まれること。御霊が、肉の人間の中へくだって、そこで、水によって新しい血をつくるということ。それは、どんな水か。精液ではないのか。

「子やぎよ、あなたは、乳の中へと落ちたのです。」むかしの人々は、乳は、精液であると信じていた。乳の中へ落ちるとは、幼な子の状態に帰ることではないのか。

わたしたちは、自分の中に永遠のいのちを持っている。現実にひとつの変化が行なわれたのである。だから、それはまた、からだの変化でもある。この変化が、新しく生まれることである。

「わたしは、水でバプテスマを授けるが、わたしのあとにおいでになる方は、御霊と火によってバプテスマを授ける」（ヨハネ一・二六、三三）。

「幼な子の状態」と「古い人の死」とは、同じことである。

単に、水によってではなく、また、血によってということは、かれは単に人間であるばかりか、また、受肉された神でもあったということを意味するのに違いない。水と霊とによって、高い所から生まれるというのは、かれと同じ者になるということである。水と霊とは、地（その何より完全に純粋な性質において）と天というのと同じである。天と地とが出あうことによって、高い所から生まれなければならない。

人間的な手段によって得るべきもので、神に求めてはならないものと、——神に求めるべきもので、

いであろう。

*

人は、絶対的なものに到達するとき、「善は善である」、「わたしは、わたしである」（アートマン）といったふうな、同一性の表現によってしか、自分の考えをいいあらわせない、——なぜなら、ただ、同一性だけが、条件づけられないものを表現するからである。
行動の結果から超越すること。そのためには、魂の中に、奥行きの深い建物を築くことが必要である。なぜなら、魂の中の行動する部分は、情熱的にひたすら行動の結果を目ざそうとするにちがいないからである。ほかに、そこから超越した部分があるに違いない。

*

犠牲の観念。——何かを神に、すべてのものが帰属するはずの神に、与えようとする観念。……神には、ただ同意だけしか与えることはできない。その同意は、神からくる。
「オーディンに捧げられたもの、わたしをわたし自身に。」

*

ひざまずくこと。哀願 と 奉献《シュプレクス・エト・シュプリキウム》。ひざまずくとは、笞打ちに、斬首に、その他どんな罰でも受けますというふうに、自分をさし出すことである。剣を受けるのに、いちばん適した姿勢をとることである。同時に、それはいのちを与えてくれるものに近づくこと、憐れみによって生れ代わらせられる備えをすることである。このしぐさは、そのむかし、神権と王権の属性であった二つの象徴、剣と男根とに関連してくる。

バプテスマの水には、人を呑みこむ海、洪水の海と精液との類比によって、死といのちという二つの象徴が含まれている。雨は地上にふりそそぐ天の精液である。男根をたち切られた天の精液は、海上で泡となり、その海の中から、天のアフロディテーがあらわれ出てきた。あらたにバプテスマを受ける者は、ノアの時代の人類や、紅海のエジプト人（出エジプト記、一四・二七、二八）のように水に沈められ、天のアフロディテーのようにあらわれ出てくる。同じ水が、人を死なしめたり、生んだりするのである。だが、水だけならば、人を殺すものである。火の息と一しょになって、生むものとなる。

木々は、水と、天からくだってくる光とによって生長する。わたしたちの魂の中の、からし種の木も同じである。

「わたしたちは、神々の死を生き、神々はわたしたちの死を生きる。」

実在的な隠喩《メタフォア》の概念をもう一度見出さなければならない。そうでないと、たとえば、キリストの物語は、その実在性も、意義も失ってしまう。

疑いは、知性にとってはひとつの力である。従って信仰とも両立せぬことのない疑いが存在する。そして、信仰は、信じこむことではない。

*

水と火が血の中に一体となっていることは父と子が聖霊の中に一体であることとの象徴である。

水は、聖母であり、火は御霊であり、血はキリストである。

神、聖母、人間としてのキリストは、もう一つのものの象徴である三位一体をなしている。

*

海、ウラノス（ガイアの子なる天の神）の精液、天のアフロディテー。

創造主、被造物、仲保者。

ピュタゴラス派の二つの調和、――離ればなれになった思考主体に共通の思考、――相反するものの一致。

キリストの母とは、天地万物の総体である。

マリアは、天地万物と同等のものである。無原罪のお孕りの教義は、そこから来ている。天地万物は全体として汚れがないものである。そこに見出される悪のすべては、ただ苦しみだけである。

水は、清らかさと、創造物の原初の従順さとの象徴である。

*

トリエント公会議の教理問答における、信仰の定義。

「人間の最終目標は、……あまりにも高遠なので、人間は自分の精神の光だけでは、とてもそれを見つけだすことができません。だから、神ご自身が、人間にその知識をお与えになることが必要だったのです。ところで、この知識とは〈信仰〉以外の何ものでもありません。〈信仰〉によって、どんな躊躇もなく、わたしたちは、母なる〈聖なる教会〉の権威が神より啓示されたものとしてわたしたちに提示するすべてのものを、確実なものとみなすのです。なぜなら、神に由来するものについては、どんな小さな疑いを抱くことも不可能であるからです。なぜなら、神は、〈真理〉そのものでありたもうからです……」これは、よくない。

使徒「信条《サンボル》」。『饗宴』篇の中の、「シュムボロン」(ギリシア語、「しるし」「象徴」などの意)という語の意味を参照のこと。……

＊

人生の目的は、魂の中にひとつの建物を築くことである。

＊

永遠は、無限の時間の果てに見出される。苦痛、疲れ、飢えなどは、時間に対し、無限という感じを与える。

＊

人格を無にするのに大きい障害は、罪の意識である。この意識をなくさなければならない。

目的は、人格を無にすることである。人格は、罪の意識と不可分に結びついているから、徳の真の価値は、この意識を滅ぼすことである。人は、徳の実行によってしか、罪の意識とたたかうことができない。

人間の本性はこうした構造になっているから、中心的には、「わたしは」という意識と同一といっていいこの罪の意識からぬけ出すには、これ以外の道はないのである。

すべてはよしと見なければならぬ義務と、同情や後悔を感じなければならぬ義務との矛盾の一致点は、どうして見出せばよいのか。

純粋な仕方で、純粋な愛によって与えるということは、受けることにも同意するという含意がある。傲慢のゆえに、受けることに同意できないあいだは、与える権利もない。

アストライア、乙女座(ゼウスとテミスのむすめ、アストライアは天にのぼり、乙女座となる)。——地上を去って、天へのがれて行った〈義〉…

この宇宙には、どんな善もない。だが、この宇宙はよいものである。

＊

集団的な精神は、ただ一つの次元しか持たぬものである。それは、建築的構造を持たない。それが、建築的構造を持つにいたるのは、どうしても沈黙を強いられる儀式においてだけである。

宣伝は、ただ一つの次元しか持たぬものである。

＊

同情とは、他者のうちに、自分自身の悲惨を認識することである。他人の不幸のうちに自分自身の悲惨を認識することである。それは、ラ・ロシュフコー（一六一三—八〇、フランスのモラリスト）が不純さが見てとれると思ったまさにその構造のゆえに、純粋である。

不幸であっても聖なる人は、自分の不幸がよい事柄であると見るのであるが、それはただ、魂の中の感覚的でない部分においてそう見るのである。

それなら、後悔はどうか。

感覚がもろもろの行動を支配しているときには、「わたしは」という幻想は、貫き破られていない。

ところで、その逆はどうか。

わたしは、意志に助けを求めるべきだろうか、それとも、すべてをただ、静観に期待すべきであろうか。

ただ、静観だけに期待すべきである。たとい、その道の方がずっと長くかかり、表面上効果も薄いと思われても。

意志をまじえない、ひたすらに従順な静観だけに。それが何を与えてくれるかは、やがてわかってくるはずである。

＊

さまざまの徳行を行なうときに、これを静観のきっかけとすること。

同情と謙虚さとは、結びついている。

謙虚さは、すべての真正な徳の根である。たとえば、貞潔、節制、忍耐など。

同情は、もし、「わたしは」の意識という障害が除去されるならば、人間にとって自然なものである。

超自然的なのは、同情そのものではなくて、この除去をすることである。

謙虚さだけが、もろもろの徳を限りなきものにする。

太陽が、もし知ったならばするであろうように、行動すること。太陽は、ただ知らないからこそ、憐れみを見せようとしないだけである。

義。意識のない物質のような状態でいること、――もし、物質に意識があるとして。

神の似像。

＊

「わたしたちのゆるしますように……わたしたちの負債をもおゆるしください」（マタイ六・一二など）。

罪の意識は、所有権回復の精神とつねに結びついている。わたしたちは、わたしたち以外のものや人々に対して、わたしたちにおける不足や不完全さの責任があるとして追及する。そして、とどのつまり、神を責める。

もしわたしたちが、神に対してわたしたちの罪をゆるすならば、神もわたしたちに罪をゆるされる。わたしたちの負債はすべて、神に対するものである。わたしたちの唯一の債務者は、神である。（わたしたちを侮辱する人間に怨みを抱くということは、この人間がうまうまとわたしたちを侮辱するのをそのままにしておいた神を怨むということにならずにはすまないのではないだろうか。）神を侮辱しては、わたしたちは無限の負債をつみ重ねる。わたしたちを侮辱されるままにしておいた神も、無限の負債をつみ重ねている。なぜなら、神は、無限に力があるからである。負債は、張消しにされる。

罪をおかす者は、その罪によって神を責めている。無垢な人は、自分の不幸を罪あるものと感じている。

＊

人はすべて火で塩づけられねばならない（マルコ九・四九、原文・ギリシア語）。

すべての人は、火によって厳しく試されるであろう。すべてのものが、火の餌食になるであろう。だが、すでにそれより先に火となっていたものは、わざわいを蒙ることがないであろう。

すべての人は、神と触れ合うことによって破壊されるであろう。だが、それよりも先に愛によって、霊において死んでいる者は、その破壊によって完全とされるであろう。

＊

もし、あなたがたの中のふたりが、そのすべての要求において一致するならば……

表面上は、ふたりの人間がふたりの間で、何ごとにおいても一致することはありえない、何ごとにおいても神と一致することなしには。

*

十一時の労働者のたとえ(マタイ二〇・一以下)は、ただひとつの報いだけしかなくて、栄光には段階がないということを意味している。

放蕩息子が父に対して、財産の分け前を要求して、まずそれを浪費の生活で使い果たしてしまう。そこで、かれは飢え、人に雇われて働くが、あいかわらず、飢えている。そのときやっと、かれは、自分自身に立ち帰る。「本心に立ちかえって」(ギリシア語、ルカ一五・一七)。

この分け前とは、自由意志のことである。だから、自分自身に立ち帰り、父を思い出すことができるためにはまず、この世での表面的なさいわいを追い求めて、意志を使い果たし、そしてまた長い間むなしく願望をしつくしたということがなければならない、自分たちによいと思われるものを追求して、そのエネルギーを使いつくし、エネルギーが果ててからもさらに、どんなに無力であろうと願望し続けることをやめず、ついに、父の家の思い出がもどってくるのに接するという人々は、放蕩息子だといえる。もし、息子がつつましい生活をしていたら、ついに自分に立ち帰るということは考えも及ばなかったであろう。

「わたしに、わたしの分け前をください」というのが、原罪である。わたしに自由意志を、善と悪とを選ぶ力を与えてください。

この自由意志が授けられたことこそが、創造そのものではないだろうか。

神の視点から見て創造であることは、被造物の視点からは、罪である。

神は、わたしたちに、「あなたがたは創造されることを望むか」とたずねられ、わたしたちは、「はい」と答えた。神は今もなお、あらゆる瞬間に、そのことをたずねておられ、わたしたちは、あらゆる瞬間に、「はい」と答えている。魂が二つに分裂した幾人かの人たちを除いて。その人たちにあっては、魂のほとんど全体が、「はい」といっているのに、一点だけが、哀願するように、「否、否、否……」と叫び続けてやまないのである。叫びながら、この一点は、大きくなり、しみとなって、いつの日か、魂の全体にしみわたる。

*

ハバクク、「あなたは目が清く、悪を見られない者、また不義を見られない者であるのに……」（一・一三）。

およそ、人間と神との触れ合いは、どちらの側にとっても苦痛である。神は、悪を見つめることができず、人間は善を見つめることができない。プロメテウスとヒュッポリトス（ギリシア神話、テセウスの子、義母ファイドラに誘惑される）。その責苦が、こたえかわす。あまりにも人間を愛する神と、あまりにも神を愛する人間との。

*

犠牲は、神へのささげものである。神に捧げることは、破壊することである。だから、人は、神は創造することによって、権利を放棄したと考え、破壊することによって、神に権利を回復させるのである。神の犠牲は、創造であり、人間のそれは、破壊である。

ただ人間は、自分に属するものをしか破壊する権利がない。すなわち、それは、自分のからだでもなく、なかんずく特に、自分の意志である。

飲む前に、まず一滴を注ぎ出すとする、それは神に捧げるためである。盃の中の一滴は、人間が自分のいのちの中から神に捧げるための部分である。もし人間が、それを捧げるまでにいたるならば、救われる。

人が注ぎ出すこの一滴は、エネルギーの報いをのぞまぬ費消である。エネルギーの報いをのぞまぬ費消はすべて、神に対して捧げられたものであり、意志の一部分の破壊である。

人が注ぎ出すこの一滴は、世界の外側へ、地平線のかなたへ、天の向こう側へと注ぎ出されるのである。

ただの一滴ではあるが、それに対して、人は代わりに何も要求しない。

キリストは、このように、ご自身のすべてを与えられた。

いかなる意味において、キリストは、人類のために償いを果たされたのか。償うとは、人が不正に取ったものを返すことである。人間は、自由意志を、善と悪とを選ぶ力を盗み取った。キリストは、服従を教えることによって、それを返されたのである。生まれるとは、アダムの盗みに加担することである。死ぬのは、キリストの回復に加わることである。だが、同意によって加わるのでなければ、それは救いにならない。

救いとは、死に同意することである。

＊

アベルは、最初の死者であった。アベルは、み言葉の最初の受肉ではなかっただろうか、死者たちの中で最初に生まれた子では、なかっただろうか、エジプト人のパンの神ではないか。そして、（オシリスよりもむしろ）かれの受難がサイス（古代エジプトのデルタ地方の町）では記念されていたのではないだろうか。

（ヘブライ人たちをヒクソスと同一視したという、あのエジプト人の著作を調べてみること。）

＊

生まれることによって、わたしたちは、原罪の中に入れられ、死によって、そこから引き出される。いわば、死の完全な典型、プラトン的意味での死それ自体でもある、キリストの十字架が、わたしたちみなを、あがなった。だが、もしわたしたちが、生まれることに同意しながら、死ぬことに同意しないならば、個人的にもアダムの罪をおかし、滅びへの道を歩んでいることになる。

神だけが、原罪なしに生まれることができる。なぜなら、神にとって、生まれるとは、放棄することだからである。キリストの誕生は、すでにひとつの犠牲であった。クリスマスは、聖金曜日とかわらぬぐらいに悲痛な祭日であるはずであろう。

すべての人間は、創造者である神の視点に身を置いて、自分が生きていることは神の犠牲であるとみなさなければならない。わたしは、神の権利放棄による存在である。わたしが存在すればする程、神は、譲歩される。ところで、もしわたしが自分自身の立場よりもむしろ、神の立場を選ぶとするなら、自分の生とは、小さくなること、減少することであるとみなさなければならない。

だれでも、ここにまで到達できるならば、キリストがその魂の中に居を定められる。

わたしは、わたし自身については、神の権利放棄を逆の方向において再現しなければならない。わたしに与えられたこの生を拒否しなければならない。神はよいかたであるから、この生を拒否しなければならない。他の人々に対しては、神の権利放棄を同じ方向において模倣し、他の人々が存在するために、自分は存在しなくなることに同意しなければならない。たとい、その人々が悪い人々であっても、そうしなければならない。

だから、それが正当なものであるかぎりは、他の人々の肉の必要にも仕えなければならない。被造物として、他人には仕えなければならないのだからである。一個の造られたものが、他の人々にその被造物としての生を捨てよと迫ることはゆるされていない。被造物としてのその必要に、報いをのぞまずに仕えることが、この点については、人になしうる最善のことである。キリストは、病いをいやし食物を与えられた。同情と感謝の純粋な交換こそは、魂を神への愛にみちびく、被造物どおしの関係である。

盃から地面の上へと注ぎ出された一滴のぶどう酒のように、造られたものの何かに、報いをのぞまずに与えられたすべてのものは、神に捧げられたものである。

人は、被造物にしか与えることはできない、——自分が燃えるときには、火に与えているのである。だが、何かの報いを期待して与えられるものは、人間的に与えられたのであり、報いをのぞまずに与えられるものが、神に対して捧げられたものである。

もし、何かを報いをのぞまずに与えたと思ったならば、そういう思いだけで、報いとなる。

考えさえしなければ真実であるが、考えたときから虚偽となるような、思考の一覧表を作ってみなければならないであろう。

クレタ島の人が、「わたしは、うそつきである」というのも同じことである。かれが、そう考える瞬間には、かれは、うそつきではない。この詭弁は大へん深遠である。

人が自分自身のことをよく考えるのも、わるく考えるのも、それを考えている瞬間は、すべて虚偽である。だから、自分自身については、わるいことしか考えてはならない。そして、それが虚偽であると、知ってはならない。

*

一部種族の黒人たちは、おのおの、個人的な物神《フェティシュ》を持っている。その上に、かれらは、神をも信じている。もし、だれかひとりが、自分のフェティシュこそ、神のものだと主張する気を起こしたとしたら、その神は当然ながら、全宇宙に君臨する者でなくてはならぬことになる。このようにして、イスラエルは、その民族的フェティシュに——彫像や画像などによって表わされはしなかったが、それはどうでもよいことである——神の名を与えたのである。

モーセがもろもろの偶像を刻んではならないとした意味もここにある。それは、イスラエルが、自分たちの小さな民族的偶像を、宇宙の創造主である神そのものであると信じ続けることができるためである。もしこの小さな偶像が、一介の彫像にすぎなかったならば、とてもそんな神を信じることはなかったであろう。モーセは、イスラエルがこの地上で偉大であるようにと、こうした命を発したのである。反対にキリストは、神を、自分の唯一の偶像とした。これは結局、同じことではないかと思われるかもしれないのだが、自分の偶像を神にするのと、神を自分の偶像とするのとは、相反した二つの動きなのである。自分の欲望をおきてとするか、あるいは、おきてを自分の欲望とするかは、王権というものを理解するに当っての、二様の道になる。

アラブ人たちもまた、宗教の名における地上の支配を熱心に求めたが、やはり、彫像などの禁止を守った。

彫像などは、ある種の偶像崇拝を防ぐ保証になる。だれも、彫り刻んだ木の一片の前に立って、「あなたが、天と地を造ったのです」などということはできない。逆に、ヘブライ人たちは、その集団精神の迫りにうながされて、はやり立ち、こうした言辞を、集団精神そのものに向けて吐くことをやってのけたのであった。それは、物質的な対象ではなかったから、これもやはり造られたものにすぎないことがはっきりわからなかったのである。

ローマは一切の神の観念を廃棄し、ただ人々には国家権力だけしか礼拝させまいと望んだ。だが、人々は、まったく神を忘れ去ることはできなかった。

ヘブライ人たちは自分たちの集団精神を神の名で呼び、これが天と地を造って支配するかのように思いこみ、納得しようとした。いつまでも、信じ続けることは、容易ではなかった……ともあれ、もし信じ続けられたら、かれらは、いっそう大きい力を得たのに違いないと思われる。他の民族に対しては、いったん征服したのち、やっとこのことを納得させることができた。

異邦の諸民族は、かれらと親交を結ぼうと望むなら、かれらに偶像崇拝の実行を強いる以外に方法がなかった。なぜなら、民族的フェティシュとしての神をいただき、その神を排他的独占的にかつぎ上げようとする意図には、おそろしい帝国主義的企みがひそんでいたからである。

まだ、それ程強くなく、軍事力も大したことなく、奴隷としてこき使われ痛めつけられていた、ヘブライ人のような民族においては、この企みは十分に成功したとはいえない。回教徒の間での方がずっとよく成功したのである。

ヘブライ人たちにとっては不毛に終ったこの意図が、ひとたび帝国をうちたてたローマ人には非常に役に立ったようである。ローマ人は、ユダヤの宗教を採用しようとした。もっとも、民族的宗教は、ある民族から他の民族へ着物のように着せかえられるものではない。だから、ローマ人は、ユダヤの宗教の民族的な形態はとらず、キリスト教という形態をまとわしめた。ユダヤの宗教は、イスラエルの特権を洗礼を受けた異邦人にそのまま移すというつけ足しをともなうことによって、ローマ帝国の宗教として完全にふさわしいものとなった。旧約聖書プラス契約が異邦人の上に移譲されたとする聖パウロのいくつかの個所（たとえば、ローマ九・四二など）、それに、「あなたがたは行って、……すべての国民に教えよ」（マタイ二八・一九、二〇など）。

以上が、旧約聖書がこれまで大切に残されてきた理由である。

不幸なことに、ローマがこの宗教にしがみついたときは、少し遅すぎた。コンスタンティヌス帝下、ローマはすでに崩壊しかけていた。さまざまな偏見や保守主義のために、この手術の決行が遅れさせられているうちに、ついにこの宗教をもってしても、帝国を救うことは不可能になっていた。アウグスチヌスの『神の国』には、さらにあらたな移譲の跡がはっきり示されている。帝国がイスラエルの後を継ぎ、教会が帝国の後を継いだ。

だれでも、教会の外側で死ぬ者は、地獄に落されるとするならば、教会は、帝国の権力よりもさらに全体主義的な権力をふるうことができるはずである。

だが、教会は、成功しなかった。なぜなら公然と、直接に、教会が地上の王権を引き受けることは、さすがにできないことであったからである。福音があるかぎりは、やろうとしても困難であった。「地獄の門も教会にうち勝つことはない」（マタイ一六・一八）という言葉の意味は、こういうことではないだろうか。どうやらその可能性は強いのである。

ユダヤ人は迫害されてきたが、それは教会がひとたび、かれらの特権をわがものとしておさめると、これまでずっとその特権を保持してきたと称するかれらが、いささか邪魔者になってきたからである。宗教は、語の真の意味においては、こういうものとは、なんの関係もないのである。いずれの場合も、その執拗さには、まったく世俗的な動機しかはたらいていなかった。

ヒトラーも、同じ理由でユダヤ人を迫害している。かれは、ユダヤ人から盗みとったもので、ドイツの集団精神であるヴォータン（ゲルマン神話の戦争の神）に洗礼をさずけ、ヴォータンが、天地を創造したといい張ろうとするのである。

万軍の主ヤハウェがキリスト教的なよそおいをまといながら、軍隊によって全地球を征服したというのは、まさにその通りである。今や、ヴォータンが、ヤハウェを押しのけて、その地位に取って代ろうとしている。少なくともヴォータンは、福音という制約を受けることもない。

今こそ、集団精神と神との違いを、はっきりと明るみに出すときであろう。

神は、この世では、溶解させるものである。神と親しい関係にはいっても、どんな権力も与えられはしない。それどころか、神が、人間のもろもろの思いのうちに、真に現存される限りは、どんな地上の権力も、ついに確固とうち立てられることはない。

アウグストゥス（ほんとうに、かれであったか）は、エレウシスの秘教をローマに移し植えようともくろんだが、このことは、霊的な問題がローマ帝国の問題であったことをよく示している。悪の勝利によっては、どんな場合も悪が悪であるのをやめさせることはできない。どんな場合も。その代わりに、善の完全な敗北によって、善が善であるのをやめさせることができる。しかし、悪が、悪としてさばかれているかぎり、善は完全に敗北してはいないのである。十字架にかけられたひとりの盗賊が、同じく十字架にかけられたキリストの方へとふり向く(ルカ二三・三九―三四)。それで、十分である。善は、完全には敗北していない。

善というざくろの粒ひとつで、十分なのである。

キリスト教の中から、イスラエルの遺産を一掃しなければならないであろう。

キリスト教が霊的に完全に清らかであったため、人間にはあまりに清らかすぎて、キリスト教徒の中にも、現世的なものへの渇望が絶えなかった。この渇望は、初めのうちは、キリストの来臨が近いという期待によってみたされた。

次に、この期待が空しくなると、帝国がこれをみたした。次に、ローマが荒廃にさらされると、教会がみたした。

もはや教会をもたぬ、プロテスタントにあっては、宗教は、広範囲に国家の宗教となった。そこから、旧約聖書の重要性が見直されてきた。

(以下、ローマ皇帝の在位期間の年号、キリスト教の公認の年などと、黙示録の数字との照合を試みたらしいノートが続く。)

神のことを考えているときに、ひとつの例外もなくすべてのものを捨て去らなかった人は、自分の偶像のひとつに、神の名をつけているのである。

＊

精神的意味での真の死は、運命のもたらすどんなものにも従順であることに同意することである。わたしが〈わたし〉と称しているすべてのものは、運命によって取り去られてもよいものだからである。

＊

自分が一個の被造物にすぎず、それ以外の何ものでもないのを承認すること。それは、いわば、一切の現実的存在を失ってよいと承認することである。

わたしたちは、被造物にすぎない。ところで、自分がそれにすぎないと承認することはいわば、無にひとしい者であると承認することである。神が、わたしたちの知らぬうちに与えられたこの存在とは、非存在である。もしわたしたちが非存在であることを望むならばそれは与えられる。わたしたちは、そのことに気づきさえすればよいのである。

わたしたちの罪は、存在する者であろうと望むところにある。わたしたちの罰は、存在する者であると信じていることである。償いは、もう存在する者にはなるまいと望むことである。わたしたちの救いは、自分が存在せぬ者であることが見えてくることである。

アダムは、わたしたちが存在する者であると信じさせた。キリストは、わたしたちが存在せぬ者であることを示された。

わたしたちが非存在であることを教えようとして、神ご自身が、非存在になられた。神にとって犠牲とは、人間が自分を存在する者であると信じるがままにしておくことである。人間にとって犠牲とは、自分が存在せぬ者であると認めることである。

神は、わたしたちが存在せぬ者であると教える役目を、悪にになわせられる。

被造物の側からの、存在する者であろうとする欲望と幻想こそ、悪の原因である。悪によって、被造物は、自分たちが存在せぬ者であると教えられるのである。神は、この最初の教育には、かかり合われない。

自分たちは存在せぬ者であると、完全に認めた人々は、神の側に移ったのである。そういう人々は、他の被造物に対しても、おまえたちは存在せぬ者であると教えることはせずに、かれらが存在する者であるという虚構に基づいて、かれらを扱う。

創造とは、神による虚構である。

世界にある悪の量は、必要な罰の量と厳密に等しい。ただ、悪は、偶然におそいかかってくる。

悪を堪え忍ぶことが、悪を打ち砕く唯一の方法である。

どんな行動も、悪を打ち砕くにいたらないが、ただ、表面上は無益とみえる、ひたすらに忍耐づよい受苦だけが、打ち砕く。

いかにも存在するように思いこんでいる、考える被造物の架空の存在こそ、悪の姿をまとって降り落ちてくるものである。悪は、幻想にすぎない。誰でも、幻想からのがれ出た者は、すべての悪から解き放たれた者である。さらに、ある条件においては、幻想それ自体が幻想の外へと押し出す作用をする。

地獄とは、自分が存在せぬ者であるのに気づきながら、それに同意しないことである。

清らかさは、悪をひき寄せ、悪はやって来て、そこにへばりつき、焔にとびこむ蛾のように、身をほろぼす。

すべては、火の中を通ってこなければならない。だが、焔となった人々には、火が常住のすまいである。だが、火となるためには、地獄をくぐりぬけてきたということがなければならない。

＊

肉体の苦痛を用いること。どんな苦痛の段階にあっても、魂がそのほとんどすべてをあげて、「はやく済んでくれ、わたしにはもう堪えられない」と内なる叫びを放つとき、魂の中の無限に小さい一部分でいいから、「このような状態が、神の知恵にかなっているのなら、時間の続くかぎり永遠に、これが続くことに、わたしは同意する」ということができるように。そのとき、魂は、二つにたち切られる。なぜなら、魂の中の感覚的な部分は、――少なくとも、ある瞬間には、――苦痛に同意することができないからである。このように、魂が二つに分裂することが、第二の苦痛となる。それは、そのきっかけとなった、肉体の苦痛よりももっと激しい、霊的な苦痛である。飢えや、疲れや、恐れや、魂の感覚的な部分が否応なく、「もう辛抱できない。はやく終ってくれ。」と叫ばずにいられなくするすべてのものについても、同じような用い方をすることができる。何ものか、答えるものがなくてはならない。「わたしは同意する、これがただ、死によって終ろうとも、また、死によっても終ろうとせず、永遠に続くとしても。」そのとき、魂は、もろ刃の剣でたち切られるように、切り裂かれる。

訓練として自分をきたえて行くよりも、運命の課してくる苦しみを、このような形で用いる方がずっとよい。

避けることのできる苦しみでも、非常にはっきりした義務に迫られて、それを避けねばならない場合は、運命の課してくる苦しみと同じとみてよい。

人々に対する義に迫られる場合などである。たとえば、ひとりの人が、金がないために一日中否応なく食べずにすごさねばならないときは、人からだまし取ってもよいというれっきとした事実にもやはり迫られているはずである。いったい、ひとりの正直な人間にとっては、だまし取るなどということは、どんな場合にも可能ではないからである。

しかし、この世における人間の一般的、恒常的な状況がこのとおりであるとすると、おそらくは、自分が飢えているときに食べるのは、いつもだまして取ることになる、

（わたしは、ずいぶんその罪をおかしてきた。）

窮乏を霊的完成のための訓練であるとか、神へのささげ物であるとか、進んでなされる善行の条件であるとか、みなしてはならない。そうではなく、厳正な社会的義務、すなわち、必然と等価のものとみなさなければならない。そして、魂の中の高級な部分が、そこで果たすべき唯一の役割は、感覚がもはや堪え切れなくなり、「もうたくさんだ」と叫ぶときに、「わたしは、これが永遠に続くことに同意する」と答えることである。

魂のこの一点は、この地上の人生に関してはただ、うつろい易いその一瞬一瞬をひたと見つめ、その内容が何であれ、「わたしは、このことが即刻、中絶することに同意する。また、このことが永遠に

続くことにも同意する」という以外の役割はない。

現世的な魂は、その補充エネルギーの蓄えが一切尽き果て、生命の維持にあずかる営生エネルギーがむき出しに露呈されて、消耗しはじめるときすべてをあげて、「もうたくさんだ」と叫ぶ。これは、堪えられぬことである。そのときは、辛うじて持ちこたえてきた意志も消え去ってしまう。生きた肉に傷が入れられ、くい尽くされるのである。(キリストと同じく、プロメテウスも、くいものにされた。)そんなとき、肉的な魂が、すべてをあげて、「たくさんだ」と叫ばないでいられるはずがない。魂は、この命令、もしくはこの哀願を、だれに向かって語りかけるのか。魂には、それがわからないのだが、ただ叫ばずにはいられないのである。そこで、もし、魂の中の永遠的な部分が、真の神に向かって話しかけ「いつまでも、もしあなたのみ心ならば」と答えるならば、魂は、二つにたち切られる。人が〈わたし〉であると感じているものは、「たくさんだ」と叫ぶ部分にある。それでも、話しかけてくるもう一つのものの方に心寄せる人がないではない。これこそ、真に自己から出るということである。

わたしたちのエネルギーの一部分は、時間の次元にある。動物的なエネルギーである。そそれは、「こんなことは、もはやただの一時間しか、続きはしない」と考えるのを可能にするものである。それは、思考が、有限の時間的へだたりを越えて行くのを可能にするものである。それは、補充エネルギーであり、欲望を育て、意志を養うエネルギーである。

生命にとって欠くことのできぬ、生化学的諸機制を動かす営生エネルギーは、時間よりも下にある。もう一つのエネルギーが尽き果て、このエネルギーが、その本来の役割である生物学的機能以外の目的のために使われるとき、わずか十五分間が、永遠に続く長さと思われてくる。そのとき、「たくさんだ」という叫びが、魂をひたしつくし、魂の中のすべてがこの叫びに同化しないとき、魂は二つに引き裂かれる。それは樹液までが、流れ出てしまい、まだ生きている人間が、枯れ木となるときである。

この十五分間は、現実に意志的な努力の永遠の持続にもあいひとしいものである。だから、この十五分ののちには、「たくさんだ」と叫ぶのを拒んできた魂の部分は、時間の果て知れぬ長いへだたりを越えて、時間のかなたへ、永遠へと移ったのである。

このことは、愛のうちに根を張った人にだけ起こることである。

木々に変化した、神話の中の女たち。

木は、高みの方へしか動かない。純粋な静観の状態の象徴。

補充エネルギーが使い果たされることが、条件である。魂の、ある状態においては、人間は意志によって、もっともおそろしい責苦を堪え忍ぶことも可能である。中世において、拷問を受けながらも、自白しなかった罪人たちのこと。だが、この人たちの場合がそれに当るとしても、どの程度の苦しみ、苦しみへの抵抗があったにせよ、救いにとってはまったくいささかの役にも立たないのである。

スポーツ的な競争心によっても、真の徳が全然なくても、すべてを耐えることが可能である。ローマのストア哲学は、このような競争心に堕落していた。

補充エネルギーは、人間が自分の意のままに、自分にとってよいと思われる方向へと、操っているが、これこそ、放蕩息子が持ち出した遺産の分け前に当る。それは、魂が永遠の方向へ、ただの一歩も歩み出すことができないでいるうちに、まったく使い尽くされるはずである。しばしば起ることだが、それが元通りに回復されたとしても、またもや蕩尽されてしまうにきまっている。放蕩息子は、父親と和解し、またあらたに金をもらい、またも出発して行き、再びまた、戻ってくる。それが、また、また、またと続くのである。そのたびに、父親は、肥えた子牛をほふるのだった。だが、息子の留守の期間はだんだん次第に短くなってきた。――このように述べれば、正確だといっていいのではないだろうか。

このエネルギーが、この世のさいわいを求めるために費やされるのか、それとも、神を求めるためなのかは、そう大して重要ではない。なぜなら、神だとしても、このエネルギーがさかんに使われないかぎりは、万事に真の神に似ていようとも、にせの神であるにすぎない。逃げ出した息子は、娼婦と遊んで、自分の分け前を蕩尽してしまわずにはすまないのである。娼婦のひとりが、父の代理でやってきたといおうと、いうまいと、大したことではない。息子は、一スーでも残っている限りは、父親の方に一歩も歩み出そうとしないであろう。

何より肝心なことは、かれが、浪費するばかりで、儲けないということである。もし、娼婦相手に自分の金をむだ使いするかわりに利息付きの預金にしたとすれば、かれは決して父の家に戻ることはないであろう。

意志のエネルギーは、取返し不可能で、まったく使い尽されてしまうような仕方で費やされてしまわねばならない。そのために、意志は、自分の力以上に位置するものの方へと向けられねばならない。意志が、緊張に緊張を加えても、ついにそこへは到達不可能でありさえすれば、それがどんなものであろうと大したことではない。意志は、自分の限界を感じ、たえずその限界にぶつかっていなければならない。

得られたすべてのものが、なんの価値もないものと見えてこなくてはならない。エネルギーの費消と引きかえに、決してどんなさいわいも与えられるわけではないことが必要である。いったん、得られたなら、失敗であろうと、成功であろうと、無視されねばならない。

この世のさいわいを重んじる気持があるときは、それらの中から、それらを追求するのに費やされたエネルギーを新たにもえたたせるものを汲んでくることができる。

地上に属するもので、(なぜなら、天とは何であるかを、まだ、全然知らないために、) しかも、不可能なものをねがい求めるときはエネルギーは、尽き果て、新たにもえたつことはない。

もし、この世の支配とでもいったふうな、何か可能なものによって満足できる人間ならば父の家から持ち出した分け前を使いつくすことはしないであろう。

意志のエネルギーが尽き果てるとき欲望は無力となり、以前には意志の対象であった同じ地上のものの方へと向かう。(それらが天的なものだという貼札が貼ってあっても、その点は重要なことではない。) 魂は、まだ歩くことを知らぬ幼児のように、自分が欲しいと思うものの方を向いて、泣き叫ぶ。それは、幼児期への回帰の第一段階である。だが、誰にもその叫びを聞いてもらえない。魂は、ものみなが無関心な中で、ただ、叫びに叫ぶ。叫ぶ力すらが尽き果てたときはじっと見つめる。

そのとき、おそらく、魂は、もう一つの別なさいわいがあるのを思い出す。生命なきものまでが、豊かにあずかっているようなさいわいが。

肉的な魂の中に、そんな思い出がどうしてはいりこんできたのだろう。

意志のエネルギーが尽き果て、営生エネルギーがむき出しにされるとき、魂は、地獄か天国かのどちらかを選ぶ。ところが、魂は、自分が選ぶことを知っていない。

おそらく、世界が組成されたはじめからなされていた選択を、もう一度魂がやり直すということにすぎないのだろう。

ついに、意志のエネルギーを使い尽くすことなしに死ぬ人たちは、こういう選択をすることなしに死ぬのである、——それは、たといその人たちが送ってきた人生が、徳の高いものであれ、罪深いものであれ、どんなものであろうと、そうなのである。ひとたび死んでしまうなら、かれらの運命がどうなるかは、ひとつの神秘である。

ほんとうに、このとおりなのだろうか。

かれらが、意志のエネルギーを使いつくすという切迫した危険状態にあるときに、なおもそれを消耗させ続けるかわりに、「利息付きで預ける」決心をするならば、——やはり、かれらはわるい方を選んだといってもいい。

願望が力を失ない、対象から離脱して、自分の中へ引きこもる。そのとき、条件づけられない、純粋な善の観念、口に出してはいえない善の観念が、魂の中へはいってくる。魂はそのとき、それにすがりつくか、もしくはすがりつかない。

この選択は、ひとつの神秘である。

魂がこれにすがりつくときは、もう今後は決して選択をしないですむようにと、切に願っているのである。

そのとき、何より大切なのは、名前も知れないこの善に、エネルギーの全部を捧げつくすことである。

事情がゆるして、意志をはぐくみ養うこのエネルギーの一定量を、生体の機能が取り戻したならば、そのエネルギーを、意志を用いずに消費してしまうこと。だれか他人から、使ってくれるようにと渡された金額を、使いつくすように、使いつくすこと。必然によっていたるところにあけられた穴を埋めるために、これを使うのを義務とすること。

放蕩息子は、和解ののちに、また金を持って町へ行くのだが、それは遺産の分け前をもらって行く息子としてではない。主人から買物をするようにとの命を受けた奴隷としてである。買物は、何ひとつかれ自身のものにはならないし、だれも御礼をいってくれる者はない。町にまで歩いて行き、店から店へとかけまわって、託された金が尽きるまで、命ぜられた買物をし、重いいくつもの荷物をかついで戻ってくるか、それとも、金もなしに野原へ行き、畠を作って日をすごすか、奴隷にとっては、どちらでも同じことである。奴隷が、命令された買物をして、忠実に金を使ったからといって、感謝もされず、報いも受けない。おそらくは、もっと安い商店をさがすことができなかったといって、責められるぐらいがおちであろう。もし一スーでも横領して、こっそりしまっておいたり、自分の用に使ったりすれば、打ち叩かれる。

このように、意志のための、補充エネルギーは、義務的な活動によって、すっかりなくなってしまうまで使い切られねばならない。

そうでないなら、静観のうちに、もえつくされねばならない。

重要なことは、勝手に使う分として、また意志の行使のための分として、一片すらも残されてはいないことである。一片でも残っているなら、それは盗みである。

（わたしは、ついに盗みをやめずにきた。）

事情によって、営生エネルギーがむき出しにされ、その消耗がはじまるときには、このエネルギーは、これまで自らが動力源であった生物的機能から引き離されて、まったく神の用に供されることになる。これは、霊的な死であるが、また、肉体的な作用でもある。人間は、神の被造物に、食物として自分を与えるのである。

しかし、このエネルギーは、動くものではない。植物的なものにすぎない。自分からある方向を目ざすことはできない。魂の中で他方の極に位置する部分は、ただ、このようにいうことができるだけである。わたしは、わたしの肉体が、死に至るまで、——あるいは、時間の続くかぎり永遠に、——むさぼり食われることに同意すると。

このとき、魂の肉的な部分の苦痛が転移したようになる。もともと、けがれのない永遠の部分に対して、罪をおかしていたのであるが。

魂は、二つに引き裂かれる。けがれのない部分と、罪にまみれた部分と。けがれのない部分は、罪ある部分のために苦しみながら、そのために弁明に立つ。

魂は、限界のない部分と、限界を作り出す部分とに、分かれる。有限の次元においては成り立っていた、複合的なものが、消えてなくなる。この小宇宙の中に、原初の混沌が再現する。神の霊がただよっていたという、原初の水が再現する。時間の下方で、苦しんでいる一部分がある。時間のひとつひとつの断片が、まるで永遠のように思えてくるからである。時間の上方で、苦しんでいる一部分がある。永遠も、限りあるもののように見えてくるからである。魂は、二つに分裂し、この二つの部分のあいだに、時間の全体が存在する。時間とは、魂を二つにたち切る剣である。（また、別な観点では、〈愛〉が、この剣である。）魂の感覚的な部分は、地獄にあり、天にある部分は、感覚的な部分に毒されない限りは、なにも感じることがない。

そのうちに、新しい創造が行なわれる。魂は、これを受け容れる。ただし、自分が存在するためではない。魂は、存在しないことを熱望しているのだからである。そうではなくて、ただ、被造物への愛のために受け容れるのである。神が、創造することをよしとされたように。

神が、創造することをよしとされたように、他の被造物への愛のために、創造されることを承認すること。

この新しい創造が、いわば受肉である。第二の創造は、固有の創造ではなくて、生み出すことである。キリストは、魂の中へはいって、魂に取って代わられる。

高い所から生れた人々は、神の養子ではなくて、実子である。だが、神の御子は、ひとりである。だから、かれが、これらの人々の魂の中にはいられるのである。

しかし、こういう理屈で行くと、もっとも偉大な聖人たちでも、天の御国を見ることができないことになる。なぜなら、ほとんどすべての者が、キリストならばとても、いったり、したりなさらなかったのであろう事柄を、したり、いったりしてきたからである。

とにかく、たぶん、一つの世代には、救われる人間は、ひとりしかないのである。

他の人々、決定的に滅びたとはいえない人々については、何かしら煉獄とか、再度の受肉とかいった観念と等価のものを考え合わせてみなければなるまい。

高い所から、水と霊とによって、水と息とによって、生まれること。

高い所から生まれること、水と霊とによって生まれること、――すなわち、魂の分解ののちに、――原初の混沌の中に小宇宙が落ちこんだのちに、――これが、完全になるということである。

バプテスマは、ただ、新しく生まれたいという願望にすぎない。ひとりの子どもが、バプテスマをさずけられるとき、この子を愛している人々は、この子がいつの日か、高い所より生まれてほしいという願望をいいあらわしているのである。ひとりの大人がバプテスマを受けるときは、みずからこの願望をいいあらわしているのである。ところで、善への願望には、いつもひとつの精神的な力が含まれている。こうした願望が、どんな形においてであれ、いいあらわされる場合は、さらにそうである。典礼という形式には、おそらく、何よりすぐれた力が含まれている。だが、その場合、形式がどんな条件にも束縛されず、ひとつの社会的な機構への服従という意味あいはまったく含まぬことが必要であろう。

*

獅子座と水瓶座。ネメアの獅子（ヘラクレスに殺されたといわれる）。黙示録の中の獅子。このほかに何かあるか。〈水瓶〉、水を注ぎ入れるもの。恩寵の水。

乙女座と魚座。〈乙女〉とは、〈義〉である、乙女アストライア（ギリシア神話ゼウスとテミスの娘）。彼女は、一本の穂を持っている。それは、デメテル（ギリシア神話、クロノスとレアの娘）とペルセポネー（ギリシア神話デメテルの娘）である。マリアもまた、そうではないか。〈魚〉は、バプテスマの水の中を泳ぐものである。それは、キリストである。(なぜ、魚が二つあるのか。)――〈水瓶〉〈魚〉〈牡羊〉と続く自然なつらなり。〈獅子〉〈乙女〉〈秤〉はどうか。

再生の水、そこに泳ぐ〈魚〉、――ノアのように――初めからほふられていた〈小羊〉、あらゆるものを生み出し、その精液が牝牛の乳となりわたしたちを養うという〈牡牛〉、分かちがたく一つの不死のものをなす〈双子〉(三位一体ではないか)、――〈蟹〉は、悪であると思われる。〈獅子〉の力。〈乙女〉の義。〈小羊〉の死体によって、被造物全体が天にまで持ち上げられる、〈秤〉。光に近づき、ついに、光によって殺されてしまう、〈さそり〉。人々を癒やし、教え、人々のために苦しむ〈射手〉(プロメテウスの位置に当る)。豊かにみち溢れた、〈山羊〉の角の盃、聖盃、そこには、いつも生けるパンと生ける水とがはいっている。罪の魂を恩寵の水に沈める〈水の瓶〉。〈魚〉〈小羊〉など。

〈乙女〉は、完全に〈魚〉とつながっている。洗礼盤の水の中から、大きく育ってくる赤ん坊。ひとたび成人すれば、〈小羊〉となる。〈牡牛〉の姿となってよみがえる。

〈蟹〉(〈海蛇〉のことか)、〈獅子〉〈乙女〉は、プラトンにおける、魂の三部分に相当する。〈秤〉は、その調和である。〈さそり〉は、光に近づいて、死ぬ者である。〈さそり〉は、〈射手〉としてよみがえり、(〈射手〉とは、この光そのものである)豊かにみち溢れた〈山羊〉の角盃を受けとる。

〈蟹〉、〈獅子〉、〈乙女〉、〈秤〉、〈さそり〉、〈射手〉、〈山羊〉=〈水瓶〉、〈魚〉、〈牡羊〉、〈牡牛〉、〈双子〉。=地から天へ、そしてまた、天から地へと、もどる。

六月〈蟹〉、七月〈獅子〉、八月〈乙女〉、九月〈秤〉、十月〈さそり〉、十一月〈射手〉、十二月〈山羊〉、一月〈水瓶〉、二月〈魚〉、三月〈牡羊〉、四月〈牝牛〉、五月〈双子〉。

度はずれのものから、出発する。〈蟹〉、〈海蛇〉、太陽がその限界をはずれようとするのかとも思われかねまじい瞬間。限界づけられないもの。

*

〈獅子〉は、力である、必然である。
〈乙女〉は、義と知恵である。
〈秤〉。それは、十字架である。
光への愛のために死ぬ、〈さそり〉。
光である、〈射手〉。
神の充満である、豊かにみち溢れた〈小羊〉の角盃。
生ける水の流れ、恩寵の流れをふりまく、〈水瓶〉。
恩寵の水の中を泳ぐ、〈魚〉。
世の初めからほふられていた、〈小羊〉。
その精液が、わたしたちの乳となる、〈牡牛〉。
二個の存在でありながら、ただひとつの神をつくる、〈双子〉。
犠牲の〈小羊〉は、十字架に面している。〈魚〉は、〈乙女〉に面している……

（この辺り、黄道十二宮の研究にとくに興味を示し、その特異な象徴的解釈が次々に提示されている。M=M・ダヴィ『シモーヌ・ヴェイユ入門』邦訳、勁草書房版、一七九、三一八ページ参照）。

＊

自分の資産も自分のエネルギーも全部使いつくし、疲れ果てた人間が、自分の父に使われていた奴隷たちの方が、息子である自分よりももっと、さいわいにあずかる分が多かったのだと、あらためて思い起さずにいられないようにするもの、世界の美しさとは、そういうものである。父の奴隷たちがさいわいにあずかっていた分、その受けとっていた報いが、美しさなのである。そこで人は、自分自身であるよりもむしろ、石ころのように、この世界の一部分となり果てたいと切にねがう。そのとき、父は、肥えた子牛をほふらせられる（ルカ一五・二三参照）。

危機のときに人を救うのは、物体、動こうとせぬものである。

同様に、肉体も、救いの有力な媒介物となる。

旧約聖書における、世界の美しさの役割。

世界の美しさは、キリスト教からは、ほとんど消えた。ローマ帝国が、これを政治的な宗教にしたからである。

＊

滅びの原因となった物質が、救いを得させるものとなる。傷をひき起したのもそうなら、触れるとその傷が直りはじめるという槍が、それである。聖杯物語を参照のこと。

肉体は、魂が魂に働きかけるてこである。肉体にこらしめの罰を加えると、魂の放漫なエネルギーも、おのずと消耗する。一匹の小山羊を綱に結びつけておくと、小山羊は、綱を引っぱり続け、ぐるぐるとまわり、また引っぱりというぐあいに何時間も、何時間もやめようとしない。そして、とうとう、力尽きて、倒れてしまう。肉体が釘づけられたときの、魂の放漫な部分も、同様である。それはあわてふためくのだが、自分の意に反していつも、肉体の方に引き戻され、ついには、力尽きて、消えてしまう。

魂が完全に二つに分裂してしまってからやっと、一方の部分が他方の部分に抵抗して、肉体をもうまく利用できるようになるのに違いない。

単にそれだけではなくて、魂の中の永遠の部分が肉体から服従を受ける必要がある。

このことは、力づくでなしに行なわれる。肉体は、この支配に同意する。

魂の中の永遠の部分が、肉体に対して何かの指図をしようと考えついたら、肉体はただ服従する以外にどうしようもない。

もしそうでないとしたら、その指図が、魂の中の永遠の一点から出てきたものではないか、それとも、その指図に注意が向けられなかったかである。

肉体は、牢獄である。魂の霊的な部分は、肉的な部分を包みこみ、閉じこめるために、これを用いなければならない。肉体は墓である。魂の霊的な部分は、肉的な部分を死なしめるために、これを用いなければならない。

わたしの肉体が、わたしの魂の中の凡俗なすべてのものに対して、責苦と死の手段となりますように。

ときには、自分の思考を力で抑えつけ、ときには肉体を釘づけにし、思考の精根を涸らすようにしなければならない。だが、肉体を訓練して、ただ魂の中の高級な部分のいうことしか聞かないようにしなければならない。どうすればいいか。

魂の中の低級な部分を、子どものように扱い、泣きわめかせておいて、とうとうそれにも飽き、黙りこむようにはこぶことである。宇宙の中で何ひとつ、その声を聞いてくれるものはない。しかしながら、神は一方で、魂の高級な部分がご自身に語りかける沈黙そのものを、お聞きとりになる。

「自分の声に耳を傾けないこと。」

わたしの内部にあって泣きわめく動物ども、神がわたしの声を聞き、わたしに語りかけるのをさまたげているこの動物どもを、黙らせること。沈黙を強いるのにいちばんいいのは、あたかも聞いていないふうをすることである。自分たちのいうことが聞いてもらえないと確認した者は、ついにはいやになって、黙ってしまう。わたしの内部のこの動物どもは、わたしがかれらに声を貸し与えてやらなければ、だれからも聞いてもらえないはずである。そればかりか、わたしも、かれらのいうことを聞いてばならない。少くとも、そんなそぶりは全然見せてはならない。

かれらはいつも、泣き叫びはじめたところで、世界中の何ものからも、――ものからも、人間からも、神からも、わたし自身からも、――聞いてはもらえないのだと知るがいいのだ。

この動物どもは、わたしの中で、悲しみや、狂喜や、勝ちどきや、恐怖や、苦悩や、苦痛や、そのほかのあらゆる色合いの感情をさまざまの調子でまじえながら、たえまなく、「わたし、わたし、わたし、わたし、わたし……」と泣きわめいているのである。

このわめきには、どんな意味もない。また、何ものからも、だれからも、聞いてもらえるはずがない。

この動物どもは、たえまなく、昼も夜も、ねむっている間も、一秒の休みもなく、泣きわめくのが習慣である。

かれらに、いろんな音だとか、音の出し方だとかを、教えてやってはならない。ときには、しばらくの間、かれらを黙らせるように仕向けねばならない。その次には、次第にひんぱんに、次第に長い間、黙ることのできるように、訓練しなければならない。そして、そのあと、できるならば、かれらの完全な沈黙をかち取らねばならない。かれらが肉体の死よりも先に、死ぬならば、それは一ばんよいことである。

肉体が、かれらに従っているかぎりは、かれらは宇宙と対話でもしているように思いこんでいる。それは、ものが違って見えるからであり、肉体が十歩でも歩むと、宇宙がたちまち変化して見えるからである。肉体がかれらに従っていても、かれらのいうことを言葉で表現しないならば、かれらも、世界中の何ものも自分たちのいうことを聞いていないのを認めずにはいられなくなる。このことをたびたび認めているうちに、かれらの叫びには、絶望が加わってくる。かれらは、叫び出そうとして、その前に疲れてしまう。

反対に、永遠の部分の方は、どんな叫びもつぶやきも、沈黙すらも、聞きとってもらうのだから、疲れるということがあるはずがない。

この動物どもは、たいへん奸智にたけていて、本心から出てきたとは思われないようなもろもろの口実を持ち出してきては、肉体を籠絡しようとする。肉体がこれらに従っていないと確信するためには、無条件に、長い期間に亘って、たびたびくりかえして、いろんな事柄を自分に義務づけてみなければならない。なぜなら、この動物どもは、移り気で、気まぐれであるから、いつの日かそういうものに嫌気がさすこともあろうと確信してよいからである。このように、十分よく耐え忍ぶならば、ついには、かれらを阻止することもできると信じられる。

だが、そのためには、計算をしないことが肝要である。記録重視の精神は、どんな行動をも、「わたし、わたし」という動物どもを煽りたてる刺激剤にしてしまう。いったん、この精神が暴れはじめると、どんな行動も、どんな慎しみある態度も、もはやどんな益をももたらさなくなる。もし人が「わたしは、これこれのことを、X時間のうちにやりとげたんだ……」などと内心で思うのならば、そのことをはじめからしなかった方がましなのである。

調査や記録などをせぬ方がよいというのは、こうした観察に基づく賢者の言葉を、おそらくは思い起しての上なのであろう。いったん評価をはじめると、たちまち無効と化すような善があるのだ。

このことからも、ただ神だけが恩寵によって救いを与えられることが、真にはっきり示される。神の憐れみがただひとつの救いであることを、目にもまばゆく明らかにあらわし出すのは、魂のさいわいにとって何より重要な規則は、人が守ろうとしても守れぬ規則だという事実である。なぜなら、それについて考えるという一事だけで、はやくもその規則をおかすことになるからである。わたしたちはただそうした思いを自分の心からとり除いてくださいと、神に哀願することができるばかりである。

神は、哀願する者として、ご自身の方を向かずにはいられない者として、わたしたちをお造りになった。

もし、人が神を認めようとしない場合でも、事柄は同じ結果になる。「どうか、このような思いをもたずにいられますように」と人は、心の中で思う。人が、願望の形で自分の気持を表現するとき、それは哀願することになる。

ほかの人々がなしとげたことを知りながらも、量的に人々と同等になろうと望まず、それ以下の所にとどまっているのは、記録重視の精神をうち砕く一方法である。ただし、少なくとも、他人の所有するものよりも以下のものは価値なきものであると感じられる程に誇り高い人間である場合にかぎる……いったい、謙虚さのために、誇り高さの効用というものがあるからである。

記録重視の精神が捨て去られ、もはや動揺することなく、日々の実生活を確固とした歩みでたどり、心の中で、「わたしは、これこれのことを、うんと多くの時間をかけてやろう」と思い、それをしっかり守るならば、魂の中に巣食う動物どもは、堪え切れなくなって、泣きわめき、吼え猛るだろうが、ついには、自分たちのいうことが聞かれぬことをさとるようになるのは、確かである。魂の中心部で、いったん決意が固められたならば、肉体がかれらに従うことはないのだからである。これこそは、神の憐れみの結果でなくてなんであろうか。

決意のかわりに、この動物どもが吼え狂いながら逆らわずにはすまぬ、何かの外的拘束が加わるという場合なら、いっそうよい。ただ、魂の中の永遠の部分は、この拘束が果てしなく続き、どんな補償もなく、霊的な補償すらもなく、続くことに同意しなければならない。なぜならば、霊的な利益を当てにすることは、「わたし、わたし……」と叫ぶこの動物どもに、その名を借りて餌をやることになるからである。

条件的なものはすべて、この動物どもの領域に属する。ただ、無条件なものだけが、かれらからのがれ出ている。

条件的なものの中へと魂をさそいこむのは、補充エネルギーである。ある人が「わたしは、卵が手に入れられるなら、二キロメートルでも歩いて行くだろう」と考える。それは、疲れていても、二キロメートルを歩く力が残っているということである。しかし、完全な疲労とは「自分のいのちを救うためにでも、わたしは十メートルも歩けない」という感じである。それは、営生エネルギーがむき出しにされ、生の諸機能や、生命の交換作用に不可欠のエネルギーが、歩くことによって焼けつくされるといった状態と結びついているのである。

それに、感覚というものは、ときとして不備な指示しかしないものなので、疲労の状態がはじまる前に、あるいは、はじまってしまった後に、疲労感が生じてくることがある。だが、心理的には、この疲労感も、無視できぬものであることにまちがいはない。

この状態に入れられると、さまざまな結果や意向をきちんと整理して、明確ないくつもの意図として保有していたものが、直接的で条件づけられぬ諸欲求に取って代わられるのである。そのとき、魂は「どうしても……必要です」と叫びだす。

どうしても、わたしは見ることが必要です。どうしても、ここでとどまることが必要です。どうしても食べることが必要です。どうしても飲むことが必要です。どうしても、この苦痛は、少なくとも一時とまる必要があるのです……など。

乞食に対してタレイラン（一七五四―一八三八、ナポレオンにも仕えた政治家）が答えたように、冷ややかに、皮肉に、「わたしにはその必要がわからない」と答えること。

そして、愛をこめて、つけ加えること。「わたしは、この欲求が、満足されることなく、現在の強さのままで、いや、さらに強さを増して、どんな種類の補償もなく、永遠に、あるいは、魂と肉体の滅びるまで、続くことに同意します」と。

補償とは、同意そのものがそうである。だが、同意をそのように評価してはならない。さもないと、そのすべての善が消失してしまう。

一部には、自分たちの外側のある事物のうちにずいぶん多くのエネルギーをそそぎこみ、その事物が存在するかぎりは、死にあと一歩という所へ行っても、営生エネルギーを奪われずにすむという人たちがある。そのような人たちは、湖の底に自分たちの生命を隠しておいたという巨人である。そのような人たちは、永遠の方向へは一歩も進むことはできない。

ナポレオンの兵士たちが、そうであった。

殉教者たちも、おそらくそうではないか。この人たちの死は、キリストの死には似ぬものであった。ともかくも、コルネイユのポリュウクト（一六四三年作、信仰悲劇の主人公）のような人はそうである。

営生エネルギーがむき出しにされるとき、宇宙は消失し、欲求が宇宙となる。宇宙全体が、ただひたすら、ある魂の叫びを吐くのに熱中する。「わたしは、ひもじい」、「わたしは痛い」、「そんなことはやめてもらわなきゃならない」など。もはやこの世には、欲求の直接的な満足以外には、どんなさいわいもないという有様となる。

このようなときに、答えること、「わたしには、その必要がわからない」と。それは、魂の永遠な部分を、「わたし」から激しく剝ぎとって、「わたしならざるもの」に釘づけることである。

欲求が無条件的であるならば、欠乏の状態が果てしなく続くことへの同意も、また、無条件的である。そこには、どんな補償も隠れてまぎれこんではいないし、また、それとなしの買収工作も含まれてはいない。なぜならわたしの欲求の直接的な満足のほかには、だれにとっても、全宇宙にはどんなさいわいもないのだからである。

あらゆるさいわいが、まったく、永遠に欠けていてよいとする同意こそは、魂の動きとして、条件にしばられぬ唯一のものである。

それだけが、ただひとつのさいわいである。

先のような叫びが魂のすべてを占めているときにしか、欲求の直接的な満足を除いて、だれにとってても全宇宙にどんなさいわいもないと信じることは起りえない。そのようなとき、満足しなくてもよいという同意は、無条件的である。

これ以外のときに、さいわいが欠けていてよいとする同意は、ただ、疲れのあまりの衝動にすぎない。そのときは、いかにもすべてを捨てるという口実にかこつけて、休息というさいわいを追求しているのである。この場合の同意は、表面的で、条件づけられている。

このような同意と意志との関係は、奥義に見られる矛盾と知性との関係にあいひとしい。このような同意は、条理を絶している。

それは、存在しないことへの同意である。

存在しないことへの同意は、一切のさいわいが欠けていることへの同意である。この同意こそが、まったきさいわいの保有を成り立たせるのである。ただ、人がそれを知らないだけである。もし知るならば、さいわいは消える。オルフェウスは、エウリディケ（オルフェウスの妻）を見つめたときに、彼女を失なった。ニオベ（フリジアの女王、七人の男女の子をもつ）は子どもたちの数の多さを誇ったときに、子どもたちの死を見なければならなかった。

だが、営生エネルギーがむき出しにされたときには、それと意識しながら、さいわいを殺してしまうという危険は全然ない。魂は、欠乏と苦痛の叫びにまったくひたされているからである。

魂が、「なぜ……」とか、「わたしは、……でないことに同意する」とか答える一点を除いて、すべてをあげて「どうしても……必要なのだ」と叫ぶとき、人は、その瞬間自分の十字架を負っている。だが、キリストは、日々十字架を負わなければならないといった。どうして、そんなことがなされうるものなのか。毎日毎日、この一点において苦しむという状況に、身を置かねばならないのか。

おそらく、そうなのだ。

強烈で純粋なよろこびの中でも、人は同じく、さいわいを欠いている。なぜなら、すべてのさいわいは、対象の中にあるのだから。

よろこびの底にも、苦痛の底にあるのと同程度の犠牲、自己放棄がある。

*

さまざまの情念、――吝嗇、野心、ひとりの人間とかひとつの集団に対する献身、種々の悪徳など――は、興奮剤の効用を果す、あれこれの外部の対象の中に、エネルギーをためこむ。その結果、こうした対象が破壊されないかぎりは、最悪の状況にあっても、営生エネルギーは決してむき出しにはされない。だから、こうした情念は、いまわしいものなのである。その中におぼれた人間は、娼婦を相手に自分の相続分を濫費する息子ではない。自分の資産を銀行に預けておくという息子である。かれは、飢えを感じることもない。父の家へと戻ることもないであろう。

ひとりの人間をこうした危険から救うことのできる唯一のものは、強い必要である。もしわたしが、ナポレオンの中にさいわいが見出されると信じるならば、どうして、自分のエネルギーの一部分をかれのために捧げないわけがあろうか。しかし、その次に、かれが自分にとってそれ程によいものではないと気がつくとき、かれに対して捧げたエネルギーは、失われる。

このとき、わたしは選択を迫られる。この喪失を堪え忍ぶか、それともそれを堪え忍ばないなら、自分をいつわり、かれは自分に対して十分によいものなのだと、自分を納得させるかである。

この世のものは、わたしたちが自由に扱えるエネルギーの資産を預けておく銀行の役目を、――その資産が安全に保たれるばかりか、有利な投機によって、並はずれた割合で増やしてくれるような銀行の役目を、――自分自身をいつわるのでないかぎりは、――果すことができない。

資産の大半が消え去り、完全な貧窮への瀬戸際に追いこまれるとき、せめて何スーかを残しておこうとして、資産の残りにしがみつきたくなる気持は、まず抑えがたいといっていい。だから、いやしい育ちの、切りつめられた生活は、富や権力より以上に、魂を腐敗させることが多い。

放蕩息子は、さいごの一スーまでも、使いつくしてしまった。

父の家の方へふりかえるためには、もはや何ひとつ持っていないことが必要である。

人がまだ、何かを持っていながら、父の家の方へと向かうのは、名前こそ父であっても、それはだれか別なものの方へ向かうのである。

わたしは、いわばあなたの雇われ人でありますように。すなわち、生命のない物体のように、わたしはまったく、あなたの意志に従う者でありますように。

「あなたは、わたしに何も与えたことがない。」「そのわけは、わたしの持っているものはみな、あなたのものだからです。」神にひとしい者となるためには、自由意志を持たぬ者であれば十分である。

人が自分をいつわらぬときは、エネルギーは、それが自分自身の富としてのエネルギーであるかぎり、費やされるたびごとに、その喪失をきたすものである。利息付きで預けるようなことは、不正直でなければできない。

神から託された預かり物としてのエネルギーについては、別である。この預かり物は利息をつけて増やさねばならない。

＊

「かれは、あらゆるもののうちに、すべてを越えて拡がる同一なるもの、単一なるものの種をまいた。」

一なるもの、ゼウスの種。

それが、ロゴスである。

そこにまた、三位一体が存在する。

ゼウスは、一なるものの種をまくために、〈愛〉に変身した。その種（スペルマ）が、その息子である。かれは、生み出すために、〈愛〉となる。

創造は、父と子とのあいだのへだたりである。

イシドロス（グノーシス派）は、いった。フェレクデスは、寓意の神学を組み立てたが、かれはその基礎をハムの預言からとった。それは、そこに吊り下げられた、翼のある樫の木と刺繡された布が何であるのかを知らしめるためである（アレクサンドリアのクレメンス、四・六――二七二）。

（以下、フェレクデスの断片のノート。）

*

ルシファー（悪魔の別名「光をもたらす者」の意）は、神になろうと欲した。これ以上に、自然なことがあるだろうか、ただ愛だけが、神ならざる者であることに同意させるのである。愛は、どんな者であってもよい、あるいは無にひとしい者であってもよいと同意させるのである。愛は、神がいますと考えることだけで、完全に満足する。そのような愛しかたをしなければならない。でなければ、ルシファーのようになるよりほかはない。残りのことは全部、盲目的追随にすぎない。

*

もし天が、かれらの描くような所であるならば、そんな所では、地上にいるよりももっと不幸であるだろう。なぜなら、地上では、後になればいくらかある程度の完全に達しうるとの望みも持つことができるが、かれらの描き出すような天においては、一部の者が他の者よりも価値の劣る者とされ、従ってだれもが相応の値打以下にみなされることはあっても、もはや決して、どんな進歩もないことははっきりしている。

かれらが、天国をまるで宮廷かなんぞのように描き出すようになったについては、ローマ帝国がどんなにキリスト教を毒したかということがあったにちがいない。

＊

一粒の麦は地にまかれたら、ひとりでに芽を出してくるので、だれもこれに没頭する必要はなく、また、ひとりでに成長するのだから、だれも大きくならせようと努める義務はないという、このたとえは、いなかの村では、種まきから取り入れに至るまで、毎日曜日の説教の題目として用いうるものであろう。このたとえが、成長する麦に人々の目を向けさせることになるならば、そう考えるだけでも十分である。

＊

聖パウロのキリスト観、「見えない神のかたちであって、すべての造られたものに先だって生まれたかたである。万物は、天にあるものも地にあるものも、見えるものも見えないものも、位も主権も、支配も権威も、みな御子にあって造られたからである。これら一切のものは、御子によって造られ、御子のために造られたのである。かれは万物よりも先に立てられ、万物はかれにあって成り立っている。そしてみずからは、そのからだなる教会のかしらである。かれは初めの者であり、死人の中から最初に生まれたかたである。それはご自身が、すべてのことにおいて第一の者となるためである。神は、御旨によって、御子のうちにすべての満ちみちたものを宿らせ、そして、その十字架の血によって平和をつくり、万物、すなわち地にあるもの、天にあるものを、ことごとく、かれによってご自分と和解させて（また、「取り代えて」の意味もある）くださったのである」（コロサイ一・一五—二〇）。

このさいごの言葉は、現在のキリスト教の内部では説明がつかない。

ここに表明された思想は、まさに、フェレクデスの思想そのものである。「あらゆるもののうちに、すべてを越えて拡がる同一なるもの、単一なるものの種をまく。」

この同一なるもの、単一なるものが、キリストである。

キリストは、三重の存在である。その一は、〈父〉とひとしく、〈父〉とともに唯一の神をなし、生み出されたもので、造られたものではない、神の御子である。その二は、全創造物の初子、世界霊魂、すべてのものに広く裂き散らされた単一なるもの、調和である。その三は、ひとりの（あるいは、何人かの）人間である。

死んだものの中から生まれた最初の者とは、アベルのことか。

追放された人類に対する、神の最初の働きかけは、罪なき者が殺されるのを見捨て、罪ある者を死の手から保護することであった（創世記四・一─一六）。

キリストが、すべてのものを和解させ、平和をうち立てられたということは、すべてのものが相反するものから、でき上っているということである。これは、ピュタゴラス派の教えである。

調和、すべてのものに広く行きわたった単一性というのは、〈父〉の種のことである。〈父〉の種は、子どもたちにとって乳となる。わたしたちは、目に見える種々さまざまなものの中で、この単一なるものを飲んで生きている。〈父〉は、その種を、わたしたちを養い育てる乳にかえるために、花嫁を持たれる。それが、自然である。シャクティである。処女にして、母なるものである。この〈父〉の種が、〈子〉であるが、わたしたちはただ、〈父〉の花嫁である者を通して、〈子〉をむかえ入れ、〈子〉を飲むのである。「恵まれた女よ、おめでとう……」（ルカ一・二八、原文、ギリシア語）。

さらに、キリストの第四の存在がある。それは、神と自己との関係である。全被造物の中の年長者である、世界霊魂。人間イエス。（ほかの人間はどうなのか。人間でない被造物はどうなのか。天使、動物、木、生命なき物質は。オリゲネス、参照。）かれはまた、かれを愛する者たちがかたち作る集合体の集団精神である。

だが、この集合体は、ほんとうは集合体ではない。それは、友愛関係である。集団精神は、にせの神にしかなることができない。

このために、わたしは生まれた。このためにわたしは、世にやってきた。真理についてあかしをするために、だれでも、真理から生まれた者は、わたしの声を聞く。

神の御子が人となられたという最高の理由は、人間を救うためではなく、真理についてあかしをするためである。

〈父〉と〈子〉とのあいだの愛は、創造主と被造物とのあいだの距離よりももっと強いことをあかしするために。離れていても、考える存在の思考が一つであることを。

真理についてあかしをするために。どんな真理であるのか。あかしの対象となる価値のある真理は、ひとつしかない。それは、神は〈愛〉であるということである。〈子〉は、〈父〉と〈子〉が互いに愛し合っていることをあかしするために、〈父〉から離されたのである。だれに対して、あかしをするのか。〈父〉や〈子〉自身に対して。神は、神が神を愛していることを、神に対してあかしをする。

*

アムミアヌス・マルケルリヌス（三三〇―四〇〇ローマの歴史家）。ユリアヌス（いわゆる「背教者」、三三一―三六一）は、キリスト教の全宗派に自由をゆるした。「放任することによって、不和内紛が増し、従って、人民が一つに結束するという心配がなくなるからであった。キリスト教徒の大部分が自分たちどうしのあいだで、仇敵のように憎みあっているのに比べれば、どんな野獣も人間にそれ程敵対するものではないと見てとったのである。」

「あなたがたは、互いに愛し合いなさい」（ヨハネ一五・一二など）、というようないましめは、このような形で実行されたのだ。

*

アムミアヌス・マルケルリヌス、「もしだれか、神的なものについての知識のあちこちでの再現のさまや、未来についての知識の起源を、注意深くさぐり出そうとする人があればそれらの知識が、エジプトからはじまって、全世界にはこばれたことを発見するであろう。そこではまず、何人かの人々が、他の人々よりもずっと先に、さまざまな宗教の根底にたどりついていたのだった。聖なるもののもっとも深い根底が、そこでは入念に保ち続けられ、秘義の書のうちに書きとめられたのだった」。

ペルシアのマージ教僧の知恵は（ゾロアスター）、インド起源なのであろう。だが、その最初の起源は、カルデヤではないだろうか。

アピス（エジプトの聖なる牛）は、月に捧げられた。

アドニスの祭儀、その神秘的な礼典はアドニスが熟した収獲物を象徴する像であることを教えている。

ゴール人の起源。ある人々は、ドリア人だといっている。ドリュイド教徒によれば、一部は土着民だということである。また、遠くの島々やライン川のかなたから来た者もいる。ある人々によると、逃亡したトロイア人たちが、当時荒れ果てていたこの地方に住みついたということである。ヘルクレスに殺されたゲリヨンとタウリセウスは、一方はスペイン、もう一方はゴールの専制主であった。フォセアエ（小アジア、イオニアの古代都市）のアジア系一民族がクラシュ王（ペルシア王、―前五二八）の残虐をのがれて、マルセイユを建設した。

「ドリュイド僧は、ピュタゴラスの権威がそう命じているように、ひときわ秀でた精神の持主であり、兄弟として結束し（ソリダリキス・コンソルティス）、秘められた、深い事柄の探究をするために育てられ、人間的なものを軽んじて、魂は不死であるとのべていた。」（学者《エウハーゲ》たちは、自然の隠れたおきてをさぐり出そうとつとめ、吟遊詩人《バルド》たちは、戦争のいさおしをうたった。）……

＊

さいわいの欠如、あるいはむしろ、この欠如の意識が、不幸である。プラトンの太陽は、さいわいであるから、洞窟の神話においては、闇は、不幸である。最初の闇は、囚人が、自分をつなぐ鎖からとき放たれながら、まだ洞窟の中にいる場合であり、魂は、ようやく自分自身の内側に立ちかえり、自分がさいわいと信じていたものの虚妄をさとって、自分自身の悲惨をおそろしいばかりに感じているという状態である。第二の闇は、囚人が洞窟から出てきたときの目のくらみから生じるものであり、さいわいを所有しながら、自分がまだ、それを所有していると知らない人の魂が感じる不幸の意識である。十字架の聖ヨハネの、霊魂の暗夜とは、これである。時がたつにつれ、目がなれてきて、光を感じることもあるようになる。だが、目がさらに光輝く新しい対象の方へとのぼって行くと、また、目はくらみ出す。それは、十字架の聖ヨハネの注記しているように、滅びの意識と救いの意識との交錯である。この交錯は、各段階においてくりかえしあらわれ、従って、人間が次第次第に光輝く対象へと階段をのぼって行くかぎりは、いつまでも続く。ついに、それは、太陽そのものを、あるがままに、本質的に、見つめる人に至って、最大限に達する。十字架の聖ヨハネも、同様に、霊魂の暗夜の状態はこの交錯をともないつつ、魂が完全への道をさらに先へ進もうと志すかぎりはいつまでも続くと述べている。

　囚人が、暗やみの中にいるときには、自分が見ているという意識はあっても、なお、暗さにとりかこまれている。この点は、そのとおりである。だが、目をくらますような光の中にはいるときには、盲人になったという印象をもつ。このことを、十字架の聖　ハネは、滅びの意識と呼んでいる。〈太陽〉は、最高の〈善〉であるのだから、見えることは、魂の中の愛の能力であり、光とは、〈愛〉にほかならない。プラトンは、光を真理と呼んだが、それは、〈愛〉である〈聖霊〉が、キリストによって〈真理の御霊〉と呼ばれた（ヨハネ一六・一三）のと同じである。光に照らされた事物が、美である。その最高のものが月であり、神にあっての純粋な美、御言葉である。

　プラトンと十字架の聖ヨハネとのこの類似性は、直接的な借用というだけではもちろん、おそらくは間接的な借用ということでも説明しきれない程に密接であり、神秘的な真理も数学的また幾何学的真理がひとつであるように、ひとつであることを示している。

*

　祈りの一例。

神にむかっていうこと。

父よ、キリストの御名によって、このことをわたしにお与えください。
からだの動きは何ひとつ、どんな小さい動きですらも、わたし自身の意識には伝えられませんように、完全な麻痺患者の状態にならせてください。完全に目も見えず、耳も聞えず、その他の三つの感覚も奪いとられた人のように、何ひとつ意識に感じとられないようにならせてください。文字も読めず計算もできぬばかりか、ついにしゃべることも習得できなかった完全な白痴のように、どんな簡単な思考であろうと、二つの思考をつなぐことはどんな小さな糸をもってしてもできない状態にならせてください。どんな種類の苦痛もよろこびも感じられず、垂れながしの老廃者のように、何ぴとをも、何ものをも、自分自身すらも、愛することのできぬ者にしてください。

父よ、キリストの御名によって、このことのすべてを現実に、わたしにお与えください。
この肉体が、しなやかさの限りをつくして動きますときにも、まったく硬直し切って動かなくなりますときにも、すべてはつねにあなたの御こころにかなってでありますように。この聴覚、この視覚、この味覚、この嗅覚、この触覚が、あなたの創造のしるしを、完全に正確に受けとることができますように。この知性が、十分な明晰さをもって、あなたの真理との完全な一致を保ちつつ、すべての思想を導いて行くことができますように。この感性が、苦痛やよろこびのもっとも細かな襞の一々にいたるまで、できる限りの強烈さをもって、まったく純粋に味わいつくすことができますように。この愛が、神ご自身に対する神の愛と同じく、すべてを焼きつくす炎ともなりますように。こういうすべてのものが、わたしから引き抜かれ、神のうちに呑みこまれ、キリストの実質そのものと一変し、肉体の糧も魂の糧もすべてを欠いた不幸な者たちに、食べ物として与えられますように。そして、このわたしは、麻痺患者、盲人、つんぼ、白痴、垂れながしの老廃者となりはてますように。

父よ、今こそ、キリストの御名によって、この変化を起こさせてください。願い求めておりますこのわたしは、不完全な信仰しか持たぬ者ですが、完全な信仰をもって願い求められたのとひとしく、この願いをお聞き入れください。

父よ、あなたは至高の善にまし、わたしは取るに足らぬ者でありますゆえに、この肉体と魂とをわたしから引き抜き、あなたご自身のものとしてください。このわたしに対しては、この先永遠に、ただ引き抜かれ、引き抜かれるばかりであらしめてください。あるいはまた、まったき無だけしか残さないでください。

このような言葉すら、御霊によって教えられていうのでなかったら、有効な力を持たない。このような事柄を、人は自分からすすんで願い求めることはできない。自分の心に反して、そこにまで追いつめられるのである。自分の心に反してではあるが、同意はしている。投げやりな同意ではないのである。魂全体が魂全体に対して、はげしい圧力を加えて、これに同意させるのである。しかし、存在のすべてをあげて、ただ一つの動きと化せしめられた、この同意は、完全な同意であり、留保条件のない同意である。

結婚の比喩も、ここに由来しているのではないだろうか。神と魂とのこの関係は、結婚の夜の、花婿と、まだ処女である花嫁との関係に似ている。結婚とは、強姦への同意である。魂が、神と結び合うのも同じである。魂は、冷ややかで、神を愛しているとは思っていない。魂自身は、自分が愛していないのならば、同意はしないであろうことを知っていない。夫婦の結びつきの準備がととのえられている。それはひとりの人間の人格を、その肉と神との単なる仲介物にしてしまうような結びつきである。また、ひとりの女性がかりそめに情人を愛するように、神を愛している魂もある。だが、情人の男の愛は、長続きしない。ただ、夫である者だけが、永遠までも、ただ一つの肉である。

（しかし、こういう霊的現象のすべては、まったくわたしの能力をはみ出したことである。わたしは、この点について、なんの知識もない。こういうことは、まず第一に、基本的な倫理的徳を備えた人々だけにゆるされたことである。わたしは、当てずいりょうに語っただけである。それに、自分が当てずいりょうに語ったと本心から、そう考えられるだけの能力もない。）

＊

あるイタリアの説話の最初の部分。ひとりの少年が、不幸な老婆を助ける。老婆は、御礼をいう。「あなたが、世にも美しいお姫さまと結婚できますように。」少年は、家に帰って、父親にいう、「ぼくは、世にも美しいお姫さまをさがしに出かけます。そのお姫さまだけが、ぼくの妻になる人で、ほかの人は一切いやです」。かれは、〈大風〉にたずねる。〈大風〉は「そんなお姫さまのことは聞いたことがありませんが、部下の〈そよ風〉どもをさがしにやらせましょう」という。

少年はもちろん、そのお姫さまを見つける。お姫さまは、かれが望んでいたよりも、もっと美しい人である。

これは、至高の〈善〉をさしている。

＊

ひとりの靴屋が、ある王女と結婚することになった、——靴屋が王女を救ってやったので王女が結婚を約したのである。王女は、出会う場所と日を指定してきた。日は三日間にわたっている。かれは、そこへ出かける。だが、——と、物語は語っている、——かれが一夜の宿りを求めた所で、眠り薬を飲まされる。指示された場所へ到着したものの、ねむりこんでしまう。王女は、魔法の馬車でやってきて、このさまを見て泣き、しきりに呼ぶが、かれの目をさますことができない。刺繍をしたハンカチを一枚残して、去って行く。ところが、羊飼いの少年がそれを盗む。次の二日間も同じことが続く。王女は、七年の間、父の家でかれを待っていると、羊飼いの少年に告げさせる。かれは、城への道を、ひとりの賢者にたずねる。賢者はいう、「あの森を越えて行きなさい。城は、その向う側です。しかし、あなたはたぶん、七年の七倍かかっても、到着はできないでしょう。行こうとした者はみな死にました。あるいは、あきらめました」。靴屋は、森の方へとおもむく。いくつもの斧を手に入れて、木を切り倒しはじめる。小さな道ひとつないからである。かれが切り倒すよりもはやく、木はまた、生えてくる。別の所で、そこでもここでもやってみるが、あいかわらず同じである。一匹のライオンから身をのがれようとして、木にのぼる。そこから、森の果てしれない広がりが見渡せる。かれは絶望する。しかし、「あの森を越えて行きない」といった賢者の言葉が思い出されてくる。木の梢から梢へと、とんで行こうと思いつく。そのために、七年間をかける。そののちに、かれはとうとう、式典の最中の城の前へ立つ。王女は、その翌日、結婚することになっているのだ。ぼろ服をまとい、だれともわからない恰好で、かれは出向く。かれは、王女と結ばれる。

この物語の神祕的意味は、明らかである。

＊

神が、魂を訪ねてきておられるが、魂はねむりこんでいる。魂が目をさましていたら、どんな試煉も、努力もなしに、霊的結婚は行なわれるはずである。何人かの聖人たちの場合は、おそらく、そんな具合であったのではないか。

神は、去って行かれる。ご自身の立ち寄られたしるしに何かを残し、わたしたちを待っているとの予感をも感じさせながら。神に追いつくためには、悪を越えて行かねばならない。悪の果てにまでたどりつかねばならない。人は、自分の罪を攻めにかかる。切りつけ、たち切る。だが、それよりもはやく、罪はまた、生長してくる。そんな方法によっては、どんな望みもない。

罪の上を通り越して行かねばならない。それは、苦しく、遅々としてはかどらぬ道であるが、ただ一つの可能な道である。進んでいることは、確かなのだ。ついには、果てにたどりつける。木の梢から梢へと、とんで行った男のように、悪の上を越えて進むこの方法は、何を示しているか。

悪それ自体をなくそうとはしないのだが、それでも果てまで行こうとするのである。

あらゆる罪の中にありながら、善を考えること。悪を破壊することを考えないで、善を考えること。

この森の比喩について、さらに深く考えてみること。

＊

大理石の上に(雪の置き換えであるなら、あまり適当ではない)、からすの血を見て、白く、赤く、黒い女を得たいとねがって、病気になった王。

将来、何かのしるしになろうかと、外套からはぎとった布の一片(シュムボローン)。

空腹の子どもに食べさせるための牡牛(子どもがその背を打つと、食事が出てくる)。牡牛は、一年たてば、血と、乳と水の杯を一つづつたずさえて、自分を掘り出しにきなさいといって、埋められる。「血と水の中を通ってこられた、イエス・キリスト。単に、血だけではなく、血と水の中を。」三度も、ガラスの山へのぼる少年、最初は黒い服、次には黄色い服、次には白い服を着て。

靴屋(森の話に出てくる)は、魔法の城の三つの部屋で、三晩をすごす。黄色い部屋、赤い部屋、黒い部屋。王女を救い出すためには、横にならなければならないが、ねむってはならない。何ごとが起ころうとも、落ち着いて、おじけづいてはならない。魔女どもがやってきて、かれを罵倒するが、かれがびくともせぬさまを見ると、かれをつかみ上げ、とある井戸のふちへ連れて行って、投げこもうとする。まさに、その瞬間に、一時の鐘が鳴る。「ああ、もう最後の時刻だ」と、魔女どもはいい、かれを地面におろして、消える。第二夜にも、まったく同じことが起こる。井戸の代わりに、こんどは薪の山の上で焼かれそうになる。第三夜も同じであるが、こんどの責苦は、高い塔の上から投げ落されることである。王女は、救い出される。

悪は、限度がないように見える。だが、限度はあるのである。だから、勇気をもって、堪え忍ぶ(エン・ヒュポモネー)人に、自分の滅びがすでにそなえられているのを見ながらも、最後の瀬戸際に救われるのである。

＊

アトランティス大陸。それは、どうして、単純に、無条件に、アメリカだといってはいけないのだろうか。なんらかの理由で、そこへたどりつく航海技術が挫折したために、大陸は海に沈んだと信じ

確かにヘラのむすめではないのか。）

＊

ヘファイストスとアテーネーは、二つであってじつは同じものだ。聖霊。（このヘファイストスは、確かにヘラのむすめではないのか。）

＊

太陽の光線は、木の中にためこまれている、——その力に推されて、木は天に向かって伸びるのだ——そして、枯れ木をこすると、そこからまた、出てくる。木は、光をたくわえるものである。プロメテウスは、確かに、木と関係がある。知恵の書の中で、ノアについて、また初期のキリスト教文書の中で、キリストについて語られる際に、しきりに木の話がでてくるのも、そのためなのだ。

生きた木は太陽の火をためこむ。だが、人間に火を与えるのは、枯れて、かわいた木である。してみれば、木は受肉ともあい似た犠牲の主人公である。

「わたしは、地上に火を投じるためにきたのだ」（ルカ一二・四九）。

アイスキュロスは、プロメテウスに関連して、プラトンは、〈愛〉について語る際に、「かわいた」という意味で、人間よりもむしろ、木材や樹木にふさわしいような形容詞を用いている。

生命の木は、火をもたらす。罪の木は、実をもたらす。（しかし、こんなふうに対立させるのは、正しいか。）

＊

もえる木は、情熱《パッション》（受難）をこうむる。

立石《メンヒル》（有史以前の石造の遺物）は、石で、炎を模造したものである。

「ほれ込んでいる」という意味の「もえている」という語は、わたしたちに熱と光を与えるために、わたしたちに対する愛によって木がもえるのだとみなしてきた伝統から生じたのにちがいない。

太陽、〈父〉。木、キリスト。光、聖霊。光は、太陽によって木に、木によって人間に、与えられる。

アトランティスの王たちは、牡牛を柱の所へ連れて行き、その頂でこれを殺した。

「人の子も上げられなければならない」（ヨハネ三・一四）。

＊

塩は、永遠の象徴である。「すべては火で塩づけられねばならない」（マルコ九・四九）。火はこの世から消滅させたものを、永遠へとはこび入れる

このほかの破壊はすべて、変化にすぎない。火だけが、無に帰さしめる。

火は、破壊をする光である。火は、ものを光に変える。

木の若芽は、光を受けて、これをたくわえ、その光が若芽を生長させて、実を結ばせ、次には、これをまったく光に変えてしまう。

ノアとポセイドンとの関係、――オシリス、――ディオニュソス、――海から生れた、天のアフロディテー。

＊

ピュタゴラス派。数は、それぞれのものと、一である神との特殊な関係である。普遍的な関係はロゴスであり、神の知恵であり、神の御言葉であり、宇宙は愛によって、これと合同である。

創世記の最初の部分(第四章)は、モーセ五書のつづく部分とは、対照的な精神で書かれている。神に愛されている者が、子孫も残さず、若くして非業の死をとげる。神に憎まれている者が、長生きをして、多くの子孫を与えられ、町を建てる。神は、ご自身の愛しておられる者が、殺される目にあうのを阻止されなかった。

＊

このことからも、この物語は、エジプト起源のものであることが判明する。

創世記は、民数記やレビ記などのように、モーセに対する神の教えという形では示されていない。

——モーセは、これを、いくつかの人間的な起源から得てきたのである。アブラハム以後のユダヤ人の歴史は、記憶の確かさに程度の差はあるにせよ、かれら自身の思い出に基づくことはまちがいがない。だが、創世記の第一部、アブラハムの系図に先行する部分は、理解や適用の度に違いはあっても、エジプトの各種の物語の置き換えにほかならないのである。なぜなら、モーセは、エジプトの祭司らの秘教的知恵に通じていたからである。もっとも、通じていたといっても、完全な知恵にはなお程遠かったと思われる。ただ、魔術にかけてはかれらよりもすぐれていた。そういうことはあっても、創世記の初めの十章は、エジプトの聖典の断片であるとみなしてよさそうである。おそらく、バベルの塔の物語(創世記一一章)もまた、そうである。(しかしながら、ここには、エジプト人の信仰の痕跡はまったく見出せない。かれらは……)

＊

アブラハムに対する主の最初の命令は、出て行かねばならぬということであった。かれがカナンの地へきたとき、主はこの地を、かれの子孫に与えると約束する。かれがエジプトへくると、そこにはすでに、パロ（古代エジプト王、ファラオ）がいた。（かれは、驚くほどに親切なもてなしを受ける。）（以上、創世記一二・一―一六）。主が、かれに割礼をうけねばならないと命じるのは、ずっと後のことである（創世記一七・一〇）。しかし、かれはエジプトで、この地の人々が割礼を行なっているのを知ったのにちがいない。

ヘロドトスはいっている、「ただ、コルキスの人々、エジプト人、エチオピヤ人だけは、最初から割礼を行なっていた。フェニキア人やパレスチナのシリア人は、エジプト人からこれを学んだことを、かれら自身認めている」。［かれは、コルキスには、エジプトからの植民者が群れていたと信じている。――それは、メディア（伝説上の魔法使の女）の国である、――テーバイにおけるような、ドラゴンが……］

アブラハムとの契約が割礼であって、とくに独自なものではなかったという事実からも、ユダヤ人はエジプト人以上に選民ではなかったことが明らかになる。

アブラハムの所へやってきた三人の人（創世記一八・二）は三位一体の神と関係がない。主と、その使いふたりとである。主とは、受肉の神であるように思われる。それは、メルキゼデクではないのだろうか。メルキゼデクの時代は、奇妙にも、インドへ行ったという、ディオニュソスの時代と一致している。

ロトのむすめたち（創世記一九章）。この一章は、ロトがただひとりの人間として残ったという伝えがあったということで説明できる。すべてが焼き払われたのは、大洪水と対応する（『ティマイオス』篇およびノンノス（ギリシアの詩人、五世紀ごろ）にもこの点について触れられている）。そこから、ただひとりの義人だけが脱出する。その上、ロトは、ノアと同じように酒に酔う。このときの交わりから出てきた二つの民族の一つがゼウス・アンモンを崇拝したアンモン人であり（創世記一九・三八）、ヘロドトスは、エジプト人とエチオピヤ人の混合民族であるとみなしている。

割礼とは、神酒をそそぐ灌奠《かんてん》のようなものである。神に対して、ぶどう酒の各杯から一滴を、また、各人の一片を捧げるのである。

＊

ヘロドトスは、ソロンに対するクラシュの戦争から、その歴史をはじめている。クラシュは、エルサレムの神殿を再建した人である。ヘロドトスは、何度かの旅行中に、ツロまで行ったことがある。エルサレムのことをどうして聞かなかったのだろうか。

「あなたの子どもたちに火の中を通らせて。」これは、むろん犠牲のことをいっているのではない。大量に殺すことではないだろうか。バプテスマと関連してくるのである。

エゼキエル、「だが、そのかわりにわたしはかれらに良くない定めと、かれらを生きさせることのできないおきてを与えた」（二〇・二五）。これは、聖パウロの思想である。

＊

エゼキエルを通じて、ツロに告げられた神の言葉。

「あなたは『わたしは神である……』といい、自分を、神のように賢いと思っている（実際、あなたはダニエルよりも賢く、どんな秘密もあなたには隠されていないのだが）。……あなたは自分を神のように賢いと思っているゆえに、わたしは、もろもろの国民のうちで、もっとも荒らくれた異邦人をあなたに攻めてこさせよう……かれらは、あなたをみぞに投げ入れ、あなたは非業の死をとげる……それでもなおあなたは、『自分は神である』と、あなたを殺す人々の前でいうことができるか。あなたは自分に致命傷を与える者の手にかかっては、人であって、神ではないのだ」（二八・二―九）。

この言葉は、キリストに向かって告げられても十分よいものではないだろうか。

「あなたは自分に致命傷を与える者の手にかかっては、人であって、神ではないのだ。」

ハムの孫にあたり、地上で最 初に権力者となったニムロデがバベルを建てていたころ（創世記一〇・八―一〇）、すべての人々は一しょにいた。だから、ヤペテやセムの子孫も、かれに服従していたのである。アベルは、パンか、ニムロデは、ヘラクレスか。（しかし、ヘラクレスは、オシリスよりも二千年前の人である。もしノアが、オシリスであるとすれば……）エノクは、ヘルメスか。ハムは、ハロスか。ヨブは、最初かれの義があらわれるために、富み栄えていた。かれは、抑圧することもできたが、それをしなかったからである。

同様に、キリストも、かれはただ、善だけしか行わぬことがあらわれるために、並はずれた権力をもっていた。

神は、サタンにむかい、ヨブに対して何をしてもいいといわれる。ただし、その身に手をつけることは除いて（ヨブ一・一二）。「かれは、神に対して、不義をなじったことはなかった。」

神は、サタンにむかい、ヨブに対して何をしてもいいといわれる、かれの身に手をつけることも含めて。ただし、その命は助けよといわれる（ヨブ二・五、六）。

きっと、その部分は失われたのだろうか、第三の段階で、神は、サタンにむかい、ヨブの命に手をつけることもゆるしたのである。ヨブは、神を呪うことはせずに死んだが、神はかれを復活させたのである。

この第三の部分が、エリパスや神の議論ととりかえられたのである。

ヨブは、イザヤのいう義人ではないだろうか。「悲しみの人で、病いを知っていた」（イザヤ五三・三）。おそらく、第三部で、かれは、殺されたのだ。だから、そこではもう、全然口をひらいてはいないのだ。おそらく、かれの友だちと称する連中が、群衆をけしかけて、かれを殺したのだ。

＊

セネカ、バッカスについて、「角のある頭《コルニゲルム・カプト》」。

バッカスによるインドの征服は、オルフェウス派神秘主義が、インド起源のものであることを意味しないだろうか。しかし、ヘロドトスは、この征服のことを語っていない。

＊

猟師は、自分が殺そうと思い定めたけもののあとを追跡する。しかし、羊飼いは、羊を育て、その世話をする。羊飼いと羊たちのあいだに親愛感が通い合っていなければ、この仕事は成功しない。羊飼いという仕事には、矛盾がある。（シュロプシャーの小説、参照。）この矛盾こそ、まず第一に、何よりも熱烈な省察の主題とされるべきものであった。

『国家』篇の冒頭には、その反響らしいものが見られる。アポロは、羊飼いであった。かれは、第一の者ではなかったか。アベルは羊飼いであった。パンは、羊飼いたちの神であった。羊飼いたちは、キリストの誕生を告げ知らされた（ルカ二・八—二〇）。

キリストは、〈羊飼い〉（ヨハネ一〇・一一—一八）であって、同時に、〈小羊〉（ヨハネ一・三六）でもあった。

羊飼いは、エジプトでは、呪われたものか、聖なるもののどちらかであった。バビロンの羊飼いたちには、天文学が示された。

契約や自由な同意があるところにしか、親愛感は存在するはずもなかった。動物は、責苦を受けることに同意する。しかし、これ程の寛い心をもつには、動物は、神である必要がある。

ゼウスは、殺された牡羊の毛皮をまとってヘラクレスの前へあらわれる。神にあれ程までよろこばれたという、アベルの犠牲とは、アベル自身の死である。羊飼いたちの中には、儀式となった犠牲が行なわれていたのだろうか。

テーバイ人の半分は、羊を殺し、残りの半分は、山羊を殺していた。おそらく、裏切りがなまであらわれるために、労働を分割していた初期の形態であろう。羊を育てていた者は、山羊を食い、山羊を育てていた者は、羊を食った。

エジプト人は、犠牲として焼かれる肉に、たっぷりと油をそそいだ。油は、火をかきたてた。油の可燃性ということによって、オリーブの木と聖霊との類似性を説明できる。エジプト人は、油とは、潜在的で、液体状の火であるとみなしていたのに違いない。

逆に、水は、火を消すものである。水は、火の反対物である。火と水との結合が、ピュタゴラス的な調和である。このことが、ぶどう酒において実現された。

水、油、ぶどう酒、——定立、反定立、総合。

小話の中で、黄色、白、赤が、油、水、ぶどう酒であるに違いない、——だが、黄色、白、赤があるか。わたしは、知らない。

黒、白、赤は、何か。灰、水、血か。火は黒くする。

「火で塩づけられる」（マルコ九・四九）。焼いたものは、保存がきく。原始時代には、肉を聖別するために、火の中へ入れたのにちがいない。そのあとで、こうすると、それがまったく別な食物になることに気がついたのだ。焼き肉は、宗教的な処方の中に出てくるのだ。

水と油は、まじり合わない。敵対する要素である。水は、ぶどう酒の中においてしか、火とまじり合わない。

＊

神は、下の水と上の水とを分けられた（創世記一・七）。小宇宙《ミクロコスモス》であるわたしたちも、まず最初に分けなければならないことは、このことである。

＊

ヨブ。ひとりのユダヤ人が、受肉し、苦しみ、死に、よみがえり、あがない主となった神の物語を、ヘブライ語に訳し、いわば、世俗化したのにちがいない。ヨブは、プラトンの不幸な義人である。じつに義であるために、不義ともみえる程の義人である。

「第二イザヤ」と名づけられているものもまた、おそらくある部分はユダヤ的ではない。ともかくも、それは、雑多なものから編集されているのだからである。

詩篇の大部分は、苦しむ義人の物語を主題にしている。

＊

キリストは、同時に羊飼いであり、小羊であり、羊の門（ヨハネ一〇・七）である。

羊飼いは、小羊の世話をし、育て上げ、それから肉屋に売る。肉屋は小羊を殺す。

小羊の沈黙は、同意であると解釈できる。

油が、犠牲にささげられたけだものを焼きつくす。そこで、ヘファイストスは、プロメテウスをその十字架に釘づけるのである、――「その思いに反して」（原語、ギリシア語）。

プロメテウスは、かれを殺害する者からも愛される。かれは、〈愛〉である。かれが、愛されずにいることはない。

*

殺したけものの血を地面にまき散らすこと（神がノアに与えた命令）は、食料として役立っている種類がとだえないように祈る狩猟者たちの儀式であることは確かである。狩猟者は、殺されたけものが、この血によってよみがえると考えるのである。

アベルの血もまた、地に流れた。

キリストの血もまた。

生理学的に、二つの違った教説、――ひとつは、いのちは血の中にあるとし、もうひとつは、プラトンのように、骨髄の中にあるとする。アメリカ・インディアンやスカンディナヴィア人は、第二の説をとる。ヘブライ人は、第一の説である。だが、過越の小羊（出エジプト記一二・一―一七）に関しては、第二の説も奉じている。こうしてみると、第一の説は、狩猟文明の、第二の文明は、牧畜文明の時代をしるしづけるものである。狩猟者は、血からのよみがえりを信じることができた。牧羊者には、できなかった。骨からの再生についても、事実として信じていなかった。これらはいずれも、狩猟者の二種類の伝統に属するものであるのにちがいない。

牧畜は、動物の再生という考え方をもとにして確立したのにちがいない。動物の再生が事実に即さないのに気づいたときは、犠牲の教えにすがりついた。それは、罪意識を払いすてるためでもあり、また、なぜ、動物が消え去ってしまわないかを自分で納得するためでもあった。

神は、殺されるために、小羊の姿をまとい、奴隷となるために、牡牛の姿をまとった。

牡牛の去勢は、神話の一主題であるのに違いない。

クロノス（ギリシア神話で世界の支配者、ウラノスの子）によるウラノスの去勢は、これと関係がないか、……

……三位一体の神の三つの〈位格〉。ペルソナ。神の三つの仮面《マスク》。

オシリスの去勢、――イリスは、性器を除いてその全部のからだを見出したというのだから――は、牡牛の去勢と関係がないか。

牡牛は、人間の奴隷となるために、その創造能力を失なうことに同意する。

神は、いのちについても、死についても力をもつが、そのどちらの力をもふり捨てて、奴隷となられる。

アルテミスは、猪を追いやったあとアタランテの姿となって、これを殺す。猪は、怒った月の化身とみなされていたのか。その理由で、猪は禁猟になっていたのか。

メレアグロス（アエトリアの英雄、カリドンの猪を殺す）の杖。火が木の中にあるように、息が人間の中にある。それが出て行くときは死である。

首をくくって死ぬこと。人間が、重力のために殺される。これこそ、象徴ではないだろうか。下方へと向かう、うちかちがたい人間の性向が、人間を死なしめるのだ。神明審判の意図もあったのだろうか。もしあなたが、空中をよぎって上って行くことができるなら、あなたは、死なないであろう。

かれには、それができないのを、さあ、みんなで見にくるがいい。カトリック教徒は、パンの一片を崇拝しているのに、エジプト人が、牡牛を崇拝していたのは、それよりも不条理なことだろうか。

ヘブライ人は、モーセが帰ってくるのがおそいのを見て、主を裏切るようになるのをおそれた（出エジプト記三二・一）。だが、神の言葉をおのが言葉とするような人間がもはやいなかったので、かれらは、ヤハウェの感覚的な像を得たいとねがった。アロンは、このねがいを当然のことと思った。神が、何か金属製の子牛の中に住んでいると信じることが、偶像崇拝であるならば、どこかの神殿に神が住むと信じるのは、偶像崇拝という点で、どれぐらい罪がかるいのだろうか。

「わたしたちの先祖は、山で礼拝をした」（ヨハネ四・二〇）。旧約聖書の中では、高所での礼拝ほどにはげしく罪ときめつけられた異端邪説はひとつもなかった。

しかしそれでも、よいサマリヤ人は、隣人である（ルカ一〇・三六）。みだれた生活をしていたサマリヤの女は、キリストを信じた（ヨハネ四・四―二六）。十人のらい病人のうちサマリヤ人だけが、キリストに感謝するために帰ってきた（ルカ一七・一一―一九）。キリストは、サマリヤの一つの村をのろうことを拒まれた。こういった事柄は、十分にあきらかに旧約聖書を否認するものであり、また、あらかじめ、教会を否認するものである。

サマリヤの女は、キリストのためにあかしをした。また、サマリヤ人たちは、「わたしたちは、この人こそ世の救い主であることを知っている」といった（ヨハネ四・四二）。

カナンの女。「わたしは、イスラエルの失われた羊以外の者にはつかわされていない」（マタイ一五・二四）。ただ癒やすためにだけ、癒やしのわざを果たすことは、かれにはゆるされていなかった。

この女の謙虚さこそ、信仰のしるしである。彼女は、その人が自分にこのような扱い方をするのは、そうする力がないからだと、いうこともできたはずである。

神が、わたしたちのさいわいのために働いてくださらないときでも、神はそうしたいとお望みであり、また、それがおできになるのだと信じること。こんなことは、矛盾している。これが信仰なのである。謙虚さが、この驚異の驚異を生みだす。

＊

神殿の独占を確立することによって、ユダヤの祭司たちは、宗教を純粋に社会的なものにしようと望んだ。イスラエルは、神と取引をした。それは、これやあれやのイスラエルの個々人がしたのではなかった。

だから、バビロンへの追放によってはじめて、民族は完全に破壊され、人々は神を、——孤独な魂の相手である神を、隠れた所におられる父を見出すことができるようになった。ダニエルは、たったひとりで、密室で祈った。神への礼拝が、ひそかなものとなった。

イザヤ書やいくつかの詩篇などの、調子はここから来ている。

ヨブ記は、古くもあり、また新しいものでもある。いわゆる偶像の教えに帰依した、ひとりのユダヤ人が、十世紀か十一世紀に、その全体を翻訳したのであろうとなされる。しかし、それが、追放期に、追放中に生まれた世代のユダヤ人に発見されて、脚色されたのに違いない。罪のない者の不幸という思想は、この時期の人たちにとってこそ、深い感銘を与えたはずだからである。

また、この時期には、おそらく、カルデヤやペルシアの多くの文書から霊感を受けて、いくつもの哀歌が書かれたはずである。そういう哀歌においては、ダビデが語るという形式になっているものがあり、それらがのちに、ダビデ自身の作った詩と混同されてしまった。(その場合にはたぶん、ダビデの言語までを模倣するように入念の注意が払われたであろう。)

ダビデのものとされているテキストを、ソロモンのものとされるテキストより以上に、真実性が高いと信じる理由は全然ない。

パリサイ人は、古い宗教、集団社会の神ヤハウェを再建しようとつとめていた。

イスラエルが、たといローマの奴隷であろうと、奴隷になったのは、よいことであった。だから、キリストは、税金を支払ったのである。

エレミヤは、ネブカデネザルへの服従を勧めはしたが、ある意味では、神の霊感を受けた人であったといってもいい。だが、その場合、モーセはそうではなかった……

神殿が破壊されたことは、よかった。

*

普遍的なものだけが、真実である。人間は個別的なものにしか、注意を向けることができない。この困難さが、偶像崇拝の源泉である。

雅歌もまた、おそらく翻訳されたものである。たぶんそうである。

いつ頃から、神とイスラエルの婚姻ということが取り上げられるようになったかを、調べてみなくてはならないだろう。

だが、雅歌の中のおとめは、イスラエルではない。魂である。

シロの独裁、次いでエルサレムの独裁が、宗教を社会的なものとしたのと同様に、教会の独裁もまた。

＊

オシリスは、単に殺されたというだけではなく、死刑に処せられたのである。かれは、大きい箱の中に閉じこめられ、そこで徐々に息がつまり、恐怖に迫られながら、死んだのである。アンティゴネーの受けた責苦が、これに近い。

箱は、ザグレウスの鏡に類似している。オシリスは、身の丈けを測られた。

これは、〈創造〉の象徴である。〈受難〉とは、〈創造〉の罰である。〈創造〉は、悪魔が神を捕えようとする罠である。神は、愛ゆえに、その中へ落ちこむ。落ちこんでも、捕えられはしない。神は、愛以外の何ものでもないのであるから。

信仰とは、神が愛であり、そのほかの何ものでもないと信じることである。

しかし、これはまだ、十分よい表現ではない。

信仰とは、現実が愛であり、それ以外の何ものでもないと信じることである。

幼な児が、笑ってやろうとして、母親に見えないように、椅子のうしろに身をかくすのと同様に、神は、創造することによって、たわむれに神ご自身から身を引き離される。

わたしたちは、神のこのたわむれごとである。

現実を、ただありのままに精確に見ながらも、現実が愛であると信じること。堪えがたいものを愛すること。鉄を抱きしめ、金属の硬さと冷たさに自分の肉をおしあてること。

これは、マゾヒズムの一形態ではない。マゾヒストは、残忍冷酷の幻を見て、興奮する。かれらは、残忍冷酷とはどんなものかを知っていないのだからである。だが、何を抱きしめるのかといえば、残忍冷酷ではなくて、盲目の冷淡さと荒々しさとである。このようにしてこそ愛は非人格的となる。

もし愛が、どんな対象も見出さないとしたら、愛する人は、何かそれが外部のものであるかのように見て、自分の愛そのものを愛さねばならない。そのとき、人は、神を見出したのである。

「愛することを、愛した」(原語、ラテン語)。もし、ここに固くとどまっていたら、かれは、見出したのである。

*

ヒンズー教徒たちがよく見てとっていたように、神を求める上での非常な困難は、わたしたちが、自分自身の中心に神を持っているということである。自分に向かって、どうして行けばいいのか。わたしが一歩をふみ出すごとに、わたしは、自分の外側へと連れ出される。だから、神を求めることはできないのである。

ただ一つの方法は、自分の外へ出て、自分を外側からじっと眺めることである。そのとき、外側から、自分の中心に、神があるがままに見えてくる。

自分の外へ出るとは、ひとりの人間であることをまったく捨て去ることであり、単に何かの物体であることに完全に同意することである。

不幸のためにすり減らされた多くの人たちが、自分の目に、単に何かの物体にすぎなくなった自分の姿がうづる状態にまで自分の本意ではなく、おしやられた。こういう場合にはもはや何もすることはないのであろう。なぜなら、おそらくいったん自分の本意ではなく、ならしめられたものに、もう一度なろうと同意することはできないからである。

真の愛をもって遇されたならば、——しかしそうした人々に愛が与えられるのは、ただ奇跡的としかいいようがない、——かれらももう一度——たといしばらくの間でも、——ひとりの人間となり、そして、ふたたびものの状態へと落ちこむ同意をすることによって、永遠をかち得る機会を——たとい、小さくとも、——つかめるかもしれない。

一言もいわずに、パンのひと切れを与える人は、その仕草がふさわしいものであるかぎりは、そうすることによってときには、同時に、永遠のいのちを与えているのである。こうした仕草は、多くの説教よりもはるかにすぐれた、贖罪の価値をもちうる。

キリストは、わたしたちのために、このことを果たしたのである。わたしたちのために、食べられてもよい物体となり、わたしたちが、ひとりの人間であるとの確信を与え、そして、かれ自身と同じく、わたしたちも、何かの物体となろうとの願いをもちうるようにした。

ひときれのパンを与えるのは、一つの説教をするより以上のことである。キリストの十字架が、かれのたとえ話以上のものであるように。

ひときれのパンを要求することも、また、大したことである。

腹をすかした貧しい人に対して果たすべき愛のわざは、ひときれのパンを与えることである。食べ飽きた金持に対して果たすべき愛のわざは、ひときれのパンを要求することである。

もっともよいのは、腹をすかした乞食となって、乞い歩き、自分のもらった分の中から一部を与えることである。

聖フランチェスコは、たぶん秘密を守る誓願だけをたてる、秘密の修道会を結成しなければならないところであっただろう。

こうした事柄を、実行もしないで、ただ自分で思っているだけなら、あまりにも安易すぎる。

人は、意志によっては、自分の外へ出ることができない。意志すればする程、自分の中へはいるばかりである。ただ、願望をもち、切に求めることができるだけである。

*

わたしたちと、高みの方へと向かう垂直の方向との関連は、まだ歩くことのできない幼な児と、水平の方向との関連にあいひとしい。

このことを理解するのが、幼な児のようにもう一度謙虚になるということである。

山の頂にあっては、平野におけるよりも、ずっと天に近くなる。だが、飛ぶという点ではそれ程近くなったといえない。ちょうど同じくらいに遠いのである。

だから、思い上りは、間違いである。

人が飛ぶときは、本当に飛んでいるのならば、自分の外へ出るのである。もはや、思い上りはなくなる。

善は、意志を超えたところからはじまる。真理が、知性を超えたところからはじまるように。

意志を越えたところ、従って、律法を超えたところから。

真の律法は、ソフォクレスもそれを知っていたように、書かれていない律法である。文字は人を殺すからである（IIコリント三・六）。とすれば、モーセは神のもとから来た者とはいえない。イスラエルは、プラトンの語っているような、悪党の集団であった。その内部で、義をうち立てようとしていたから。

ローマも、ローマ法というものをもっていたから、同じ種類の集団であった。悪は、善の反対のものであろうとしても、だめなのである。悪はどうしても善の似像を含まずにはいられない。なぜなら、すべてのものが、善のためにあかしをするからである。カインも、アベルと同じく、ユダも、キリストと同じく、あかしをしている。だが、一方は、望んであかしをするのであるが、他方は、誤解によってあかしをする。

キリストと同じく、わたしたちもみな、真理のためにあかしをするように、この世につかわされたのである。だから、わたしたちは何をしようと、あかしをするほかはないのである。

このことを理解したならば、もはや人は、神への不服従をおそれることはいらない。

しかしながら、魂の一部分には、まだこの苦悩が残り続ける。

すべてのものが神に服従しているのだから、人は、あらゆる場合に、無条件に、自分の本意でなくても、神に服従することはやめないのだと確信できることは、なんというよろこびだろう。もし、わたしたちの魂が、神への服従に同意しないとしても、わたしたちの肉は同意するであろう。そのとき、わたしたちの服従は、機械作用の法則への合致にほかならない。

神への服従に同意する者は、かれの中の霊が服従しているのである。すなわち、霊的現象の諸法則に従っているのである。存在の残りの部分は、わたしたちには知られない仕組によって、これらの諸法則が働くために、必要なだけ霊と調子を合わせているのである。神への服従に同意しない者は、その中に霊が存在しないのである。肉的な霊と、全体が肉そのものである存在は、服従をする。すなわち、機械的な法則に従属する。

悪魔でさえも、自分の意志をもつことはできたが、服従しないでいることはできなかった。

＊

わたしがどんなに罪を重ね、不幸をこうむっても、過去、現在、将来にわたって、ついにどんな傷もつけられることのない、条件づけられない、二つの真理。

至高の〈善〉とは、実在するものである。

至高の宇宙全体、わたし自身をも含めた、その全体の部分が、完全に、ひたすらに、至高の〈善〉に服従している。

神は、わたしたちにとってただひとりの債務者である。なぜなら、被造物は何ものも、神のゆるしなしに、わたしたちに悪を加えることはできず、わたしたちから善をとり上げることはできないからである。神に対して負債をゆるすとは、わたしたちが受けとることに同意するような、すべての善を、神が永遠に与えつづけてやまないのだと認めることにほかならない。

わたしたちに対する、神の大きい罪は、わたしたちを創造したことである。わたしたちが存在するようにしたことである。神に対する、わたしたちの大きい罪は、わたしたちが存在することである。わたしたちを存在させたことを神に対してゆるすなら、わたしたちの存在することも神から、ゆるされる。

自分は無にひとしい者であること。一人前の人間であると思うのは、幻想にすぎないことを知らねばならない。そして、単に、無にひとしい者であることだけでなく、同時に、幻想の中にあることを同意するに至るまで、服従を徹底しなければならない。そうしてこそ、服従の環はとざされる。見かけの上では、最初の点に、神を愛せぬ人々のいる点に戻ったのである。そのとき、神は、存在することをわたしたちにゆるす。

それが神の意志であるという限度内においてしか、わたしたちはもはや、存在することに同意するまいと思うなら、そのとき初めて、神は、存在することをわたしたちにゆるす。

わたしたちは、罪人としてのほか、存在することはできない。

罪が、魂の中にしみ入り、その全体を毒するまでになったとき、悔い改めをするのは、自分自身をまったくもぎ離すことを意味する。だから、聖となることなしに、悔い改めはない。しかし、このことは、不幸に陥った罪人にしか起らない。富み栄えている者にあっては、罪が、魂の中にくいこむことはない。

人間による罰の理論を、念入りに作り上げてみなければならない。

なぜ、キリスト教の時代になってから、神の霊感を受けた立法者が、全然いなくなってしまったのだろうか。なぜ、聖人はひとりとして、一国の法律をもたらすことがなかったのか。

いまだかつて、キリスト教的霊感が、この世のものごととの関係をとり結んだことはなかった。すべては〈受肉〉が仕上げであり、完成であるかのように、起こっており、〈受肉〉が端初であるようには、起こっていない。

一粒の麦が、すべての人によって、神の国のたとえとみなされていたときには、ひとりの農夫の全生活は、そのまま祈りでありえた。その忍耐は、そのまま、忍耐という超自然的な徳でありえた。「耐え忍んで」（ギリシア語）。

農夫たちのために、霊的なカレンダーをつくり、年間の冥想の主題を設けなければならない。

種まきにおいて、まく人の手から一粒の種は、石地に、または悪い土に、また良い土にと落ちる。（マタイ一三・三ー九など）。

その意味はこうである。神は、すべての人に、あらゆる瞬間に、善の全体量を与えておられるのだが、わたしたちは、自分の望むだけの分しか受けとっていないということである。

種が受け入れられるようにと、土地を耕やすように、わたしたちの魂を耕やすこと。わたしたち自身を耕作すること。

それは、全耕作期の間続いて、種まき期に至って終る課題である。

耕作をするとき、土を掘り返したり、砕いたりするのと同じように、魂を掘り返したり、砕いたりしてくださいと、神に祈り求めること。

その次に、「一粒の麦が死ななければ……」（ヨハネ一二・二四）ということ。これは、麦を死なせる、刈り入れ時から、種まき期に至るまで続くはずの課題である。耕作は、埋葬の準備である。

この世にいるときから、霊的に、わたしたちを死なしめ、埋めてくださいと、神に祈り求めること。

まったき自己放棄と沈黙のうちに埋めてくださいと。

とくに、マルコ四・二六。

「神の国は、ある人が地に種をまくようなものである。夜昼、寝起きしている間に、種は芽を出して育って行くが、どうしてそうなるのか、その人は知らない。地はおのずから実を結ばせるもので、初めは芽、つぎに穂、つぎに穂の中に豊かな実ができる。実がいると、すぐにかまを入れる。刈入れ時が来たからである」(マルコ四・二六―二九)。(このすぐあとに、からし種のたとえがくる。)

ひとたび、地が十分よく整備されたならば、ただ種をむかえ入れただけで、種の生長をはばむものを除いてやりさえすれば、ひとりでに芽が伸びてくる。天から降りそそいでくる光と水とが、芽を伸ばすのである。

種まき時から刈入れ時に至るまでの、冥想の目標。昼、何かの仕事に専心している間に、夕方、これからねむろうとするときに、夜中に、目がさめたときに、時々刻々に思うこと。このあいだにも、芽が伸びていることを。そして、農夫は、たえずこのことを考えているわけではないにしても、つねに、かれの内部のどこかには、今も麦は生長しつつあるとの幸福な確信が宿っている。

魂が、ひとたび、神の愛のごく微量を受けとったならば、あとはただ、待ちさえすればよい。生長するままにまかせておけばよい。

ただ、農夫が畑を見守るように、見守ることは怠ってはならない。

魂の中に一粒の種をまいてくださるように、そして、光と雨とをそそいでくださるようにと、神に祈り求めること。

刈り入れとは、霊的な死のことである。粒が増え、穂ができ、それが一ばん大きくなるならば、神は、有限の善を無限の善に変えるために、介入してこられる。神が霊的な死を送ってよこされる。そののち、人間はもはや生きることなく、神が、かれの中にあって生きる。

刈り入れについての課題。

神に、霊的な死を祈り求めること。

かまが入れられるときには、わたしたちが、このようにして自分自身から切断され、自分にとって親しいすべてのもの、自分の所有であると信じているすべてのものから切り離されるようにと、求めること。

刈り入れのときは、かま（または、草刈り機の刃）を剣とくらべ合わせ、「わたしは、平和をもたらすためではなく、つるぎを投げこむためにきた」（マタイ一〇・三四など）という言葉を課題として出してみること。聖パウロの「神の言葉はもろ刃のつるぎである」（ヘブル四・一二）をもつけ加えること。

穀物を打つという時点では、――残念ながら穀竿や打穀機にあたるものは、何もない。だが、このときに、パンをつくるという麦の負わされた定めについて考えてみることができる。

この時点においての、特別な課題がこれであるが、このことはまた、一年中、思いおこされねばならないことでもある。「わたしは命のパンである。……このパンは、世の救いのために与えられるわたしの肉である」（ヨハネ六・三五など）。

農夫は、麦の粒を保存しておいて、これをみずから粉にひき、さらにそれによって、一年中にわたって、聖体のパンをつくるはずである。

この仕事こそは、文字どおりに肉を焼くたぐいのものであり、いわばある意味で、かれら自身の肉がこのパンに変わったのだと、農夫たちに説明すること。聖別によって、このパンがキリストの肉とされる。かれらは、それを食べ、それはこなれて、キリストの肉がかれらの肉となる。円環はとじ合わされるのである。

わたしたちが、キリストの中へはこび入れられ、キリストがわたしたちの中へはこび入れられるようにと祈り求めること。

神が、わたしたちの肉をキリストの肉とし、わたしたちも、不幸な人々の食べ物とされるようにと、祈り求めること。

聖書のたとえ話をつなぎ合わせると、一年を端までたどることができる。人間の魂は、自分自身の努力によって、また、運命の打撃によって、掘り返されるのである。魂は、耕される。無限に小さな善が、自分も知らないうちに、魂の中へ落ちる。落ちたあとで、そのことに気づくのである。それは、ひとりでに生長する。それがみのりきったときに、神は、霊的な死を送ってよこされる。そこで、穂は、地中にうめられ、埋葬される。そのあとで、実がつく。あるいはまた、穂は砕かれて、パンにかわる。人間はもはや、自分では生きない。キリストが、かれのうちに生きる。かれの肉は、キリストの肉になったのである。不幸な人々が、それを食べる。ひとりの人間の命も、このように一年と同じである。種まきに先立って、まず耕作がある。

運命に打たれるたびごとに、思うこと、「わたしは、耕やされているのだ」と。小さな苦しみ、大きな苦しみのたびごとに。

このような霊的冥想の課題にすると同時に、植物の生長、食品化、労働への転化というエネルギーの変化過程に及ぼす、ひろい意味での耕作の概念（一般教養の概念）をも、相関的に考え合わせてみなければなるまい。天文学、力学、物理学、化学、生物学などの基礎的、本質的な知識の全部を、こういう事柄とかかわらしめ、さらにすべてを、聖書のたとえ話の順列と関連させること。

そのために、一つの研究サークルを設けなければならないであろう。

この研究サークルのメンバーのために、日曜日ごと、または週日に、特別のミサがあげられて、そこで読まれる福音書は、その時期に適合した、一粒の種の比喩の部分とし、それによって仕事の一貫した運びが強調されねばならないであろう。

メンバーの全員が、農家に使われる者のような生活をすごし、研究サークルをいきいきと維持して行くための、秩序が必要とされるであろう。メンバーは、聖職者ではないが、この特別ミサにおいては、説教をすることもある。

かれらには、非常に広い一般教養が要求されるであろう。

ある意味において、肉は、労働によってもやしつくされ、労動の所産のうちに移し入れられることは真実だが、同時にまた、麦が、労働によって生産されるのではないことも真実である。労働はただ、不可欠の条件のごく一部分を準備するだけである。天そのものが、光と水のかたちで、実質をもたらす。天そのものが、くだってきて、穂となるのである。

耕作と種まきの間にも、ずっと追究し続けるべき冥想の課題は、「空の鳥を見るがよい、耕すことも、まくこともしない」（マタイ六・二六）ということである。

かれらは、耕すことも、まくこともしないのに、食べ物を与えられている。

人は、耕すことも、まくこともするが、飢死することがある。

そうならないという保証は、全然ない。

取り入れをするためではなくて、純粋な服従によって、耕すこと、まくことをしなければならない。

行動の果実を断念しつつ、行動すること。

こういう課題はすべて、どんな穀物の栽培にも適合している。

実のなる木については、「あなたがたはその実によって、木を見分けるであろう」(マタイ七・一六、二〇など)。キリストの根本的な言葉(「あなたがたがパンを求めるならば、石を与えられることはない」(マタイ七・九など)などともに)。

からし種一粒のたとえ(マタイ一三・三一―三二)も同じ。

ぶどうの木については、刈り込みの行なわれている間中、すなわち、冬中は、「わたしはぶどうの株、あなたがたはその枝である。枝が株とつながっているならば、実をゆたかに結ぶが、株から切りとられた枝は、焼かれてしまう」(ヨハネ一五・一―二)が課題となる。

もう一度、株に接ぎ直されるように、求めること。わたしたちは、切断された者なのであるから。

このことは、一年中にわたって適当である。

ぶどうの圧搾のときには、カナの奇跡(ヨハネ二・一―一一)や最後の晩餐(マタイ二六・二七―二九など)を思い出すこと。

わたしたち自身のぶどう酒が、このぶどう酒に、キリストの血にかえられるようにと、求めること。

補充の人員を雇い入れるときには、いつも、十一時の労働者のたとえを(マタイ二〇・一―一六など)。

雇われたすべての人々、あと二日しか生きられないというのに、呼ばれたとき、「はい」とこたえ、ぶどう園へやってきて、働きだしたすべての人々に、同じ賃銀が支払われる。その賃銀とは、神である。神には、どんな程度の差も含まれていない。

家畜を飼うに当っては、小羊、羊、羊の門、よい羊飼いなど（ヨハネ一・三六、一〇・一一―一八など）についてのすべての個所がそなわっている。

また、イザヤの「羊のように、……かれは、しいたげられ、苦しめられたけれども、口を開かなかった」（イザヤ五三・七）がある。

（山羊と羊の違いも、ここから来ているのではないか。キリストは、テーバイの霊感から流れを引くものである。ゼウス・アンモン。）

牡牛や牝牛については、何も書かれていないと思われる。

女性たちについては、特別に女性と関連のある言葉がいくらかある。

一家の母親である者については、「女が子を産む場合には、不安を感じる……しかし、子を産んでしまえば……」（ヨハネ一六・二一）がある。

すべての苦しみ、すべての不幸を、子を産む苦しみと比べること。

若いむすめについては、思慮深いおとめたちのたとえ（マタイ二五・一―一三）がある。すべて、若いむすめというものは、仮りの状態、待つ状態に生きており、やがて両親の家を離れて、新しい未知の生活をはじめるときがくるのにそなえている。すべて、人間の魂も、同じである。花婿が来るというのは、恩寵かもしくは死の到来のことである。むしろ、恩寵の到来である。

一家の主婦は、しばしばどこかへ消えてなくなってしまったものを熱心にさがしまわることがある。

そんなとき、なくした銀貨のたとえ（ルカ一五・八―一〇）を思い出すこと。わたしが、熱心に必死になって、この品物をさがしまわっているように、神もわたしをさがしておられる。それだのに、わたしは、身を隠して、見つからないようにしている。

もろもろの神話、民話には、福音書のたとえにも並びくらべられる、多量の比喩が含まれており、それらを掘り出してくるだけで十分である。

それらをもとに小説をつくることもできる（それには、聖霊による霊感が必要である）。

それぞれの社会的地位において、ひとつの生をつくりあげているさまざまな活動がみなひとつびとつ、それに特別にかなった比喩によって神につらなっている必要がある。ひとりの人間の生全体が、ひとつの比喩ともなるために。

完全な生涯とはどれも、神が案出されたひとつの比喩にほかならない。

どんな人間の生であっても、完全な聖性につらぬかれた生き方が可能でなくてはならない。そんなことは不可能だという条件がひとつでもあるならば、それは取り除かれねばならない。

その判断に当っては、完全への歩みのありとあらゆる可能な事情を、具体的に理解しなければならない。

どんな行動にも、ひとりの人間と他の人間、または、ひとりの人間ともの との関係が含まれているのであり、従って、神との原初的で特殊な関係を包みこんでいるのである。これを発見しなければならない。

これこそ、ピュタゴラス派の人々が、「数」と呼んだものである。

どんな行動においても、内に退き、神のうちに集中する魂の一部分を保っているのは、途上の段階においてはよいことだが、それが終極にはならない。魂の中の霊的な部分と世俗的な活動との間には、まったく違った関係が必要なのである。どんな世俗的活動も、神がそれをつくり出した意義がはっきりあらわれてくるような仕方で、行なわれなくてはならない。

魂の中でも神のためにつくられた部分は、残りの部分がまだ地上の事物にとらわれていて、神を見ようとつとめている間も、まず第一に、この宇宙から退き去らねばならない。だが、次には、この地上の事物のより高度な面、地上の事物が神に対して見せている面を、注視しなければならない。ただ、このようにしてはじめて、魂のすべてがふたたび神のものとして返されるのである。

*

わたしたちが神に面するとき、一軒の家に侵入したものの、家人の好意で金を持って行ってもいいといわれた盗人に似ている。この金は、正規の所有者の見地に立てば、与えた品である。だが、盗人の見地に立てば、盗品である。かれは、戻って行って、返してこなければならない。わたしたちの存在についても、同じことである。わたしたちは、自分自身のものとするために、神から、幾分の存在を盗み取ったのである。神は、わたしたちにそれを与えた。だが、わたしたちは盗んだのである。それは、返されねばならない。

光が見える所にたどりついた魂は、自分が見えるようになったのは、神によるのだと思わなければならない。そして、その目を、この世の方に向けなければならない。

わたしたちの自我は、消えて行くことによって、ひとつの穴とならなければならない。その穴を通して、神と全被造物とが見つめあうのだ。

魂の中で、神を見た部分は、次には被造物とわたしたちとのどんな関係をも、被造物と神との関係に変化させて行かねばならない。

二つ、または二つ以上若干数の、造られたものどうしの関係は、いずれも、——考える存在であると、もの思わぬ物質であるとを問わず、——神への思いである。わたしたちは、自分たちの同類、もしくは自分たちがはめこまれている物質とのそれぞれの関係にあい応じた神への思いが、明らかに示されてくることを願い求めなければならない。

これらの関係について考えないのは、単に一段階にすぎない。終極に、これらの関係のおのおのを、その特殊性において、神への個別的な思いとして、考えることでなければならない。

これは、奇跡である。なぜなら、神への個別的な思いとは、矛盾だからである。矛盾は、奇跡なくしては実現されない。

「神には、すべてが可能である」というこの一文は、このままでは、なんの意味もない。それは単に、「すべては可能である」という意味にすぎず、まったく内容の欠けた考え方にすぎない。これは、超越的な領域においては、矛盾するものが可能であるという意味である。

神への個別的な思い。これこそは、誤まりではなく、超越性へと至る門ともなる、矛盾のひとつである。その門を、立てつづけにたたかねばならない。門はついに、開かれるであろうから。

この矛盾は、そういう門のひとつとして認めうるものである。この矛盾は、避けられるものではないのだから。わたしたちは、経験によって、真理とは、専ら普遍的なものであり、現実とは、専ら個別的なものであることを知っている。しかしながら、この二つは不可分であり、ただ一つのものをつくっている。わたしたちは、そこから脱することができない。

ある矛盾が、虚偽によるのでないかぎりは絶対に一周することのできぬ袋小路であるとき、わたしたちは、それが、実際に、ひとつの門であるのだと知る。立ちどまって、たたかなければならない。あくことなく、執拗だが謙虚な、待つ心をこめて、ひたすらにたたきつづけねばならない。謙虚さは、真理を求める上で何よりも大切な徳である。

全被造物は、神への個別的な思いがすべて織りこまれた織り物である。わたしたちは、これらの思いの織り物としての節《ふし》である。わたしたちが、自分自身としては何ものでもないのだと理解したところで、まだ、なんでもない。わたしたちの思いのすべて、――すなわち、なんらかのつながりによって、わたしたちと結びついている、過去、現在、未来の事物とわたしたちの魂との関係のすべて、――そういう思いのひとつびとつが、神への個別的な思いのひとつと一致していなければならない。

旧約聖書は、二千年も前から、読者に暗示をかけて、そこに語られているすべての物語がイスラエルの視点からしか見えないようにするのに成功してきた。ローマの歴史家たちは、ローマについても同じことをしてきた、など。

だれかある人の魂を、暗示によって自分の判断が真実だと思われるような場所にもってくることができるならば、どんなに没条理な判断であろうとも、その人の中に生じさせることができる。その人が、自分のおかれた場所にとどまり、知るべき対象の周囲をまわって歩き出そうとしないならば、その人は、その判断を受け入れて、それに固執することになる。こういう暗示の能力が、雄弁である。

各人は、ほとんどいつも、自分自身に対して非常な雄弁をふるっている。たまたま好条件に恵まれると、雄弁はまた、他人にも非常に強く働きかける。

視点というのは、不正の根である。

平面幾何学は、視点のない思考の訓練である。すべては、一つの面にしかない。

あらゆる領域において、物事をただ一つの面に展開することにより、演繹的知性を用いて視点を除去することは、思考を浄化する上にぜひとも欠かせないことである。

だが、機械製図の場合のように、いくつもの断面図が必要である。ただ一つだけの断面図では、誤まりにおちいる。

＊

靴屋の小話。だれかある人が、ひとつの霊的経験を表現にうつそうとしたのである。

両手で一本の糸にぶらさがり、手を動かしながら、糸をたよりに（糸とは、ギリシア語で『主の祈り』を日々にとなえることである）地獄の深淵の上を渡って行くという印象。それは、木の梢から梢へと渡りながら森を横切って行く人の姿に、かなり似ている。

わたしたちの中にある悪のために、絶対の〈善〉は、隠れて見えない。だが、思考が、悪に対するたたかいという面に向けられているかぎり、わたしたちの破壊した悪の部分は、それ相応に反撃してくる。願望をこめて、悪を通り越し、無限にはるかな善へと向けられた思いを持たねばならない。

このことは、徳を否定的《ネガチウ》に考えるのはよいことであるということと、背馳しない。

宿の女主人の裏切りのために、約束の場所でねむってしまう靴屋。かれは、王女が自分と会う約束をしてくださったことを、女主人に語るべきではなかった。

自分がこのような会う約束をしていることを、自分の魂の中の低級な部分に語ってはならない。このような約束は自分自身に対しても秘密にしておかねばならないものである。何よりもとくに、自分自身に対して。まったく、自分自身に対して秘密にしておくものについては、悪魔もどんな手出しをすることもできない。悪魔は、隠れた所へははいってこない。天の父が、そこに住まれる。だから、超自然的な徳、信仰や愛は、おそらく、明白なものよりも、隠れたものの方がずっとよい。ただ、あかしをするという義務だけが、秘密を破ることをも正当としてゆるす。

会合までは、秘密は完全に守られなければならない。そのあとは、それ程厳密に守らねばならぬというわけではない。だが、なおも、義務の場合を除いては、守らねばならぬことにかわりはない。

超自然的な徳は、いつの場合も、しばらくの間は、つねに隠れたものである必要がある。死のときまでそれが隠れたままですぎたという人々があったならば、そういう人々は一ばん恵まれた人たちであろう。

＊

蛇と結婚した王女についての、アルバニアの説話。プシュケーの変種。この種の説話は二つの種類に分けられるべきである。一つは、王女が神で、動物にされた人間は、魂である。もう一つの方は、その逆である。この二つがたいていの場合、同一の小話の中で混同されている。この小話は、第二の種類に属する。蛇は、下方の〈世界〉の王の息子である。かれは、この地上に来て、この上もなく美しい王子の姿をとろうと望んだ。だが、かれには夜でなければ、その姿をとることはゆるされなかった。義理の姉たちが、蛇の皮を焼いてしまう。かれは、消えねばならない。王女は、かれにいま一度会うために下方の〈世界〉へとおもむく。かれを地上へ連れ戻ってもよいという許可を得る。

王女は、ひとりの魔法使の女の前を通って水をもらわなければならない。女が飲めとさし出す、いやらしい液体を飲んで、おいしかったといわなければならない。

これは「運命愛《アモール・ファティ》」である。

王女は、蛇の皮の灰の中に、一片のうろこでも無事に残っていない限りは、夫たる人にふたたび会うことはできない。

それは、『饗宴』篇のしるし《シュムボロン》、白雪姫のりす皮の靴、靴屋の小話における王女の巻き毛である。神は、いったんわたしたちに会いに来られたあと、姿を消してしまわれたが、ご自身の持ち物のうちの何かを残しておられる。そうでなければ、さがし求めても、むだであろう。

王子は、その花嫁たる人のために、夜にならなければ、王子としての姿をとることはできない。それ以外は、蛇の姿のままである。ヘロドトスにおけるヘラクレスの物語を見よ。神は、姿をかえてしか、あらわれることができない。

人類の曙の時代、種属の交代のときに（たとえば、古生物学者の「ホモ・サピエンス」が、これに先立つ諸変種に交代したとき）、敗れた者は、勝った者から見ると、人間よりもむしろ動物の一種とも見えたということがある。〔今日でも、多くのアメリカ人は日本人に対して、そのように感じている。たぶん、その逆の場合も同じであろう。〕ところで、この敗れた者のひとりが、受肉の神だったのかもしれない。そこに、おそらく、動物の姿をとった神という表象の起源のひとつがあるのだろう。

このアルバニアの説話は、蛇が神であるという神話から来ている。この場合、蛇は、キリスト教徒における小羊と同じものである。

同種の他の物語においては、蛇の代りに牡牛が出てくる。蛇も、牡牛も、どちらも顔のまるい動物である。

龍は、蛇と同じものである。

青銅の蛇（民数記二一・四―九）もまた、神である。

疑問、なぜ、青銅の蛇をつくるのはよいことであるのに、金の子牛（出エジプト記三二章）をつくるのは罪になるのか。

この青銅の蛇は、非常におそい時期まで、礼拝の対象になっていた。

モーセは、ユダヤ人が、金属でできた動物を持たずにはいられないのを、感じとった。

列王紀上一九章（一一―一三）、「主は、出現された。主の前に、強いはげしい風が吹いたが、その風は主ではなかった。風ののちに、強い地震があったが、地震の中にも主はおられなかった。地震ののちに火があったが、火の中にも主はおられなかった。それから、火ののちに静かな細いささやきが聞えた」。

閃光を放ってくるような、美しい個所である。残虐きわまる物語ばかりの中に、まよいこんだ神秘的な一断片である。

はげしい風、地震、火、静かなささやき。

エリヤは、スリヤの王を祝福する。

サマリヤにおいて、「セパルワイムびとは、その子を火に焼いて……」（列王紀下一七・三一）。「かれは火でバプテスマをおさずけになるであろう……」（ルカ三・一六など）ということは、こうした習慣を暗にふまえていわれていないはずはない。

おそらく、この時期に、ヨブ記などが、ヘブライ語に翻訳されたのである。

ネブカデネザルによるエルサレム占領の百年前、ソロモンの死後二三〇年めに、エゼキエルがやっと、モーセの青銅の蛇を砕いた。そのときまで、人々は、その前で香をたいていたのだ。

一つの強力な権力の確立ということが、モーセの唯一の目標であったように思われる。

＊

アルバニアの説話、ある王子が、一つの神殿を立て、人々はみな、これを感嘆してながめている。黙って見つめている老人がひとりある。どうしてかと聞かれて、老人はいう、「完全というには、これにはひとつのものが欠けておる、――それは何か、――ギザリと名づけられた一羽の夜鳴きうぐいすだ。――それは、どこにいるのか、――そんなことはいえない。ただわしの知っておることは、その鳴き声こそ今まで聞いたものの中で一ばんきれいだったということだ」。王子は、その夜鳴きうぐいすをさがしに出かける。

すばらしい物語だ。

その夜鳴きうぐいすとは、聖霊である。それがいない神殿には、実際、何かが欠けているのである。

どんな説話においても、登場人物のだれが善玉であるかが、すぐにわかる。いろいろな試煉はなめるが、結局さいごには、かれらにとって万事が成功に終ることは、確信してよい。この点こそは、おとぎ話というものが関係している霊的領域における真理を、的確に表現しているのである。これをこの地上の事柄に移して考えるのは、愚かしいことである。

説話の中の三人めの息子、白痴であるが、さまざまの驚くべき出来事がふりかかってくる息子は、『テアイテートス』篇の中の哲学者、この世の事柄を何も知らぬ白痴にひとしい哲学者に相当する。それは、福音書のネピオイ、「幼な児」である。

説話には、はかり知れない程の、古いむかしの霊的生活の宝が蔵されている。おそらくは、神話の時代よりももっと古いむかしの。

自分の命のもとを隠す巨人の物語は、サムソン（士師記一六・一七）よりも古い。

逃亡したトロイアの人々が、多くの物語をあちこちに拡めたということも可能だ。

グリムの中のアーモンドの木の物語、アトレウスとトゥエステース（ギリシア神話、兄弟だが骨肉あいはむ争いをする）の物語よりも古い。後者はおそらく、同じ神話のひどく変形され、破損された一解釈例なのであろう。

説話においては、だれかが、ひとりのお姫さまか、あるいは何かの宝物を手に入れようとして出発するが、その人がどこへ向かうべきかを全然知らないとしても、その探索のためにすべてを捨て、二度と戻らぬという決心で出発し、決して途中で放棄せず、どんな危険に面してもひるまないならば、その人がさいごには成功することは、絶対に確実である。

こういう探索において、求められているもの、あるいは求めているものは、いつも神だということは明らかである。

説話の終りに行なわれる結婚は、神と魂との霊的結婚である。だから、「ふたりはしあわせでした。

ふたりにはたくさんな子どもができました」といえば、そのあとは、もう何もいうことはないのである。

＊

大宇宙においても、小宇宙においても、すなわち、実際の宇宙においても、人間の魂においても、純粋で、真正な善は、まったく秘め隠されている。だから、人は、完全に自分の罪を認めない限りは、真理のうちにはいることができない。ひとりの人間が、自分のうちに真実の善を所有しているとすれば、それは自分では何も知らないうちにという場合にかぎるのである。

もしわたしが、だれかある人に、何かの善行をほどこしたとして、その次に、わたしがそのことを思い出したとすれば、――それが一度きりで、自分ひとりでいたときにすぎなかったとしても、――もうそれだけで、彼我の負債は逆転し、以後は、まさしく相手の人が債権者、わたしが債務者となるのに十分である。

もし誰かが、わたしに悪をなしてきた場合も、おそらく同じであろう。

わたしに債務者があるとすれば、それは自分の知らぬうちでしか、ありえない。そんなとき、わたしは、だれに対して、債務を免除すればよいのか。

わたしの場合は、どんな負債も持っていない。わたし自身が、負債である。わたしの存在そのものが、負債である。神は、わたしが存在するのをやめさせることによってしか、この負債をゆるすことができない。この世にあって、なお生きていながらも、存在することをやめるのである。そして、人格が無に帰したあとも、なお残るものを売りに出し、もろもろの被造物の糧として、これを役立たせるようにすることによって。

いっさいの自分の富を売りはらうという中には、自分自身の人格も含められる。自分自身を奴隷として売りに出さないでいるかぎりは、いっさいの自分の富を売りはらったことにはならない。だが、人は、自分で自分自身を売るのではない。売られるのである。

愛するとは、神の〈み言葉〉であられるかたが、おのれをむなしうして、奴隷の本質をとられた（ピリピ二・七）ときに、造られたものや人々を愛されたと同じように、これらを愛するということである。また、十字架の上で「神よ、なぜわたしをお見捨てになったのですか」（マタイ二七・四六など）といわれたときのキリストのように、神を愛することである。神の〈み言葉〉であられるかたが、この世のために神であることを捨てられたときに、この世を愛しておられたように、この世を愛することである。神の〈み言葉〉であられるかたが、この世からも神からも見捨てられたときに、神を愛しておられたように、神を愛することである。この二つの愛を、同時に持つことである。この二つの愛は、ひとつびとつではありえないし、一段低い段階では共にあることも不可能であるが、これこそが、すべての知識にまさるキリストの愛である。

この愛は、この地上の物事に対するある特定の態度によって形成される。

神は、この世に不在であるように、わたしたちの愛の中にも、つねに不在である。だが、純粋な愛においては、隠れたかたちで現存しておられる。

愛の中での神の現存が、はっきりと目に見えるものであるときは、神以外のものが現存しているのである。天の父は、隠れた所にしかお住みにならない（マタイ六・六、一八など）。

おとぎ話の中の王子さまの結婚はみな、スペインの次の小うたの中に、その意義がかくされている。
「可能な愛は――愚か者のもの、――賢い者には、――不可能な愛がある。」

*

死の思いによって、人生に起るくさぐさの出来事が、永遠の色あいを帯びる。もし、わたしたちがこの世にあって、不滅性を手に入れ、永続する生活を与えられているとしたら地上のわたしたちの生は、これを澄んだ光でさしつらぬくあの永遠の色あいを失っていたことであろう。

「自己離脱によって、このすべてのものを自分の糧とせよ。」
そういう自己離脱が、すべてのものを、永遠のものとする。

*

あるとき一度、ひとりの老人に出会い、プラトンを捨てて、キリストにつくようにとすすめられたが、その老人には二度と会うことはなかったという、殉教者ユスティノス（一〇〇―一六〇頃）の一節、（二世紀のもの）。この人はグノーシス派であったのにちがいない。かれは、預言者たちについて語っているが、旧約聖書の正典である預言書のことをいっているとは思えないような仕方でしている。どうやらそれは、むしろ、「ハムの預言」である（イシドルス（五六〇頃―六三六、セビリアの大主教）を引用している、アレクサンドリアのクレメンス、参照）。同様に、フィロンが語っている（エウセビオスの引用による）、エジプトのユダヤ人宗教家が、聖書の解釈に当って援用した古文献も、同じこの「ハムの預言」であったのに違いない。これ以外のもので、聖書よりも古いものがほかにあっただろうか。
その破壊は、まったく完全だった。秘密はぶじに守りとおされたのである。

もし、「世界の木」(羽根の生えたかしわの木)がハムに由来するとすれば、トロイア人か、フェニキア人が、スカンディナヴィアにひとつの宗教思想をもちこんだと見ることができる。

「木に吊り下げられ、自分自身にささげられた」オーディン、――これが、ハムを起源とするならば(エジプト、フェニキア、トロイヤ……などを経て)、キリストとこんなにもふしぎな類似が見られることは、理解できる。……

*

グリムの童話のアーモンドの木、その根もとに――母親自身が埋葬されたあとで――小さな弟の骨が埋められる、――その木の上では、小鳥がよい声で鳴いている。これは、世界の木ではないのだろうか。

おそらくは、そうである。

小鳥は、金のくさりと、一足の靴を落とす。どちらも同等の価値あるものとみられる。二つの贈り物である。物語のこういう解釈は、靴が金のくさりと同じ位の貴重品であった時代にさかのぼらせることができる。はるか、はるかむかしである。

アネモネのシャツを着た七羽の白鳥の物語は、布よりも以前のものであろうか。

七羽の白鳥、『白雪姫』における七人の小人のように。ここで、七とは、人類を示す。極地の周囲の天体の数はどうか。

イエスース(イエス・キリストのギリシア語読み)の名は、888をつくる。8は7プラス1である。けものの名は、対照的に666をつくる。6は、7マイナス1である。人間から神をマイナスしたもの。聖ヨハネは、おそらく、こういう対照だけを念頭においていたことは確かである。
キリストが、善の方向において、一般の人類から隔絶しているのと同様に、けものは、悪の方向において、隔絶している。そのへだたりは、無限である。無限は、1によってしか表現できない。

聖ヨハネはおそらく、対照的に、666という価値をもつ名の何ものかが、実際にやってくると信じていたのである。

かれはまた、キリストの受難と、その栄光の再臨との期間は、ダニエルによって三世紀半であるとも信じていたのに違いない。

888。三つの8。三位一体の象徴とみなされていたことは、間違いがない。

龍、けもの、にせ預言者、一種の悪の三位一体。

＊

ノロウェーの黒い牡牛。「わたしは、**ノロ**ウェーの黒い牡牛を、夫にしたい。」これが、エウロペー（ギリシア神話、牡牛に変身したゼウスにさらわれる）の物語である。だが、エウロペーの場合には、クレタ島の牡牛である。牡牛が海から出てくるというので、いつも海洋民族と関係しているのであろうか。プシュケーの物語においても、誤まりは別として、海から出てくる怪物が扱われる。天のアフロディテーもまた海から出てくる。おそらく、海上からの侵入を企ててきた国が選び出されているのではないだろうか。おそらく、エウロペーについてヘロドトスもいっているように、象徴的な物語と、海賊にさらわれた若いむすめの現実の物語とが混同されたためではないだろうか、ヴァイキングの頭目が、ノ**ロ**ウェーの黒い牡牛というあだ名であったのかもしれない。牡牛という形では（ともかく、ノ**ロ**ウェーの牡牛という形では）

この物語は、グレイト・ブリテン島にしか見出されないように思われる。

海上にある人にとって、水中に沈むことは、他の側へ、世界の木の根がある側へと移ることにほかならない。幕の向う側へ移るのである。それは、世界という卵の殻を割るのと同じことである。バプテスマ。バプテスマは、復活祭に行なわれる。復活祭には、卵がつきものであるように。

初期には、船のマストは斜めに立っていて、極の方を向いていたのではなかったか。おそらく、そうである。

地軸は、下層の方に伸びていて、秤のようにみられていたのではないか。おそらく、太陽は、もう一方の側、下層の側の重さに釣り合うおもりではなかったか。

マストにしばりつけられる水夫の刑は、十字架刑の最初のかたちではなかったか。ひとりの水夫をマストに吊ること――可能な際は、犠牲者は自発的に志願する――は、危険の迫ったときに、同情をさそい出そうとする魔術的な一手段ではなかったか。水夫とマストとの関係は、太陽と地軸との関係にひとしいのであるから。……

おそらく、原始時代には、人身御供をささげるという以外に、死刑の執行は行なわれなかったのであろう。殺人に対して死をもって罰することは、最初には行なわれていなかった。なぜなら、カインの命は聖なるものとされ（創世記四・一五）、ただノアに対して、初めて神は、「人の血を流す者は人に血を流される」（創世記九・六）といったのだからである。おそらく人身御供も、ただ自発的で純粋な犠牲だけに限られていたのであろう。その場合にとられた、さまざまな形態（首吊り、十字架、火あぶりなど）がおそらく刑罰の原型となったのであろう。

太陽も何かにしばりつけられた存在であると見られていたにちがいない。夏至の時期になると太陽は、自分をしばる綱から脱しようとする地点にくる、――むろん、ただ、そういう地点にくるだけのことである。

あるいはまた、首吊りとは、世界の木――まことのぶどうの木――に接木されようとする試みではないだろうか。人は、その木から切り離された枝だからである。死によって、そこに接木されること。いずれにせよ、聖なる象徴であることは確かである。

吊り下げられた者とは、人々にその肉を食らい、その汁を吸われる果実ではないか。

太陽は、世界の木に吊り下げられている。太陽エネルギーが、木々の中へはいり、果実の形をとってそこに吊り下がり、人々がそれを食べる。

ざくろの実もそうである。ざくろの汁は、ディオニュソスの血である。

ぶどうの汁は、キリストの血である。

＊

生命の木とは、果実という天体を吊り下げている天球の軸である。太陽を食べる者は生きる。

光を食べる者は生きる。

もしわたしたちも葉緑素を持っているとすれば、わたしたちも、木々と同じように、光を糧として生きる。

キリストが、その代わりをしておられる。

＊

大洋に住む蛇を捕えようとするトール（スカンディナヴィア神話の雷神、オーディンの子）。ヨブ記の中にも、わにの捕獲の話が出てくる。「あなたはつり針で、わにをつり出すことができるか……」（ヨブ記四一・一）。

「これは、淵をかなえのように沸きかえらせ……これは、恐れのない者に造られた」（同四一・三一、三三）。

「これはあなたと契約を結ぶであろうか。あなたはこれを取って、あなたのしもべとすることができるであろうか」（同四一・四）。

そこで、かれは、神と契約を結んだ。

「あなたは、威光と……をもって、その身を飾ってみよ。そうすれば、わたしもまた、あなたをほめて……」（ヨブ四〇・一〇、一四）（キリストを暗に指しているのか）。

ダニエルは、カルデヤ人の神話的人物ではないのだろうか。（それは、ありえないことだ。）それとも、神話的人物と歴史上の人物との混同がなされたということなのか。

なぜ、「ノア、ヨブ、ダニエル」が、エゼキエルの中に出てくるのか（エゼキエル一四・一四）。

アベル、エノク、ノア、ハム、ニムロデ、メルキゼデク、ヨブ、ダニエル。すべてのことにおいて完全な八人の人物（この全部が、人間である）。

ヨブ記は、他宗教からの啓示を含んだ文書である。（オリゲネスは、ヨブ記をモーセ以前のものであるといっている。）おそらく、雅歌もそうである。だが、それは、どの宗教か。フェニキアの宗教か。カナンの宗教か。

わにの話が出てくる聖書の個所について一覧表をつくってみなければならない（厳密には、前出のヨブ四一・一以下だけであるが、詩篇六八・三〇も参照）。

プロテスタントによると、黙示録の中の天にあらわれる女（一二・一）は、教会であろうとされる。オリゲネスが引用している、「わが母なる聖霊」に関するヘブライ人福音書（新約外典の一）によれば、どうやら、それは聖霊であるらしい。

キリストの言葉、「そのとき、わが母なる聖霊は、わたしの頭の髪の毛のひとすじをつかんで、わたしを、大いなるタボルの山へはこんで行った。」

＊

……龍は、地上に投げ落されると、同じように地上へ落ちた女を追いつめる（黙示録一二・一三以下）。女は、わしの翼を与えられて、荒野へのがれる。龍は、水を川のように吐き出して、女をおし流そうとした。しかし、地は、その口を開いてその川を飲みほした。

これは、洪水の物語の、別な一解釈ではないだろうか。

……女は、キリストの母である。もし聖霊であるとすれば、女が地上へ落ちたということは、プロメテウスが火をもたらしたことと符合する。

聖霊と悪魔とが、同時に地上へ落ちるということは自然である。

キリスト以前三千五百年ということは、ほとんどエノクの誕生と一致する、――エノクとは、何かエジプトの神の名であるのに違いない。

ふたりの預言者がいっしょにいたのか、どうかについては語られていない（黙示録一一・三―一三）。

こういうことはいずれも、非常にわかりにくい。だが、黙示録には、今日では消失した神話の痕跡がいっぱい見られることは確かである。

マタイ二三・三五。神殿再興の預言者ザカリヤを、神殿の中で、どのようにして殺したのか。その物語については、聖書は、語ろうとしない。一般的に、こういう殺された預言者たちとは、いったい誰と誰であったのか。

＊

神の愛は、無条件の愛である。ひとりの人間を神にあって愛するとは、無条件に愛することである。その人の不滅の属性を愛するのでないなら、ひとりの人を無条件に愛することはできない。ふつう一般の人間において、ただひとつの属性だけが、不滅である。それは、その人が被造物であるという事実である。

二度生れた人々、霊によって高い所から生れた人々、キリストの死と復活を通ってきた人々においては、第二の不滅の属性がある。それは、神の子であるという事実である。

ここから、人間へと向かう、二つの条件づけられぬ愛が出てきたのである。その一つは「自分を愛するように、あなたの隣り人を愛せよ」（マタイ一九・一九など）といういましめの中に、もう一つは、「あなたがたは互いに愛し合いなさい」（ヨハネ一五・一二など）といういましめの中に表現されている。

わたしたちが人間の愛に対して要求していることは、不可能事であり、いまわしい矛盾である。わたしたちは、条件づけられた上で愛されることは望まない。もし、「あなたが健康であるかぎりは、あなたを愛しましょう。あなたが病気になれば、もう愛さないことでしょう」という人があれば、怒りをこめて、その人をしりぞけることであろう。また、他方では、わたしたちは、群衆と十ぱひとからげの扱いで愛されることも望まない。「わたしは、ブロンドの女はだれでも好きです。あなたの場合も他の女とまったく同じくらいは」といったり、「わたしは、パリの女性なら誰でも好きです」といったりする者も、同じようにしりぞけられることであろう。わたしたちは、どんな条件づけもなく、別して愛されることを望むのである。ところで、わたしたちを他人から区別する属性のすべては、条件的であって、消失するかもしれぬものである。わたしたちは、どんな条件もない場合には、もっとも惨めな被造物に向けられる注意力の程度、すなわち無限に小さい注意力の程度を受けるにしかあたいしない者である。

それでもやはり、わたしたちが、単に別して愛されるにあたいするばかりか、ただひとり、専ら愛されるにあたいする者であることは、事実である。だが、わたしたちにおいて、そうされるにあたいするのは、魂の中の造られなかった部分である。この部分は、神の御子と同一のものである。さまざまの属性から成り立っている自我が破壊され、この部分があらわれ出てくるとき「生きているのは、もはや、わたしではない。キリストがわたしのうちに生きておられるのである」（ガラテヤ二・二〇）。そしてだれでも、ここまでに達した人を、ここにまで達しているからという理由で愛する者は、姿こそその人であっても、キリストを愛しているのである。それは、人格を脱した愛である。

ひとりの人を、人格を脱して愛するとは、神にあって愛するということである。

「自分を愛するように、あなたの隣り人を愛せよ」ということは、どんな条件もつけずに、隣り人を愛せよということである。なぜなら、自己への愛は無条件のものであるから、人は、たとい自分に嫌悪を感じても、自分を愛することをやめない。

愛は、善を対象とする。ごくふつうのひとりの人間を、無条件に愛するためには、その人の中に無条件の善を見てとったということがなければならない。

神秘的な一致にまで、まだ到達していない人にあっては、そこへ到達する可能性はまだ残されているにしても、無条件の善は見出されない。

人々を無条件に愛するためには、人々の中に、物質の機械的な法則に従いながらも、絶対の善を使命と感じている思いを見てとることが必要である。

善への熱望は、すべての人間の中に存在し、——なぜなら、人はすべて願望を抱くものであり、すべての願望は、善を対象とするから、——人おのおの存在の本質そのものといっていいのだが、この熱望こそ、人間すべての中に、つねに無条件に現存する、唯一の善である。

すべての人々のうちに、場合によって、善への願望を、また、善の保持を、愛すること。

これこそが、無条件に愛するということである。これこそが、神にあって人間を愛するということである。

地獄を定義するならば、それはもはや善への願望がない場所だということである。そうだとすれば、地獄で苦しむということもありえない。

人々を愛するときも、わたしたちは、自分たちの願望が望みどおりに満たされることを求めている。人々が持つ、その人々自身の願望を愛しているのではない。人々が持つ、その人々自身の願望を愛することが、人々を自分を愛するように愛することである。人は自分としては、善を愛してはいない。ただ願望にしがみついているだけである。

願望は、満たされないものであるだけに、つねに苦しみである。逆にいえば、一切の苦しみは、願望の不充足である。他人の願望をしっかと守ってやろうとする愛が、同情である。

もし、願望とか、善とかについての、純粋で普遍な観念をじっくり思いめぐらしてみたことがなかったならば、どんな願望にも同情を寄せることはできない。別ないいかたをするなら、もし神について深く思いをこらしたことがなかったならば。

もし、真の〈善〉について深く思いをこらしているならば、どんなにおぞましいものであろうとも、すべての願望は、たとい間違っていても、善への熱望であるとみなすことができよう。

わたしたちは、ひとりの人間を、飢えとしてではなく、食物として愛している。わたしたちの愛は、人食い人種の愛である。純粋に愛するとは、ひとりの人において、その人の飢えを愛することである。すべての人々は、つねに飢えているのだから、つねにすべての人々を愛するということになる。なかには、部分的に満ち足っている人たちがある。そういう人たちにあっては、その人たちの飢えと満足とを愛さねばならない。

だが、わたしたちは、まったく違った愛しかたをしている。わたしたちは愛する人々からその存在、その言葉、その手紙などによって慰め、力づけ、刺激を与えられる。人々は一日の労働で疲れきったあとでとるたっぷりした食事と同じ効果を、わたしたちにもたらしてくれる。だから、わたしたちは、人々を、食物のように愛するというわけである。それはまさに、食人種の愛である。

わたしたちの憎しみも、冷淡さも、同じく食人種的である。

あなたは飢えていた。だから、あなたはわたしを食べたのだ。

食べねばならないのは、なる程そのとおりだろう。

このような種類の愛情は、もはや自分自身では生きず、キリストがそのうちに生きている人々に対して、はたして適当であろうか。

確かに、ほかの誰かに対してなら、ゆるされるかもしれない。

この人々にあっては、願望も、満足も、他人に与えられる食物も、同じひとつのものである。

だが、このようにきちんと制御された愛は、所有者の愛ではありえない。ある人が、ギリシア彫刻を一基、買いこむとして、その人は買い主でありながらも、――かれが、獣のような人間でなければ、――自分がその所有者であると感じることはできないであろう。純粋な善はどんな個別的な関係からも抜け出したところがある。

こういう場合は別として、人間の愛情は血を吸う魔女の愛情である。わたしたちが誰かある人を愛しているというのは、すなわち、その人の血を吸うのを好むということである。

いくらか強度の愛情になると、生がこれにとらわれてしまう。生きることを放棄しない限り、純粋に愛することができないことになる。

誰でも自分の命を愛する者が、自分の隣り人や友人を愛するさまは、ウゴリーノ伯(十三世紀のピサの専制者、ダンテに出てくる)が自分の子を愛するのと似ている。このような愛しかたをする者にとっては、何も実在するものがない。

実在性はただ、死を受け容れる者にだけあらわれてくる。

だからこそ、「自己放棄によって、この宇宙を糧として生きよ」。

死の賜物より以上の大いなる賜物が、被造物に与えられることがあっただろうか。

死によってだけ、わたしたちは自分たちが存在せぬ者であることを教えられる。他の多くのものと同様に、ひとつのものとして存在するにすぎぬことを。

*

わたしたちの愛も、わたしたちの理性と同様に、普遍的な能力でありながら、個別的な対象を受け入れる性質しかないという逆説に服している。

こうした考え方を定理のようにみなして行くこと。

ただ神だけが、普遍的なものと個別的なものの統一である。神は、普遍的な人格である。だれかあるものであって、全体でもある。

人類を愛するということはできない。この人を愛するばかりである。そういう愛は、正当ではない。人類を愛することだけが、正当である。

だが、神的なものを愛することと、この神を愛することとは、同じ愛である。

神にあっては、普遍的なものと個別的なものは、同一である。この世にあっては、それらはともに、調和が鍵をかけて閉じこめてしまっている。〈受肉〉が、その調和である。わたしたち自身も、この調和によって生きなければならない。この調和が、真の生である。

隣り人にあっては、その人を痛めつけている飢えを愛して、わたしたち自身の飢えをしずめるためにその人において提供されている食物を愛さないこと、その中にはまったき自己離脱が含まれる。

このことには、人間を食べることを断念してあとはただ、神を食べることだけをねがうという意味が含まれる。

だが、神という養分は、少なくとも最初のうちは、わたしたちには存在するのも知られない程に、中心深くにすえられた魂の一点だけの糧としかならない。

魂の残りの部分は、飢えを感じて人間を食べ物にしたいと思う。自分たちの愛するもののそばに寄ろうとして何ものかのために否応なくとどめられる人たちだけが、救われるのかもしれない。その人たちは、美の感情によって、ただ熟視するように促されたのである。だから、おらそくプラトンはいったのである。ただ美だけが、わたしたちを救うために天からこの地上へくだってきたのであると。

この地上にあっては、見つめることと食べることは別々である。どちらかを選ばなければならない。どちらもが、愛の対象として呼ばれている。ただ、ときどき、食べるかわりにしばらくの間でもじっと見つめていられるという人々にだけ、いくらかでも救いの希望がある。

「ひとりは果実を食べ、もうひとりはそれを見つめている。」

魂の中の永遠の部分は飢えを糧として生きる。

人が食物をとらないときは、人体は自分自身の肉を消化して、これをエネルギーにかえる。魂もまた、そうである。食物をとらない魂は自己を消化する。永遠の部分が、魂の中の死すべき部分を消化して、これを変化させる。

魂の飢えは、堪えがたいが、病いにはこれ以外に薬剤はない。

からだはまだ生きていても、魂の中の滅ぶべき部分を飢え死させること、そうすることによって、肉のからだは、直々に神に仕えるものとなる。

プラトン『法律』篇「できるだけ肉欲の流れの方向を変え、労働によって、からだの他の部分の糧になるように仕向けて、肉欲の力を衰えさせること」（原文、ギリシア語とその訳）。

これ以上に的確な指摘はない。精液の中に含まれているエネルギーは、性器やその運動のための糧ともなるが、また、他の器官やその運動の糧ともなる。もし、他の器官がこのエネルギーを食いつくすならば、性欲は、飢えのために死ぬ。

性欲をなんらかの対象の上に移しかえることも可能である。収集品、黄金、権力、党派、猫、カナリヤ、神（この場合の神は、真の神ではない）などの上に。

あるいは、性欲を殺して、これにふり当てられていたエネルギーの変質をはかることも可能である。この働きが、執着を離れることである。

あらゆる執着は、性欲と同じ性質をもつ。この点では、フロイトは正しい（ただし、この点においてだけである）。

補充エネルギーは、神が預け物としてわたしたちに託されたものである。これが、聖書のたとえ話のタラントである（マタイ二五・一四―三〇など）。ある人々は、肉欲にともなわせて、これを自分自身から放出している。また、別な人々は、魂の中の最良の部分にこれを食物として与えている。

マルコ、「地はおのずから、実を結ばせる」（マルコ四・二八）。「おのずから《アウトマータ》」。ここから、自動運動《オートマティスム》という語が出てきた。機械作用と同じくらい厳密な法則性をもつが、これとはまったく違った、霊的な一種の機械作用があるということを、こういういい方で、もっとも明瞭に、的確に述べている。

種まく人《スペイローン》。同じこの語が、めすに受精をさせるおすについてもいわれる。この二重の意味が、種まきについての福音書のたとえの中に含まれていることは、間違いがない。「種は、神の言葉である」（ルカ八・一一）。種は、火の息であり、霊《プネウマ》である。おとめマリアの中にはいった種が、聖霊、聖なる霊《プネウマ・ハギオン》であった。聖霊はまた、すべての魂の上に落ちる種である。これを受け入れるには、魂がまったく、子宮、生殖器床となっていなければならない。何かしら流動的なもの、受動的なもの、水となっていなければならない。そのとき、種は胚胎となり、次いで子となる。キリストは、魂の中に生まれたのである。わたしが〈わたし〉だとか、〈自分〉だと称しているものは、砕かれ、溶かしつくされる。そのかわりとして、魂の中に神から落ちてきた種が大きくなった、ひとつの新しい存在がある。これが、新しく生まれるということである。高い所から生まれるということである。水と霊とによって生まれるということである。人間の意志や肉の意志によらずに、神によって生まれるということである。こうした経過の果てに「生きているのは、もはや、わたしではない。キリストがわたしのうちに生きておられるのである」（ガラテヤ二・二〇）ということになる。それは、神から生まれた別な存在である。別な〈わたし〉である。〈わたし〉といっても、ほとんど〈わたし〉ではない。神の御子なのであるから、もはや、「養子」はいない。ただ一つ子とされる道は、寄生虫が動物の肉体の中に卵を生みつけるように、神がわたしたちの魂の中に精液をそそぎこまれ、これが成長して神の〈子〉となるという道である。そこで、〈知恵〉をあらわす、天のアフロディテーは海から出てくる。わたしたちの魂は、ただこの神の胚子をむかえ入れる場所、その糧であればたりる。わたしたちは、自分の魂に食べ物を与えるべきではない。この胚子に食べ物として、自分の魂を与えねばならない。そのあとで、胚子はみずから、直接に、以前にわたしたちの魂が食べていたすべてのものを食べる。わたしたちの魂は卵であって、神の胚子がそこで大きくなって鳥となる。鳥の胎児は、卵を糧として育つ。鳥になると、殻を破って、外に出、穀粒をついばむ。わたしたちの魂は、エゴイズム、主観性、幻想などの薄皮によって、どんな実在からもへだてられている。神がわたしたちの魂の中に入れられたキリストの胚子は魂を糧として育つ。それは、かなりに成長すると、魂を砕き、破裂させて、実在とじかに触れ合うようになる。それは、小宇宙である人間に宿った〈愛〉である。大宇宙の〈愛〉は、ひとたび金の羽根が生えると、世界という卵を破って天のかなたへと移る。

こういう象徴を、にわとりを飼っている農家の女たちに語ってやり、説明してやらねばならないのだろう。

バプテスマは、共鳴をさそいだす魔術的な行為である。雨が降り出すようにと、数滴の水をしたたりおとす人のように、真の第二の誕生を目当てにして、第二の誕生の摸擬的ふるまいをしてみせるのである。

第二の誕生が結果として起ることを信じて、バプテスマを経験するのは、真に第二の誕生を願い求めていることを示しているのである。そんなときにはすぐ、バプテスマを受けねばならない。

ひとりの子どもにバプテスマを経験させるのは、その子のために第二の誕生を願い求めていることを示しているのである。そんなときはすぐに、その子が受洗に至るように助けなければならない。

このような結果はただ、真に第二の誕生を思いにかけ、真に秘跡の効力を信じたときにはじめて生じるのである。

それ自体として、形式として、効力あるものと信じられている外的な形式は、どんなものであろうとも、ただ魂が義務の次元においても、霊的次元においても同程度に現実的な働きかけを自分自身に及ぼすことだけを可能にするものである。からだは、魂が魂自身に現実的働きかけを及ぼすのに、不可欠な媒体である。わたしは、巨額の金を人から預けられている。わたしはできればそれを自分のものにしたいと思う。人は返してくれと請求している。わたしは、あくまでも自分のものにしたいと思う。だが、わたしのからだは、その金を持って、指定の場所へ行き、そこへ金を置いて、身がるになって戻ってくる。しばらくたつと、わたしは、そのことを忘れてしまう。わたしの魂は、それへの執着から離れたのである。

わたしは、魂が現にいる場所よりもずっと進んだ所まで、からだを善の方向へおし進めることができる。そのとき、からだが魂を引っ張る。

義務の次元においては、こうした作用が、ふだんに生じている。これ以外の経過をたどって起る場合は、想像上のものにすぎない。

霊的次元においては、こうした感覚に感じられる形式が霊的効力をもつとの確信を抱く場合にだけ、こういう作用が起りうる。それは、どんな形式であってもよいのである。だが、限定されたひとつの形式でなくてはならない。感覚に感じられるものは、どうしても特殊な存在形態しか持たない。形式を選ぶことは任意であるが、いったんは選びがなされるということが必要である。任意なものが介在したとか、また、選びが行なわれたことすらも見えないようにしなければならない。

普遍的なものと個別的なものとの関係においては、いつも同じ逆説がある。

こういう形式は、人間と人間との約束ごとであるが、善のために設けられたものであり、従って神の認可を受けている。

こういう形式が確かに信じられるために、これは、神の霊感を受けた人間によって、あるいはむしろ、この世に受肉された神ご自身によって立てられたものであると考えなければならない。

もろもろの秘跡が、社会的な諸条件に服しているのは、よいことなのか、わるいことなのか。

それはまったくわるいことであると、わたしは思う。司祭が秘跡を拒みうるなどということがあってはならないと思われる。ただ、秘跡は神明審判（罪を決定するため、神の裁きにゆだねる方法）のひとつであって、危険を伴うことがあると信者に告げておくだけでよい。

社会的な諸条件に服した秘跡は、もはや秘跡ではないとわたしは思う。この世のもろもろの群居体の主人公である悪魔が、人間と神との中に入りこむ。

＊

ストア派のゼノン、動物の精液は、火である。――精液が射出され、愛の働きによって、受容されるように、天と地とをつなぐ愛の絆である雷も同じである。火である動物の精液は、命の息である。同様に、雷は、聖霊と同じとみられる。

月は、蛇を思いおこさせる。電光もまた、蛇を思わせるのではないだろうか。

＊

ユスティノスによるバプテスマの解釈。男性と女性のいりまじった液体をもとにして、出産がなされる。この出産のけがれを償うためには、いったん消えて、清らかな水によって再びあらわれることが必要である。

水と火とが、精液の中にはいりまじっている。この二つを別々にするのは、死である。人が、清らかな水の中につかる。すると、そこへ天の火が下ってきて、その水から新しい生きものが生れる。

「水と息によって、新しく生れる」(ヨハネ三・五)という意味は、本源的な要素によってということである。新しい創造の中を通ってきた者ということである。新しく生れるというよりも以上のことである。新しい創造である。

＊

魂の一部分が、預かり物を返すように、義務を果たそうと望む。そうすると、それを望まない、別な部分がある。二つの部分が争う。からだは、秤である。からだは、魂と魂を釣り合わせることのできる唯一の秤である。ある意味で、からだは、魂と魂との審判者である。秤が、おもりとおもりとの審判者であるように。〈十字架〉が、天と地との秤であるように、からだは、魂と魂との秤である。

ここにからだの非常な重要性がある。

からだは、食べるものであるが、また、からだは、食を断つものでもある。肉は、ねむるものであるが、また、肉は、ねむらずに夜をすごすものでもある。

いろんな義務は、行為である。からだは、そういう行為にかかわる魂の争いに適当した秤である。ところで、他よりも一段と深刻な争いがある。魂の新生をめぐる争いである。魂の一部分は、新しく生れた光をむかえ入れたいとねがうが、それをねがわない部分がある。霊的新生は、行動ではない。一連の動きではない。意志が力を及ぼしうるようなものは何もない。しかし、それでも、からだは魂と魂との唯一の秤である。だから、たとえば、預かり物の金を所有者のところへ持って行く動きが、本性の正直さと結びついているように、約束の上で魂の新生と結びついているなんらかのからだの動きがないとすれば、争いは未解決のままであり、選択もなされない。だが、約束上の絆は、自然的な絆よりももっと強固であらねばならない。約束は、神との約束、神と人間との約束であらねばならない。これが秘跡と呼ばれるのである。

霊的新生は、だれでもそれをねがい求める者に加えられるひとつの変様であって、意志してなされる行動ではないのだから、約束によってこの新生に結びつけられている身体的な事柄も、行動ではなくて、こちらから要求したのち他人の与えてくれる何ものかであるのがよい。

このことはまた、秘跡の定義の一部をなす。

ただ、そこにはどんな条件もあってもならない。要求することとそれだけしかない。霊的新生は、真の願望のほかに、どんな条件にも服さない。要求は、願望の感覚面でのあらわれであって、新生の感覚面でのあらわれを受けとるのにこれが唯一の条件とならねばならない。

もし、なんらかの儀式が、実際に新生をひきおこすと真に信じられるとすれば、そういう儀式を要求するという事実には、その要求をめぐっての周辺的な諸事情が一切、相対的に無意味と化すほどに、自己の中の悪が激しく圧伏されている事態が含まれてくる。雪の中に、三日三晩ひざまづいてじっとしていたところで、事柄の困難さに何をつけ加えることもない。自己の中にある悪を死にまで追いつめることは、可能性の極限にあるといっていい程に困難なことである。これ以上にむつかしいことは何もない。

しかし要求した儀式によって、自己の中の悪を死なしめられると確信できる場合にだけこうした種類の要求は、困難さの極限に達するのである。

だから、からだを魂と魂との霊的争いにおける秤とするために、信仰は、なくてはならぬ媒介物なのである。

信仰は、その固執によって真理を生み出す。ひとつの儀式が霊的新生を生ぜしめるとの確信によって、当の儀式にこの有効性が与えられる。このことは、暗示の現象によるのではない。それだけなら、幻想と虚偽をともなうだけのことである。そうではなくて、この所で分析したメカニズムによるのである。

信仰の領域は、確信によって生ぜしめられたいくつもの真理の領域である。そこで、はじめて、信仰は正当なものである。そこではじめて、信仰は力となる。真理を生み出す力となる。

この領域がどういうものであるかを、明らかにしてみなければならないだろう。

＊

神に従うのだと確信をもって、この服従以外にどんな動機も、意向もなしに、何かを行なうとすれば、人が、神に服従していることは確かである。

だが、その結果として、こういう意向をもってするなら、何ごとをしてもよいということにならないか。

これは、重大な問題であり、『ギータ』（バガヴァッド・ギータのこと、ヒンズー教の聖典）の問題である。

わたしはまだ、このことがよく理解できない。

この世には、三つの神秘、三つの理解不可能なものがある。美と義と真とである。

この三つは、すべての人々によって、この世のすべてのものの規範として認められているものである。理解しがたいものが、よく知られているものの規範なのである。

もし地上の生が不可能であるとしても、驚くことがあろうか。

わたしたちは、瓶の底にへばりついていて光の方に引かれているが、そこへは達することのできぬ蠅みたいなものである。

しかし、それでも、一瞬間でも光から遠ざかろうとするよりも、時間が果てしなく続くあいだ、瓶の底にへばりついていることを。

光よ、あなたには同情心があるのか、果てしない時間の持続のあと、あなたはガラスを割ってくれるのか。

たとい、そうならないとしても、ガラスにへばりついたままでいること。

有限の時間のあいだに、果てしない時間の持続の中を通ってきたということが必要である。矛盾といっていい、このことが可能であるためには、時間と同じ高さにしかない魂の部分、論証をつねとする部分、計量ばかりしている部分が破壊されねばならない。

その部分は、不幸の受容によってか、あるいは、純粋の観想にとびこみたくなる程の強烈なよろこびによってしか、破壊されることはない。あるいはまた、他にもそういう場合があるか。

公案（禅仏教における）という手段は、この破壊のための一方法である。

プラトンにおいておそらく、「ディアレクティコス（弁証法）」と呼ばれていたものは、こういう種類の一方法であったのだろう。

時間の下部に位置する、魂の部分にとっては、有限の持続も無限である。一メートルの中に、無限の数の点が含まれているのと同様に。
論証をつねとする部分の破壊によって、魂の下層が赤裸に露呈され、それによって有限の時間のうちに、果てしない持続を通りすぎることとなり、この持続の間に魂が永遠の光の方に向けられているとするならば、ついにはおそらく永遠の光が憐れみを感じて、魂のすべてを、その永遠性のうちに包みこむことであろう。

さまざまな種類の無限と関連した数学の分野（集合論、位相幾何学など）には、超自然的真理の象徴として、限りなく貴重な財宝が秘められている。

赤裸に露呈され、永遠の光の方に向けられた魂の下層には、水と火の息との分離と総合が見られる。バプテスマがその象徴であるような変化が見られる。

純粋な水と永遠の光との結びつきが、カナの奇跡（ヨハネ二・一―一一）である。水がぶどう酒に変化するのである。

*

木々や植物は、天から落ちてくる完全に清らかな水（養分になる露）と、天から下ってくる光とによって成長する。樹液、ぶどう酒は、この天よりの水と火との混成物である。樹液の葉緑素には、天よりの火を定着させ、結晶させるという固有の性質がある。樹木が崇拝されてきたのは、こういう天的な、純粋な要素の混成物から出てきたものだからではないだろうが。世界の木という比喩は、この点に関連しているのではないだろうか。

反対に、人間が生まれてくるもとの、水や火の息は、肉的であり、現世的であり、不純である。

絞首刑は、本来は、人間を木にぶらさがった果実に変え、肉によるその誕生を無に帰せしめて、天よりの水と火によって新しく生まれかわらせようとするのが目的であったのではないか。そうだとすれば、この象徴は、バプテスマの象徴と同じであることになる。そして、このことから、バプテスマと、十字架上のキリストの死との関係も説明できよう。

人を水に浸すバプテスマが、溺死の摸擬行為であるのと同様に、絞首刑の摸擬行為を行なうような秘教の儀式が存在したかもしれない。それによってオーディンや、アルカーディアのアルテミス（フレイザーによる）に付けられた形容も説明がつく。

あらゆる刑罰が、最初は、新生を象徴する秘教の儀式であったのかもしれない。

〔注意せよ。儀式としてのこの死刑の摸擬行為は、原始時代の人間をいけにえに捧げる行為の名残りであるといわれる場合に、その逆のこともまた、いいうる。さらにまた、人間のいけにえということが行われたときは、単なる摸擬行為だけを内容とした儀式の堕落であったとみなすことも、ゆるされる。〕

おそらく、中世において死刑執行の前に罪人から悔悛の功徳を得ておこうとされたのと同様に、原始時代には律法によって課される罰が、同時に、罪人の新生をも生じさせる秘跡の意味をもつにちがいないと信じられていたのである。

これは崇高な考えかたである。

律法の剣は、いわば触れたというだけで、首切られた人たちを天にまではこぶものであったというラーマ（古代インドの神ヴィシュヌの第七の化身）の剣でなくてはならない。

だが、宗教から一切の霊的な要素をしめ出してしまったヘブライ人が、絞首刑を呪いとしか受けとれなかったのは、当然である。

以上の点からも、十字架刑は、二重の意味をもつことになる。

*

水と息との不純な混合的にすぎない、魂の中間的な、混乱した部分を破壊して、生体としての生育にかかわる部分を、天の上方からやってくる火の息にじかにさらしておく必要がある。

生体のいのちである部分よりも上方にあるすべてのものはぬぎ捨てること。生体のいのちをあらわにむき出しにして、これを荒々しく天よりの光の方に向けること。魂の中で、物質と密着していないものはすべて破壊すること。まずはほとんど、動かぬ物質に属するといっていい、魂の部分を、天よりの光にむき出しにさらすこと。

わたしたちにすすめられている完全さとは、神的な精神と動かぬ物質との直接的な結合である。動かぬ物質であって、思考する存在とみなせるものがあれば、完全さをまったきかたちであらわしているものである。

これは、ヘブライ人が偶像礼拝と称したものの弁明になる。

だが、人間の顔をしていないものの方が、彫像なんかよりもずっとよい。石、パン、天体などのように。

太陽にも精神があると想像してみるとよい、それこそ完全さのこの上もない姿といえる。

だから、動かぬ物質でできあがったこの宇宙が美しいのである。人間の中で一ばん美しい人よりもはるかに美しいのである。

物質の不動性は、神の思考である義とあい応じる。人間の思考は、肉体に宿ることができる。だが、思考が動かぬ物質に宿るとすれば、それは神の思考でしかありえない。

だから、もしある人が完全な存在になり、その思考が神の思考にかわるならば、その肉体は、生きた肉体という形質を示していてもある意味で死体となったのである。

ひとりの人間が滅び去り、死体が、天の上方よりじかにやってくる、生命の息によってあらたにいのちを与えられるということが必要である。

もし神が、生涯のある一時点に、ごくふつうのひとりの人間のうちに受肉するということがありうるのなら、女性のからだの奥深くにしまいこまれた精液のうちで受肉するということもないわけではあるまい。

受肉を基礎とする、さまざまな考え方においては、霊的な新生を、人間が神に所有されることであるとみなしている。これでは、連続性の断絶ということを避けられない。これ以外の考え方においても、義務の次元、律法の次元を越えているものはない。

義務の次元においては、神的なものをまつり上げていても、それは偶像になりかわった社会にすぎない。だから、道徳を第一義の地位にすえるプロテスタンティズムが、国家的宗教に堕落するのはどうしようもないことである。ここで、道徳が第一義の地位に立つのは秘跡の観念が弱まっているからである。

宗教改革が秘跡の観念を重くみないようになったのは、秘跡が不当な占守の対象になっていたからである。ある団体が、秘跡を独占的に所有し、条件づきでこれを与えるとき、不当な占守がなされているのである。

キリストはこの世のすべての王国をやろうと申し出た悪魔の誘惑をしりぞけた（マタイ四・九―一〇など）。だが、キリストの花よめである教会は、この誘惑にやぶれた。地獄の門も教会に打ち勝つことはないはずではなかったのか（マタイ一六・一八）。

だが、福音書のテキスト、「主の祈り」、秘跡は、なおも、あがないの効力を失うことはなかった。ただこの意味でだけ、地獄は勝つことがなかったのだ。

キリストの言葉は、このこと以外の何を保証しているのでもない。とりわけ、キリスト教の永続性などは、なんら保証してはいない。

（もし、キリスト教が姿を消すならば、それから数世紀後には、ほかの宗教がそのあとに続くのだろうか。そして、その宗教も、新たな受肉によって生じるのだろうか。）

今日、ユダヤ教徒か、無神論者の両親をもった子どもにしてみれば、洗礼を受けることは、教会というひとつの社会的グループに加入することになる。ある政党の党員証をもらうことが、この党に加入することになるのと同様に。

不当な占守がなされているのである。キリストの花よめが、クリュタイメストラ（アガメムノンの妻、アイギュプトスと通じ夫を殺す）流の行動をしているのだ。不当な専制をふるい、姦淫にふけっている妻。

〔クリュタイメストラと、殺害をのがれて、異国に身をひそめるオレステス（クリュタイメストラの子、母の不義を追究する）との物語についていえば、やはり、ひとつの主題がここにもくりかえされている。それは、逃亡し、国を追われ、身を隠し、人目をさけて育てられる、子なる神の主題である。ゼウス、ディオニュソス、キリスト……このことはとりわけ、意識それ自体に対しても、魂の中にまかれた超自然的な愛の芽の生長が、深い秘密に包まれてなされなければならないということを教えている。」

種をまく人のたとえは、神がたえず、その恩寵を、完全に平等にすべての人の上にふりまいておられることを示している。十一時の労働者のたとえは、神が、完全に平等なむくいを、ご自身の召しにこたえて自分のからだを神への服従にゆだねるすべての人々にお与えになることを示している。これらのことが示されているのに、霊的な事柄において不平等があるなどと、どうして想像できようか。この地上においては、不平等も認められる。だが、その原因は人間に帰せられるべきものであって、神は、ご自身のうちに包みこまれる人々においては、不平等をなくされる。

神は、間接的には、すべてのものの原因であるとみなしうる。だが、直接的には、ただ純粋に霊的なものの原因としかみなされない。間接的な因果関係によって、そうなのである。神は、全能であるが、その全能とは、必然性のためにみずから自発的に権利放棄をすることであると定義できる。直接的な因果関係によっては、この地上における神の力は、無限に小さい。

純粋な善であるものはすべて、神によって取りしきられている。起ってくるすべてのことは、どんな区別もなく、ゆるされたことである。すなわち、神の承認を得たことである。だが、この承認とは、権利放棄なのである。従って支配権を行使することではない。

「あなたの支配権」とは、純粋な善のことである。「あなたの支配がきますように」（マタイ六・一〇）とは悪が消え去りますように、――従って、被造の世界が消え去りますように、ということである。この願いにおいて求められているのは、この世の終末である。

『み心が行なわれますように』（マタイ六・一〇）。み心とは、必然性のために権利放棄をすることである。この願いにおいては、この世の存続がやむなしとされている。

御国がきますように。だがしかし、あなたはこれまで、支配を望んでこられなかったのだから、その望みが果されますように。

人は、世界が消え去ることを求めながら、その存続をやむなしとしている。

さらに先では、自分が存在することで、神にゆるしを求め、わたしたちを存在させているということで、神をゆるしている。

人は存在することに同意しながらも、同時に、悪からまぬかれるようにと、従って、存在からまぬかれるようにと、願い求めている。

御名が聖とされますように。

神は、ご自身を隠されるため、ご自身とわたしたちとのあいだに、もろもろの天をおかれた。わたしたちには、ご自身のもののうちただ一つだけしか渡そうとなさらない。それが御名である。その御名は、確かにわたしたちにゆだね渡されている。わたしたちは、それを、自分たちの思いどおりにすることができる。それを、どんなものでもいい、造られた何かのものの上に、レッテルのように張ることもできる。そうするとき、わたしたちは、御名をけがすのである。御名は、その力を失なう。御名は、どんな姿で表現もされずに、告げられるときにだけ、力を発揮する。

創造は、神がわたしたちに語りかけられる言葉である。これもまた、神の御名である。関係も、神の〈知恵〉であって、神の御名である。

完全な人間は、神の御名である。(小宇宙《ミクロコスモス》。)それが聖とされるのは、十字架に吊り下げられて、呪いとなることによってである。

〈ミクロコスモス〉という観念そのものに〈受肉〉が含まれている。〈世界霊魂〉(宇宙のあらゆる分子の中に先天的に存在し、物体に生命を与えている力、プラトンによる)を魂としている人間。

物質の秩序においては、ものは、それぞれにどんな相違点もないのだが、他のものであることも可能である。たとえば、まったく同一の二つの小石を、抽象的には想像してみることができる。だが、善の秩序において、同一のものは一なるものである。二つのものは相違しているというだけで、二つのものである。

そうだとすれば、完全な人間は、神である。

だが、善の秩序において、下降だけがあって上昇はない。神が下降してきて、この人間の中に住まれたのである。

わたしたちは、共感をさそいだす魔術にも似た技法をもってしなければ、こうした働きにおいて何程のこともなすことはできない。オーストラリアの魔術師は、雨を引き寄せるために、地面に水を注ぐ。同様に、わたしたちも、神を引き寄せてわたしたちの中に降りてくるようにするためには、自分が下降すればよい。これが、へりくだりの力である。

下降する動きだけが、わたしたちにできる範囲内にある。上昇する動きは、想像しているだけにすぎない。

神に関するすべての奥義は、善の秩序と生存の秩序とを区別することによって明らかになる。

わたしたちにも、ごくわずかな能力はある。自分から身を引き、すべてを受け入れるとき、わたしたちは全能となる。なぜなら、そのとき、わたしたちの同意なしには、何ごとも起らないからである。これが、「信仰がある者には、すべてが可能である」（マタイ一七・二〇など参照）という一文の隠れた意味ではないだろうか。

福音書において、信仰と、さまざまな個々の超能力（病気を癒やしたり、いちじくの木を枯れさせたりなど）とのあいだに関連がつけられているのは非常に粗雑な考え方であるから、文字どおりに受けとると到底堪えられない。少なくとも、わたしにはそう思われる。

神は、神としての全能を放棄されて、ご自分を無にされた。わたしたちも、ちっぽけな人間の能力を捨てることにより、無において神とひとしい者となる。

神の〈み言葉〉は、神的性質においては、神とひとしい者であられた。ところが、かれは自分を無にして、奴隷になられた（ピリピ二・七参照）。わたしたちも、無となり、奴隷となることによって、神の〈み言葉〉とひとしい者となることができる。

「だれでもわたしによらないでは、父のみもとに行くことはできない」（ヨハネ一四・六）。すなわち、へりくだりが唯一の道だということである。

〈受肉〉は、〈創造〉の一象徴にすぎない。神は、わたしたちに生存を与えることによって身を引かれた。わたしたちも、身を引き、生存を受けまいとすることによって、神と似た者となる。

身を引くことにおいて、また、それによって、わたしたちは神のうちにはこび入れられる。

神は、自分のかたちに、わたしたちを創造された（創世記一・二七）。すなわち、ご自身がわたしたちのために身を引かれたように、わたしたちにも、ご自身のために身を引く能力をお与えになった。

へりくだりの力は、国民（ヘブライ人、ローマ人、ドイツ人など）にせよ、教会にせよ、神に選ばれたどこかの社会的集団に所属しているとの感情とは、両立しがたい。

ひとつの社会的機構から、秘跡をとり去るにはどうしたらいいのか、財宝の番をしている龍を殺すのか。

秘跡が無条件に効力を有するという考え方は、まったく美しい。しかし、秘跡を拒むことも可能だということには、決してならないであろう。

善への憎悪か恐れによるほかに、だれも秘跡から遠ざかっていられる理由を持てないような仕方で、秘跡を与えること。ところが、事実はとてもそういうことではないらしいのだ。今日では、秘跡から遠ざかっていられる理由がいくつもあるのだ。なげかわしいことだ。

もし天の父が、よい者にもわるい者にも、光と水を送っておられるとするならば、ある種の秘跡は、あくまでもどんな種類の差別もつけずに、与えられねばならない。

ただ、責任をともなう、品級の秘跡（聖職者の任命）においては、差別もやむをえない。

〈教会〉は、〈天国〉を脅喝の手段にし、〈教会〉はあやまつことがないと認めない者はだれでも、地獄へ落そうと努力している。

〈教会〉は、秘跡を拒む権利をみずから切り捨てて、権利放棄をしないかぎりは、聖なるものとされることはないであろう。

罪の赦しすらも、それをねがい求めてくる者にはだれにも与えられねばならない。ただ、もし真の悔改めなしにこれを受けるならば、自分を滅びにつきおとすことになることを告げ、魂の中に釘のように悔改めをくいこませてくれる罰が課されるようにと激しくねがい求めなさいと、強くすすめておかねばならない。しかし、そう告げたあとではその人の望みどおりにしてやること。

求められることは何でも、与えること。そういう容易さこそは、魂に聖なるおそれをいたく感じさせるのにもっとも適した事柄であろう。

霊的な指導がしきりに求められたときでないかぎりは、霊的権威を行使しないこと。だが、求められたときには、厳しく行使すること。人々に指導を乞い求めるようにと、強くすすめること。

しかし、社会的な強制といった要素は、あくまでも、いささかもあってはならないこと。あらゆる服従が、自由な同意によるものであること。

キリストは、ご自身の民に、権威や権力を求めてはならないとはっきりお命じになった。だから、その集まり（教会）が、ひとつの社会的集団となってはならないのであろう。

人がひとりで、自分の部屋に閉じこもっているときには、隠れた所においでになる〈父〉に聞いてもらうことができる（マタイ六・六）。二、三人がキリストの名において集まるときには（マタイ一八・二〇）、キリストはそこにおられる。表面的にも、三人以上であってはならない。

母親の目の前で、反抗をし、いうことを聞かず、いろいろと軽はずみなことをやってのける子ども。そのわけは、母親がそこにいるというだけで、どんなわるい結果も起こるはずがない保証であるように、その子には思われるからである。もしその子が、母親から遠く離れた所にいるならば、自分の気ままなふるまいにおそれを感じる。

それと同様に、霊的な事柄において、自分たちがねがい求めることは何でも、いつでも与えられる信者は、おそれをおぼえて、神のうちに避け所を求めはじめることであろう。

聖体拝受に条件をつけることによって、この奥義に当然まつわりついてくるはずのおそれや威光を消し去ることになる。モーセは、青銅の蛇を高くかかげた。蛇に噛まれたことのある者は、その蛇を仰ぎ見ることができた（民数記二一・九）。

信仰がないために、秘跡にいろんな条件をまつわりつかせたのである。

こんなことは、変らなければならない。でなければ、キリスト教は、死滅するであろう。ともかくも新しい宗教が必要なのである。まったく別のものとなるまでに、変化したキリスト教か、それとも別なものか。

＊

……プラトンは、金属を水に属するものとして分類している。金は、火と結びついた水である。魂のあらたな創造の象徴。

錬金術とは、不純な物質を分解して、その水と火とを分離し、これらを金に合成する術ではなかったのだろうか。そして、いちいちの化学上の処理は、これにあい応ずる霊的作用をともなうものでなければならなかったのではないか。

水の火。金が治療効果をもつのはこういう理由による。

中国。「植物としての金」。

金と植物の樹液との類似。錬金術師は、金を生み出すことは、一種の霊的結婚であるとみなしていた。

どの本だったかは忘れてしまったが、花むこと花よめは、予備行為、婚約式や結婚式が終って、いよいよ初夜の床で結ばれるときになると、裸になるということを記していた錬金術の本のある一節。純粋な水と火との結合。

宝石もまた、水と火との結ばれ合ったものである。

食べられるための石、プロヴァンスの聖盃、聖体のパンと等価のもの。キリストもまた、同時に石であって、パンである。

宝石が礼拝の対象とされているような宗教があったにちがいない。

多くの人々がひたむきな思いをこめて追い求めてきたすべての対象の中には、ひとつの権力が居すわっている。この権力をあがめることが、偶像礼拝である。真の礼拝とは、対象が、神の承認をも得た約束によって、真に神たるにふさわしいものにされるものとして、これを仰ぎ見つめることである。しかし、神殿において祈りはしたが、他の場所では祈らなかったユダヤ人は、異教徒と同じく「偶像礼拝」の徒であった。

文字と文字との寄り集まりが、約束によって、神の御名ともなりうるのと同様に、物質のどんな小片も、約束によって神の臨在を含むことが可能である。こうして、約束によって、神を告げ、神に聞き、神を見、神に触れ、神を食べることが可能である。

ただこのようにして、神の臨在を希求する魂の部分と、それにおそれを感じる部分との争いが、からだの秤によって裁定されるのである。

神が現実に臨在されることは、魂の中の凡俗な部分全体の反抗によって確かめられる。

神の臨在は、魂を二つに切断し、一方に善、他方に悪をわかつ。それは剣である。ほかのもので、こういう結果を生じさせるものは何もない。そこで、神の臨在が確かになる。

神は、真の〈善〉である。ものでもなく、人格でもなく、思考でもない。しかしながら、神を把握するには、神を、もの、人格、思考として思いえがかなければならない。

〈愛〉は、すべてに同意をし、これに同意する人々だけに命令する。〈愛〉は、身を引くことである。神とは、身を引くことである。

善が悪によって生みだされることは、決してない。だが、悪はある意味では善によって生み出される。

悪は、神とわたしたちの間にある。愛は、その上を越えて行かねばならない。

〈愛〉は、憎しみを受けることにも同意する。

神は、悪に存在することをゆるしている。わたしたちも、自分が破壊することのできない悪に対して、同じことをしなければならない。

わたしたちは、悪が、わたしたちの外部に存在することをゆるさねばならない。だが、それはわたしたちの外部にある場合に限る。すなわち、わたしたちの権限外のところに。

*

もしユダヤ民族が、真に選民であったならば、キリストは、呪いとされたというのに（ガラテヤ三・一三）、この民を選んでそこに生まれることはなさらなかったであろう。かれは、呪われた二つの民族、ローマとイスラエルの領地に生まれられた。

もしキリストが、イスラエルの選びを認めておられたら、パリサイ人とサマリヤ人とに対するかれの態度の違いは、理解できないであろう。

キリストは、呪いとされた。かれの花よめである、〈教会〉もまた。だが、まったく違ったふうに。地獄も、勝つことはない（マタイ一六・一八）。このことはただ、秘跡が授けられているあいだは、けがれのない心でこれを受ける者にとってはまったき効力を及ぼし続けるであろうという意味にすぎない。

「火をもって塩づけられる」（マルコ九・四九）。旧約聖書においては、まるでおそろしいもののように扱われているが、これは明らかに、火の中をくぐるバプテスマの儀式を暗示している。デメテルは、ネオプトレモスを火で塩づけにした。少なくとも、彼女が手をつけた最初の者である。

「もうひとりの人が来て、御霊と火とによってバプテスマをお授けになるであろう」（マタイ三・一一など）といった人（バプテスマのヨハネ）が、火の中をとんでくぐる祭り（聖ヨハネの祭り）のぬしであるとは奇妙なことである。

もしそういっていいなら、「すべてのものは火で塩づけられねばならない」というのは「水と霊とによって生まれなければ……」（ヨハネ三・五）と同じく命じられているのである。火を材料とするような秘跡がないのは、どうしてなのか。

*

真理がまったくあらゆる時代、あらゆる場所において、それを望むすべての人が自由にとることのできるようにそなえられていなかったとは、考えられない。「パンを求める者……」（マタイ七・九）。真理は、パンである。何世紀ものあいだ、だれひとりとして、あるいはほとんど誰ひとりとして、真理を望む者がなく、そのあとはまた、何世紀にもわたって、いくつもの民族がこぞって、真理を求めてきたなどと想定するのは、ばかげている。

ネブカデネザル以前のユダヤ人、ローマ人、その他の民族のように、もともと真理を持っていなかった連中が、真理を受け入れようとしなかったのだ。

ユダヤ人とローマ人とが、ともにキリストを十字架につけた。だが、キリスト教が、旧約聖書をも聖典とする帝国の宗教となったとき、かれらはキリストに対して、さらに悪いことをしたのだ。

小羊のつのを持ち、蛇の言葉を語る（黙示録一三・一一）にせ預言者（マタイ七・一五など）とは、このような体質をもった〈教会〉のことではないだろうか。

つねに、あらゆる場所で、真理を望む人ならばだれでもが自由にとることのできるように、おかれていないものはすべて、真理とは別のものである。

そこに、社会的なものへの信頼をつけ加える必要があるのは、信仰が足りないためである。そのために、〈教会〉の社会的面での不当な占守をゆるしてきたのである。異端審問の宗教裁判所は各人を信仰への疑いから守るためのものである。疑いを抱けば殺されると知るときには、疑いを抱いてはならぬことも知るのである。

このことが逆効果を及ぼすような、ねじけた性格の持主は別である。だが、それほどにねじけた性格を持つのは、何か理由があるのだろう。

社会的な圧力は、信仰のこういう効果をことごとく、じつに巧みに利用する。——しかも、魂を救うことはないという強みは維持したままで。

禁断の木の実とは、おそらく、受肉していない魂が肉の愛の光景を見ることであろう。魂は、そこへの下降を禁じられている、――魂はくだってきて、――受肉する。おそらく、超越的な選択とはこういうことであろう。

おそらく、交接の瞬間の恋人たちの魂の状態は、瞬間的な形にせよ、これからさらに伸びて、まったきひとつの生となりかわろうとする運命の姿をとっているのであろう。

おそらく、こういう魂の状態は、部分的には、この瞬間の星の布置（宇宙線）によるのであろう。

（神が、二人の結合のとき、もろ刃の剣のように、夫婦のあいだへはいられるとするならば、生まれてくる子どもは、きよい。神は、そんなことができるのか。）

もしわたしたちが、罪の中にあって生まれるとするならば、生まれることが罪を成り立たせるのは明らかである。

魂はくだってきて、受肉し、善と悪とを知るようになる。天の高みにあっては、ただ善だけしか知ることがない。（カタリ派の伝承。）

このことがまた、多くの説話への禁じられていた門ではないだろうか。

良い種と毒麦とのたとえ（マタイ一三・二四―三〇など）は、絶対にマニ教的である。神は、良い種だけしかまかなかった。毒麦をまくのは、悪魔である。神は、このどちらをも、善が完全に成熟するまで、そのまま生長するにまかせておかれる。なぜなら、二つのものは互いに入りくんでいるので、一方を引きぬけばかならず他方をも引きぬくことになるからである。取り入れとは、この世の終りである。

神は純粋な善を生み出されたのだが、悪魔がそこに悪をまぜ合わせ、神がこの二つのものを分けようとすれば、両方ともを砕き去ってしまうようにした。

説話の中にみられる、良いものを選ぶ物語。

悪魔は、実際、非常に強いのである。

神は、この世を、これ以上に良くすることはできない。この世を破壊してしまうことしかできない。そこで、神は、善が完全にみち溢れるときまで、この世を存続させておくことになさった。

どうして、そうでないわけがあろうか。事実上、悪は、善をそこなうことはできないのだ。悪はただ、中途半端なものに害を与えるだけである。

十字架は、悪い盗賊には災いとなるが、良い盗賊（ルカ二三・四〇—四三）や、キリストには災いとならない。

*

生物学。ある反応を抑制する製品は、この反応の触媒と同類の製品である。

ちょうど、砂漠の蛇、青銅の蛇などと同じように。

すばらしいこと。

科学は、まったくこういうたぐいの表象ばかりで出来上っていなければならないと、わたしは思う。

科学もまた、民俗学と同様に大いに探究心をそそるものとなるであろう。

*

神の象徴による語りかけは、どんな聖典よりも価値がある。

神は、パンの一片、石、木、小羊、人間などになることができる。だが、神は、一つの民族になることはできない。どんな民族も神の受肉の姿であることはできない。

悪魔は、集団的なものである。（それは、デュルケムの神性である。）それこそは、黙示録が獣の姿ではっきりと示しているものであり（一三・一）、これがプラトンの巨獣であることは当然明らかである（『国家』篇六・四九三）。

思いあがりが、悪魔の特徴的な属性である。ところで、思いあがりは、社会的なものである。野心《プレオネクシア》。——思いあがりは、社会的な生存本能である。へりくだりは、社会的死の受容である。

わたしは、黙示録の〈にせ預言者〉は、作者の意図においては、教会ではなかっただろうかという思いが、ますます強くなってきている。

（注意すること。黙示録の名が出てくる、いちばん古い日付はいつごろか。）

獣が受けたという死ぬほどの傷（黙示録一三・三）は、キリストの十字架上の死ではないだろうか。そして、獣がこの傷をなおしたのは、キリスト教が公認の宗教として（ローマ帝国に）採用されたときではないのだろうか。おそらく、その採用は作者が予見していただけなのであろう。キリスト教徒たちは、それを望んでおり、コンスタンティヌス（ローマ皇帝、三〇六―三三七在位、三一三年にキリスト教を公認）よりもはるか以前からそのことを考えていたのにちがいない。ピゾン（カルプルニウス、三八―六九、ローマの皇帝継承者）のときに、その希望を抱くようになったのかもしれない。そしてまさに、黙示録は、ガルバ（ローマ皇帝、前五―六九）の治下に書かれたものらしいのである。

こういうキリスト教の堕落に対する警戒が本書（黙示録）の何より中心的な目的ではないのだろうか。

*

いまだかつて、どんな民族も、神と同一視されたことはなかった。

悪魔は、さまざまな威光の大もとである。そして、威光とは、社会的なものである。「世界の女王である、世論」（エラスムス『痴愚神礼賛』のエピグラフに出てくる）。だから、世論は、悪魔である、この世の君。

*

もしあなたがたの中のふたりまたは三人が、わたしの名によって共にいるならば、わたしもその中にいるであろう（マタイ一八・二〇）。

だが、もし四人がいるとしたらどうであろうか。その中にいるのは、悪魔ではないだろうか。

おそらく、そうであろう。

そうすると、教会のすべての公会議はどうなるか。

おそらく……

さいわいなことに、「地獄の門も、これに勝たないであろう」（マタイ一六・一八）。真理のついに腐敗せぬ核が残っている。

*

なぜ、ふたりまたは三人のキリスト教徒が、キリストの名によって集まることは、秘跡の中に入れられないのか。

*

聖書の中には、あなたがたは、あなたがたの神がいかなるかたであるかを知るために、あなたがたの敵を潰走させなさいとか、みな殺しにしなさいなどと、始終、いわれている。……を知るために、飢饉があるところには麦を送りなさいなどということは、決していわれていない。

*

何百年も前から、救い主に対して約束されてきたことを自分のためにやってみよといってキリストに迫ってきたあの悪魔（マタイ四・一一など）はヤハウェ以外の何ものであっただろうか。（ヤハウェの一面である。――なぜなら、ヤハウェは、別な一面では真の神であるから。）

＊

『孟子』――第四巻末および第五巻はじめ。

「もし人が他人のからだを、自分のからだと同じように愛するならば、傷つけたり、殺したりする者があるだろうか。もし人が、他人の富を自分の富と同じように愛するならば盗む者があるだろうか。もし一国の王が、他人の国を自分の国と同じように愛するならば、攻撃をしかけてくる者があるだろうか」（離婁篇、第四、一一七参照）。

しかし、「他人を愛する者は、自分もまた愛され、他人に益を与える者は、自分もまた益を受ける」。

「すべてこういう不正事（盗み、殺人など）を、世の立派な人々は、是認することができない。だが、これらの不正事が、一国を攻撃するまで拡大されるならば、もはやそのときは是認せぬというわけにいかない。それどころか、それらを賞讃して、それらを正義とも呼ぶ程である……今ここに、ひとつの黒いかたまりを見ている人がいて、それは黒いという。ところが、いくつもの黒いかたまりを見るとき、かれは、それは白いという……」

＊

食物と飲物にとりかこまれていながら、どんなに張りつめた、絶望的なまでの努力をしつくしても、それらをつかみ取ることのできないタンタロス（ゼウスの子、リディアの王、地獄に落されて苦しむ）。

人間と善とについても、同じである。善は四方から人間をとりかこんでおり、たえず身をさし出しているのだが、どんなに強い意志、どんなにはげしい努力をもってしても、その一片すらもつかむことは、ゆるされない。

試みないこと、じっと動かないでいること、黙って歎願していること。

もしタンタロスが、果実や水にかこまれてまったく動かず、じっとしていたら、ゼウスもついには、あわれに思って、食物や飲物を与えたことであろう。

堪え忍ぶことによって、神が辛抱しきれなくさせること。

じっと動かずにいて、善であろうと、悪であろうと、このどちらもの欠如であろうと、同じ従順さで待ち望む人には、神は、善をしかもたらすことはできない。

タンタロスは、あまりにも愚かであったために、果てしなく時間の続くあいだも、自分の努力が確かにむなしく、動かない方がずっとふさわしかったことを学び知らなかったのだ。

強い意志は、多くのものを獲得する。ナポレオンがそうだった。多くのものを、だが、善については全然。善のひとかけらですらも。

人類は、全体として、タンタロスである。

ゼウスの息子、最初の殺人者（カインのことを参照）、タンタロスの物語は、原罪の物語のギリシア神話における一解釈である。ニオベの物語は、また別な一解釈である。一部の作者たちによると、ニオベは、最初の人間のむすめということになっている。彼女のあやまちは、子どもたちが自分自身のものだと信じたことであった。

タンタロスは経験によって教えられ、果実のついた枝が自分の方へたわんでくると、目をそむけ、口をとざし、唇をかむ。だが、果実がもっと迫って、唇にさわるまでになると、かれは、それをつかもうとせずにはいられない。そのとき、枝はまた、天にまではねあがる。かれは、怒りにとらわれ、身をさいなむ渇きにおそわれて、つながれている場所の川の水を飲もうとするが、ただ水しぶきを飲みこむばかりである。

わたしにも、こういう場合が、じつにしばしばある。

どんな意味において、タンタロスの受ける責苦は永遠であるのか。タンタロスには、愛の動きひとつ果す力がないから、永遠なのである。だが、タンタロスが、ゼウスの意志を愛して渇きや飢えをいやす試みを断念するならば、いつの日か、かれの責苦も終ることがあるかもしれない。

神が善であることは、確実なことである。これは、定義である。神が、――わたしにはわからないが、――ある点から見て、実在であることも、確実なことである。このことは、信仰の問題ではない。だが、わたしが善をねがい求める思いを抱くそのつどにわたしは善へと近づけられるのだということは、信仰の対象である。このことを、わたしは、信仰によってしか体験することはできない。そして、体験したあとでも、なおかつ、証明の対象ではなく、ただ信仰の対象である。

善を所有するということは、善を願望することなのであるから、問題の信仰個条は、――これこそ、唯一の真の信仰個条なのであるが、――善への願望が豊かに実を結ぶこと、おのずと増して大きくなる力をもつようになることが目標である。

ある魂が、自分の中の一部分において、真実に、純粋に、ひたすらに善をねがい求めているという事実ひとつがあれば、そのすぐ一瞬あとには、善をねがい求める部分は、さらに大きくなる、――もし、魂が、このような変化を受け入れるのを拒まないならば。

このことを信じるのが、信仰を持つということである。

福音書の教えているように、このことと、悪霊につかれた者の治療、水上の歩行、山を移すことなどとのあいだには、ほんとうに関係があるのだろうか。象徴的な関係があるのは、明白である。だが、文字どおりに関係があるのだろうか。これまで、この問題は、わたしには理解できないままにすぎてきた。

唯物論者でさえも、自分たちの外側に、自分たちにはとても理解できぬ程遠くにありながら、外部から自分たちを支えてくれている善があるとみなしている。願望と祈りの動きをとって、かれらの思いはその方へと向かうのである。ナポレオンにとっては、自分の星であった。マルクス主義者にとっては、〈歴史〉である。ただ、かれらは、その善がこの世の中にあるとしている。ちょうど、民話に出てくる巨人が、自分の心（または、自分の命）を、龍が番人をしている湖に住む魚の卵の中にしまいこみ、結局、さいごには死んでしまうように、だから、たといしばしばかれらの祈りが聞きとどけられることがあるとしても、それはおそろしいことだが悪魔に捧げられた祈りとみなさねばならないのかもしれない。

どんな人間も、願望、切望、希望の動きの中で善をしたい求めるとき、その善が、自分の外側にあるかのように想像せずにいられないものである。従って、ただ、選ぶべきことは真の神の礼拝か、偶像礼拝かということにつきる。無神論者はみな、偶像礼拝の徒である、――もし、真の神を、その非人格的な面から礼拝しているのでなければ、信心深い人たちの大部分も、偶像を礼拝する者である。

すべての創造的精神（詩人、作曲家、数学者、物理学者など……）にとっても、まだ知られずにいる霊感の源泉は、ひたすらにねがう願望の中でしたい求めているこの善なのである。各人は、ふだんの体験によって、自分がどこからか霊感を支えられているとの自覚を持っている。

しかし、この人たちの中でも、その霊感が天の下方にあるように想像している人々があるかと思えば、天の上方にあるとみている人々もある。その人たちが、そんなふうに事柄を自分自身に対して表現しているからではない。一部にそういう表現をしている人たちがあるとしても、かれらが自分に対し、また他人に対して語りかける言葉は、その思いと必ずしも一致していない。だが、用いられている言葉がどんなものであれ、また、どんな言葉も用いられていないにせよ、事実として、魂のまなざしは、期待と願望と切願とをこめて、天の上方か、それとも天の下方に位置する場所の方へと向けられているのである。もし上方であるとするなら、そこには真正の霊感が見出される。もし下方であるならば、多少の差はあるにせよ、霊感のきらびやかな模造品、ときとして霊感そのものよりもはるかにきらきらと美しい模造品だけがある。場所が天の上方であるか、下方であるかは、霊感の中に含まれているとみなす善の性質による。もし上方であるならば、その場合、霊感は服従以外の在り方によっては、宿りにくることがない。その場合、美しいものをつくり出そうとして、霊感をねがい求めるのではない。真に美しいものが、霊感によって生れてくるから、美しいものをつくりたいとねがうのである。まず、天の父の御国とその義とを求めること、そして与えられるものを受けとること（マタイ六・三三参照）。

このように、芸術家や学者は、かれらが公言している所説とはまったく関係なしに、その魂の中に、霊感への願望がどういう位置を占めているかによって、厚い信仰の持主であるか、それとも偶像礼拝者かである。

同じ意味で、一枚の絵が、信仰心に溢れているとか偶像礼拝的であるとか、いうことができる。このことは、主題とはなんら関係がない。

神が善であると知ること、――あるいは、もっと単純に、絶対的な善だけが善であると知ること、魂がその作用への同意を拒まない限り善への願望は、魂の中でおのずと増大してくるものであると信じること、――このごく簡単な二つの事柄だけで、十分である。これ以外は何も、必要ではない。ただ、内側で善が大きく生長してくるのに、それへの同意を拒むということのないように、――何ごとが起ろうとも、無条件で、そんなことはしないように、――自分を戒めている必要がある。

この知見、この信、この自戒、――これだけが完全に達するのに必要なすべてである。

これは、じつにまあ簡単なことである。

しかし、この簡単さの中には、もっとも大きい困難が宿っている。わたしたちの肉の思いは、多様な変化がなくてはすませない。ひとりの友人が、たえまなく、神、神、神……といい続けてやまないとしたら、そんな友人との一時間の会話も辛抱できる人があるだろうか。ところで、変化とは、違いをつくるということである。善と違っているものはすべて、悪である。

変化に富んだものがなくてはすませない、魂の中の肉的な部分は、この世の変化してやまぬさまざまのものに没頭せずにいられない。魂の中の堅く立って動かぬ部分は、こういう変化してやまぬものの中にあっても、神の宿られる、動かぬ場所を目ざさねばならない。

回転する中空の球体においては、すべての点が、——二点を除いて、完全にすべての点が、動いている。この二点の中間にある点も、回転しているが、それでも、この二点間には、不動の関係が存在する。

神が一方の極であって、もう一方の極は、魂の不動の点、すなわち魂における神の臨在であらねばならない。

わたしたちは、虚偽の中にいるのであるから、わたしたちが〈自分〉と称しているものは、わたしの魂の中心にはないのである。だから、直接にわたしの魂の中心と関係するすべてのものは、わたしが〈自分〉と称しているものとは外にある別なものである。

従って、霊感を受けた人々はみな、その霊感がどんな種類のものであれ、——たとえば機械の発明というふうな、まったく世俗的な種類のものであるとしても、——その霊感を自分たち自身とは縁のない外部の現象と感じるのである。

あるいはまた、こんなふうに推論するかもしれない。どうしてわたし自身の中にあるよりも多くの善が、わたしから出てくるわけがあろうか。もしわたしが、善において進歩しているとするなら、外部の善がわたしに影響を与えてくれなければならない。

もし善を願望することが善を所有することになるのならば、善への願望は、善を生み出すものである。すなわち、善への願望を生み出すものである。

わたしの外部には、わたしよりもすぐれた善があり、わたしが善を望むたびごとに、わたしに影響を与えて善へと導いてくれる。

この働きには、どんな限界もあるはずはないから、わたしの外部にあるこの善は、無限である。それは、神である。

そこにおいても、信は存在しない。ただ、確かな知見だけがある。こういうすべてのことを考えずに、善を考えることは不可能である。善を考えないということは、不可能である。

この働きには、どんな限界もないのであるから、魂はついにさいごには、神とまったく同一化することによって、存在することをやめる。

変化の過程で、どんな段階にあるときでも、魂は、それ以後の変化を受け入れまいとすることはできる。そのとき、おそらく魂は一時、現にある状態のときのままにとどまるのである。しかし、ただ一時だけである。次には、魂は、ふたたび失墜する。上昇してきたのと同じように、次第次第に。ところが、善への純粋な願望が完全に消え失せていない限り、少なくとも、ごくわずかでも残っている限りは、再び自分を取り戻して、再上昇することができる。最初のときよりも、高い所へと上ることもできよう。しかし、さらに高くへたどりついたところで、またも拒否をするならば、同じことがくりかえし起こる。

ひとつの魂は、このようなゆらめきがちの歩みを続けて、ともかくもある高みへとたどりつくことはできる。だが、これは、惨めである。

この世にいるときから到達可能であって、そこから先はどんな形での下降も起らないという点が存在しないのだろうか。

わたしにも、そんなことはわからない。

だが、わたしは、存在すると信じたいと思う。

この世にあって、善と、原罪によってもたらされた悪とのどちらかを選択する能力をなくすること以上に、望ましいことがあるだろうか。

だれが……（ギリシア語）。

魂は、無へといたるのにいや増す善を経て行くか、それともいや増す悪を通って行くかのどちらかを選ぶことしかできない。善も、悪と同じく、無を限界としている。だが、無に達するのに、善を経て行くか、それとも悪を通って行くかは、どうでもよいことではない。

それどころか、このことだけがただひとつ、重要なことである。ほかのことは全部、どうでもよいことである。

ところで、なぜ、このことが重要であるのか。

別になんのためでもない。このことは、それ自体で重要なのである。このことだけが、無条件に重要なのである。

そして、さらにもっと高い次元においては絶対に何も重要なものはない。なぜなら、わたしがもし、悪の底へと落ちるとしても、それは善をなんらそこなうことがないからである。

わたしたちは、虚偽のうちに生きているために、大きい幸福こそが、無条件に重要なものだという幻想を抱いている。

もしだれかが、溜息をついて、「金持になりたいなあ」というとしたら、その人の友だちは、「どうしてですか、金持になって、もっと幸福になれるのですか」と答えることができよう。だが、もしだれかが、「わたしは、幸福になりたいのです」というとしても、だれも「どうしてですか」とは答えないであろう。

あなたが幸福でありたいと望む理由を、わたしにいってください。

だれかが苦痛を感じていて、慰めを得たいと望んでいる。どんな理由で、あなたは慰めを得たいと

ねがうのかを、わたしにいってください。

おかしい質問だ。だれが、そんな質問をあえてしかける者があるだろうか。

その質問を、自分自身にしかけなければならない。そして、まず第一に、自分には、幸福でありたい

と望むどんな理由もないこと、次に、幸福は、理由もなく、無条件に望まれるべきものではないこと

をさとらなければならない。なぜなら、ただ善だけが、このように望まれるべきものだからである。

これがプラトンの思想の根底である。

こういう思想は、本性とは非常に相反するものであるから、ただ聖霊の火にまったく焼きつくされ

た魂の中にしかあらわれてこないのである。おそらく、ピュタゴラス派の人々の魂がそうであったよ

うに。

だから、プラトンの全作品の中から、このことを理解した人もなく、見てとった人すらない。

永遠の至福とか、永遠の命とか、天国などの名でさかんにたたえられている幸福も、同じようにさ

ばかれなければならない。あらゆる種類の幸福が、このようにさばかれなければならない。あらゆる

種類の満足も。

聖ヨハネは、わたしたちは神を見て幸福になるだろうとはいわず、わたしたちは、神をあるがまま

に見て、神とひとしい者にされるであろうといった(ヨハネ一・一八、一四・一二、一七・二一など参照)。

わたしたちは、純粋な善であるだろう。

わたしたちは、存在せぬ者となるであろう。だが、善の限界にあるこの無の中で、わたしたちは、地上の生活のどの時にもまして、いっそう実在的なものとなるであろう。そのかわりに、悪の限界にある無は、実在性のないものとなる。

実在性と存在とは、別々のものである。

このこともまた、プラトンの中心的な思想である。そしてまた、あまり理解されていない。

(ユスティノス、聖アウグスチヌスなどは、プラトンがモーセから、神は〈存在〉であることを学び知ったのだといった。だが、プラトンは、神が〈善〉であり、〈善〉は〈存在〉の上にあるものだということを、だれから学んだのであろうか。モーセからではない。)

*

魂の中に、「わたしは、幸福である必要がある」、「わたしは食べる必要がある」、「わたしは、この苦痛を慰められる必要がある」、「わたしは、からだをあたためる必要がある」、「わたしはこの危険からまぬがれる必要がある」、「わたしは、あの愛する人から便りをもらう必要がある」などといった思いが生じてくるたびごとに、すべてこういう「……する必要がある」という型の思いが生じるたびごとに、自分自身に対して冷たく答えること、「わたしには、その必要がわからぬ」と。

もし、その思いが、「それでも、わたしは……する必要がある」という型のものであるとすれば、なおのことそう答えること。

そんなふうに自分に答えることはやさしいのだが、乞食に語りかけたタレイランと同じ位にこのことをまったく信じ切ることは、それ程やさしくはない。

タレイランが、冷酷な心からこの乞食に対してあまり愛を示さなかったと同じ位に、神への愛ゆえに、このわたし自身を愛さぬところまで、どうしてわたしはたどりつけないのだろうか。

神への愛は、感受性に対してはエゴイズム程も強くないのだろうか。

*

神をほめたたえることと、被造物にあわれみを寄せること。神が、創造によって権利放棄をなさったときから、ここには矛盾がない。神の創造的な権利放棄をほめたたえ、自分自身は被造物であり、二義的な原因でありながら、この世において行動する権利をゆるされていることを、よろこばねばならない。

飢えでなかば死にそうになっている、その不幸な人が、路上に横たわっている。神は、その人にあわれみをかけられるが、パンを送ってよこすことはなされない。だが、今ここにいるわたしは、さいわいなことに神ではない。わたしは、その人に一片のパンを与えることができる。これこそ、わたしが神よりもまさった唯一の点である。

「わたしが飢えていたときに、あなたがたは、わたしに食べさせてくれた」(マタイ二五・三五)。神は、不幸な人々のためにパンをと切に願っておられるが、ご自身はそれをお与えになれない。

*

ローマ帝国において、人々の絶望、根こぎ、倦怠と飽満への沈淪のさまははなはだしく、そのためにただひとつの思いだけしか、人々の心をゆさぶることはできなかった。それは世の終りが真近に迫っているとの思いである。この思い、この期待は、さまざまの預言によってさらにかき立てられ、帝国全体にわたって存在していたのにちがいない。だが、キリスト教徒だけが、はっきりした証拠を持っていると思われていた。エルサレムの陥落後、その確かさは一だんと強くなるように見えた。

なるほど、世の終りが近いというこのメッセージは、キリスト教徒が、人気を集めるとともに、罪人であるとの評判を招くもととなったことは、そのとおりであろう。

人々は、この時期には、これまでになかった程にやすやすと自殺をしたものである。しかし社会生活の基盤が崩れてしまっていたから、自殺したからとてどうなるわけでもなかった。あまりにも多くの恐怖が未解決のままに残された。世の終りへの期待は、自殺の集団的、全世界的な等価物であった。人々は、世の終りが間もなくやってくると本当に信じていた。そして、このことを「よい知らせ(福音)」であると称していた。

「主よ、朝がどんなに待たれることでしょう、——星が沈みはじめるときが」(原文は英語)。人々は、アメリカの黒人奴隷とほとんど同じくらいに幸福であった。

このような福音が、奴隷たちに対してあれ程に熱狂的にむかえられたのは、驚くべきことではない。

＊

黙示録。もし天で生まれたのが、キリストであるとすれば(一二・一一五)、(世の作られる前から小羊は生まれていたのではなくて)、(しかしこの点がなお、疑わしいそのときに)——キリストが生まれたときに、天使ミカエルは、サタンを天上から地に投げ落したのである(一二・九)。かれは、それまで、天にいて、神のみまえで、人間たちの告発をしていたのである。

これは、じつに奇妙なことである。

「地と海よ、おまえたちは災である。悪魔が、自分の時がわずかしかないのを知り、激しい怒りをもって、おまえたちのところに下ってきたからである」（一二・）。

「そして、わたしは、龍が……その女を追いかける……のを見た。そしてかれは、海の岸の上に立った。わたしはまた、一匹の獣が海から上ってくるのを見た……龍は、自分の力と位と大いなる権威とを、この獣に与えた……」（一二・一三 一三・二）。

このことは、要するにキリスト以前よりも以後には地上の善がずっと少なくなるという見解と一致する、——おそらくそうなのだ。

アウグストゥス（ローマの初代皇帝、紀元前二七年に即位）は、要するに、キリストの誕生よりもほんのわずか前に、その治政を確立したのである。どんなにいじわるな見方をしても、ほんのわずか年代をずらせば、ローマはほとんどキリストが生まれたときに（その時期に、という意味で）、この世の支配を受けとったということができる。

＜獣＞というのは、明らかにローマである。

だが、＜獣＞の君臨はなおも続いている。

小羊のような角があり、龍のように物をいい、先の獣からすべての権力を受けとって、この獣を拝ませたという、もう一つの＜獣＞とは何をさすのか（一三・一一）。

プロテスタントなら、それは＜教会＞だという人たちがあるにちがいない。

セネカの中のアトレウス（セネカの悲劇『ティエステース』に出てくるミケーネの王）、「賤しい者にはつねに、真の賞賛がもたらされるが、強い者にはただいつわりの賞賛しか寄せられぬ（原文、ラテン語）。このように、権力にとって利点は虚偽の中だけにしかない。だから、それは、悪魔のくれたものである。

セネカ、

「これまで、時間は、かれの悩みをかるくしてきた、

――そうではない、災いの思いは、日々に増し加わってくるものだ、

不幸を堪え忍ぶのはやさしいが、ずっと堪え忍びつづけるのは、つらいことだ。」

……肚の虫にも同じことがいえる……

同じく、「……わたしたちは、外国の貢納により生計を立てているが、

ゲータびととパルチアびとの住むかなたでは、わたしたちのために

収獲物をもたらす畑地はない、わたしたちのためにたかれる香はない、

ジュピターはないがしろにされて、わが宮は飾られることがない……」（原文、ラテン語、いずれも同じセネカの劇の引用）

＊

すると、そのときその町で罪の女であった者が、かれがパリサイ人の家で食事をしておられることを聞き、香油の壺を用意してかれのうしろで、その足もとに寄り、泣きながら、まずその涙でかれの足をぬらし、自分の髪の毛でぬぐい、その足に接吻をして、香油をぬった……（ルカ七・三七、一二八）。

……彼女は、わたしが家にはいったときから、わたしの足に接吻してやまなかった（同七・四五）。

……そのためにわたしは、あなたにいう、この女の罪はゆるされたのだと。その罪は多かったが、彼

女は愛することも多かったからである。だが、少しだけゆるされた者は少しだけしか愛さない……
……あなたの信仰があなたを救ったのです。安心して行きなさい(同七・四七―五〇)。

＊

神にゆるしてくださいとねがい求めることは、ゆるされる。

少ししか罪がないと信じている者は、少ししか神にねがわず、少ししか愛していない。

だが、下層の売春婦は、自分には大きい罪があるのを知らないでいることはできない。なぜなら、社会がそれを知らずにいることをさせないからである。

まず清浄潔白な生活を送ってきたといえる人が、自分では罪をおかさなかったとしても、自分の中におかすかもしれないあらゆる罪の根を感じとり、神にそのゆるしを乞うとすれば、売春婦と同程度に神を愛する特権をもちうるのである。

純粋さという点で、完全な自己忘却を含むこの心の動きを越える程のものは、何ひとつありえない。彼女は、自分の触れることが不浄になるということをも忘れる程であった。

人間の悲惨さと、この肉体が堕落のままにゆだねられ、さらされているさまを骨の髄まで感じとって、自分自身をまったくかえりみず、善へと向かわねばならない。

人間の悲惨さを思う苦しさが魂の底にまでくい入り、すべての現世的な望みをうち砕くまでになる必要がある。

そのとき、恥辱の底から善の前に溢れ出てくる涙が、純粋なささげものとなる。

これらの〈わたし〉であるすべてのものが、恥辱となるとき、わたしの思いのすべては、わたしの外にある、この善の方へとおもむく。魂もからだも、わたしがそれと知りもしないのに、わたしの思いに従って行く。わたしは、善の方へと近づけるとき、自分の思いを辱しめることになることをも、もはや考えようとしない。

こうして、わたしの思いを、キリストに触れるまで導いて行く、この厳然たる動きの中に、完全な謙虚さがある。

愛は、負債をゆるされる度合いに比例している。だが、だれでも理解する者には、無限の負債がゆるされるはずである。

＊

もしわたしが、この世のすべてのものを、いつわりの善であるとして、自分の願望をそこから引き離そうとするならば、わたしは、自分が真理の中にいることを、絶対に、無条件に確信できる。そういうものは善ではないこと、この世の何ものも、ただ虚偽の役に立つものにすぎず、善とはみなしがたいこと、この世のすべての目標はおのずと、自壊するものであることを、わたしは知っている。そういうものから、遠ざかること、——それがすべてである。それ以外に何も必要ではない。それこそは、愛徳のまったきあらわれである。

わたしがそれらから遠ざかるのは、それらを善の観念とつきあわせてみて、虚偽だと判断するからである。そこで、わたしは、地上の事物はことごとく、善のために捨てるのである。わたしの願望、わたしの愛情一切を、地上の事物から引き離して、善の方へと向けるのである。

だが、そんな善が存在するのかと、問う人があるかもしれない。かまわないではないか。この世の事物は、存在するのである。だが、それらは善ではない。善が存在しようと、しまいと、善以外に善はないのである。

そしてまた、その善とは、いったいどんなものであろうか。わたしは、何も知っていない。それでも、かまわないではないか。善とは、ただその名にわたしが自分の思いを注ぎつくすとき、それだけでこの世のものが善ではないとの確信をわたしに与えてくれるようなものなのだ。もしわたしが、その名以上のことは何も知らないとしても、わたしはまた、その名以上のことを何ひとつ知る必要もないのだ。ただ、わたしがそれを先に述べたように用いるすべを知っているならば。

もしかすると存在しないもののために、存在するものを捨てるのは、おかしいことではないだろうか。全然おかしくはない。存在するものが善ではなく、もしかすると存在しないものが善であるときには。

だが、もしかすると存在しないものなどと、どうしていうのか。善は確かに、善という属性がその上に付加物としてつくような実在を持ってはいない。善は、この属性のほかに存在を持たない。善は、善であるということ以外に存在を持たない。だが、善は、この実在を満ち溢れるばかりに持っている。善が存在するとか、存在しないとかいうのは、なんの意味もない。ただ、善は善なのである。

この世の事物は、存在する。だから、わたしは自分の能力の中で存在と関連があるものは、この世の事物と別にはしない。この世の事物にはどんな善もないのだから、ただ、善と関連のある能力、すなわち愛だけは、これと別にしたい。

性欲。わたしたちの肉体の中には、いったん抑えがきかなくなると、この世の事物にも幾分の善を見てとらせるような犠牲がある。そういう機構は、ついにこわれてしまうまで、錆びつくにまかせておかねばならない。

わたしは、この世の事物が自分の願望にあたいせぬものであると知りながらも、なおも、そこに自分の願望がつながれているのを見る。わたしには、自分の願望をそこから引き離すエネルギーがないのだ。

意志の努力は、幻想である。

わたし自身の魂がわたしを信頼していない。

わたしはただ、善を願望することを願望できるばかりである。

だが、他の願望が、偶然的な事情によって効力があったり、なかったりするのに対して、この願望はつねに効力がある。なぜなら、黄金への願望は黄金ではないが、それに対して、善への願望は善だからである。

もしある日、わたしの願望が、この世の事物から引き離されて、まったく、専ら善の方向へ向けられることがあるならば、その日、わたしは最高の善を所有することになるであろう。

わたしはそのとき、もはや何も願望することがなくなるというのか。そうではない。願望することが、わたしの善となるのだから。なおも、わたしには何か願望すべきものが残るというのか。残りはしない。わたしは、わたしの願望の対象を所有することになるのだから。願望が、わたしの財宝となるであろう。

だから、聖書は、「この水を飲む者はだれでもつねにかわくであろう」という比喩と、「この水を飲む者は、もはや決してかわくことがないであろう」という比喩を同時に用いているのである（ヨハネ四・一三、一四）。

この水とは、かわきのことである。

わたしたちは、裏返しになった状態にあるから、神の諸属性が、否定的なもの（限界のないもの、など）に見え、また同じく、所有は願望という面にかくれて、わたしたちには見えない。わたしたちが願望と名づけているものが、所有を構成しているのである。所有は、願望の仮面をつけている。民話の中の召使いの服を着た王女さまのように。

このことを認めるのが、『ウパニシャッド』もいっているように、願望のひそみかくれている場所を発見することである。願望こそは実在であるが、にせもののために覆われて見えないのである。実在であるとは、すなわち所有のことである。

わたしが、ひとりの友人に会いたいと願望するとき、わたしは、その会見そのものを願望しているのではなく、その会見の中にあると想像される善を願望しているのである。もしわたしが、この願望を切り離し、引き抜き、これを純粋な善の方へ向けるならば、願望それ自体が、その会見からわたしの期待していた善よりも、はるかにもっと大きい善となるのである。

だから、「わたしのために、あなたがたが捨てたすべてのものが、この世にあってはやくも百倍にもなっているのを見出すであろう。」

捨てること自体が、この百倍に相当する。

キリストのために父を捨てることは、父そのものよりも百倍も大きい善がある、など。

だが、ここからは、自分の捨てたものにともなっていた満足感や楽しみなどが、百倍になるどころか、ほんのわずかすらも見出されるという結果は全然生じない。

所有は、満足ではない。この二つの事柄には、なんの関係もない。

満足、楽しみ、よろこび、仕合せ、大きい幸福など、こういうものはすべてこの世の事物に属し、従って、善ではない。

もし、彼岸の世界について語るときに、よろこびとか大きい幸福とかの語を使うとしても、それは、善という代りに、ただ比喩としてだけ用いるのである。

「存在する」とか「存在しない」とかは、善に関するかぎり、なんの意味もないのと同様に、欠乏や満足は、善への願望に関するかぎり、なんの意味もない。この願望は、それが善そのものであるのだから、満足させられるということがない。この願望は、それが善そのものであるのだから、剝奪されることもない。

人は、善ではない、この世の事物については、欠乏したり、また満足したりする。肉体の苦痛や安楽さを感じるのと同じように、欠乏や満足を感じるのである。それは、なまで動物的な感じである。だが、そういう願望は取り去らねばならない。

どんな満足も善ではないのだから、どんな欠乏も悪ではない。善には対立するものがない。地上の事物に願望をつなぐことを悪と呼んでもいいかもしれない。願望がこのようにつながれているかぎり、善と悪という一組の相対立するものがあるという幻想が生じる。

願望は、それ自体において善である。もし願望の向け方がわるくても、なおかつ、願望には善の可能性が含まれている。

だから、虚無のほかに地獄はない。善の可能性が存在しないところには、願望も存在しない。そこには考える被造物も存在しない。

ひとたび、すべての願望が神の方に向けられるならば、人は空腹のときにも食べることを望まない。それでも（禁欲の修行の場合は別として）、食物を手に入れるために、できるかぎりのことはする。どうしてか。どんな目標も、必要ではないのである。肉体のエネルギーが、そんなふうに方向づけられているのである。

たまたま、飢えている人を見たとしても、その人に食物を受けとってもらおうと望みはしない。だが、その人が食物を手に入れられるように、できる限りのことをする。自分が必要なものを欠いているときでも。

どうしてか。それは非常な神秘である。

肉体の感受力自体が、ひとたび自分の願望を取り去られてしまうと、普遍的な性質を帯びるようになるのである。

この神秘を、理解することができるだろうか。神の愛と触れ、聖霊と触れて、焼きつくされた肉の感受力は、普遍的なものとなる。

ただ、同情によってだけ不幸をじっと見つめることができる。なぜなら、自分自身の不幸によっては、自分もまた砕かれ、それをじっと見つめることはできない。他人の不幸は、同情がないとしたら不幸とはいえない。

わたしたちの感受力は、生まれながらに普遍的なのであるが、そこにわたしたちの願望がつながれることによって、エゴイストなものとなる。

わたしたちの外にある、無限の〈善〉の方へとまったく向けられた願望は、自己へのかえりみを一切ゆるさず、従ってどんなエゴイズムをも追い出す。

人は、不幸が悪であると信じるからこそ、自分の中にある生まれながらの同情心を殺すのである。同情心は生まれながらにそなわっているのだが、生存本能のためにおし殺されている。ただ、魂のすべてが超自然的な愛にとらえつくされるとき、生まれながらの同情心が自由な羽ばたきを取りもどす。

わたしはまだ、この神秘をよく理解していなかった。

これは、善の神秘とも似かよった神秘である。

*

どんなに冷酷な心の持主でも、劇場で上演される不幸を見て、同情を覚えない人間はいない。というのは何も求めず、何を得ようとも試みず、また、どんな危険も、どんな汚染をもおそれることなしに、劇中の人々の中へと自分がはこばれて行くからである。

人は、自分の同情心が自由に流れ出るままにしておく。これは現実ではないのだと、知っているからである。もしこれが現実であるならば、氷のように冷たくなることであろう。

何百年ものあいだ、キリストが十字架にかけられたことをなげき悲んできた多くのキリスト教徒たちは、もし実際に十字架の上にかれの姿を見たとしても、なにも感じなかったことであろう。かれらの涙は、なんの役にも立たなかったのである。

すべての願望が善の中へと移されている人は、劇場にいる人のように、つねにたえず同情へと動かされるそなえができている。

その思いは、不幸の姿を目のあたりにしても、身じろぎもしない。不幸は悪ではないと知っているからである。だが、その人は、それを見て苦しむ。不幸はつらく痛ましいことを知っているからである。そこで、自分が苦しむことによって、その痛苦を癒やしたいとの思いにかられるのである。

これが全部である。これ以外には何もない。それは、とても単純なことなので、かれがそうしているときに、かれの右の手は、左の手がしていることを知らない(マタイ六・三など)のである。

*

ノアの虹(創世記九・一三、一四)(散文によるエッダの中にも虹が出てくる)は、天と地とをつなぐもの、救いの道である。バベルの塔(創世記一一・一―九)も同じものであろうと意図したのだが、地から起ったので、天に由来するものではなかった。だから、それは、邪悪なものであった。

虹は、神の怒りを制限するものである。

「人の血を流すものは、人に血を流される。神が自分のかたちに人を造られたゆえに」(創世記九・六)。

殺人に対して死をもって罰されることは、人間が神的な使命をもつひとつの証拠である。

律法それ自体が、殺人によって汚されないために、神よりのものでなくてはならない。

古代においては、すべての律法は、神よりのものとみられていた。

*

神は悪魔にいわれた、「かれはあなたの手中にある。ただ、かれの命を助けよ」と(ヨブ記二・六)。しかし、これでは完全でない。完璧を期すのならば、死の苦しみの中でも、かれがなお神をうやまうかどうかをも、見なければならないであろう。これは、二つではなくて三つの時期にわたる物語なのであろう。

それが、この詩の構想であるように思われる。そうすれば、これは、死んで、よみがえった神の物語となる。ヨブは、ひとりの神なのである。なぜなら、かれは、自分が完全であることを、正当に主張することをゆるされているからである。

だが、その場合、神がヨブに語った話は、いくつかの詩篇と同じ霊感から出たものであるが、ユダヤ人がつけ加えたということになろう。ヨブの友人たちを責めたさいごの言葉（ヨブ記四二・七、八）をのぞいて。

*

「ここで、さしもの高ぶりもやむことであろう」（ヨブ記四一・九参照）。

*

それとも、神の話は、復活したヨブに対してなされたものだったのか。
悪魔もまた、もとの詩では、神の前を出て行ったということはないはずである（ヨブ記一・一二、二・七）。

*

列王紀下一八章。その先祖ダビデのように信仰の厚い、ユダの王、アハズの子、ヒゼキヤの時まで、イスラエル人は、モーセの造った青銅の蛇に向かって香をたいていた。かれがそれを打ち砕いた（一八・四）。（人々は、これをネホシタンと呼んだ）（青銅の蛇をさす蔑称とされる）。

*

キリストを象徴するものの一覧表。
プロメテウス。
ギリシア幾何学における比例中項。

ペルセフォネー。

オシリス。

ディオニュソス。

アティス。

アドニス。

グリムの童話｛白雪姫。

七羽の白鳥の姉妹。

「アーモンドの木」における、死んで、食べられ、復活した子ども。これは、過越の小羊や、アメリカ・インディアンの説話中の死んで、食べられ、骨がもとになって復活する動物と比較できる。｝

アメリカ・インディアンの説話に出てくる、太陽の化身という「ダーティ・ボーイ」。

オレステス。

ヒュッポリトス。

『国家』篇の中の義人。

『ファイドロス』篇の中の〈知恵〉。（もし〈知恵〉が目に見えるものとなったならば……）。

ヨブ（別な版では、死んで復活するのではないか）。

青銅の蛇。

ザグレウス（月と同じか）。

殺された牡羊、ゼウスはその姿に身をやつして、エジプトのヘラクレスにあらわれたという。

オーディン（「わたしは、……に掛かったことを知っている」）。

メルキゼデク（「神の子と同一視された」）。

ノア。

クリシュナとラマ（とくに、クリシュナ）。

『オー・ノロウェイの牡牛』の中の花よめ（「わたしはあなたをさがし、あなたのおそばへはこばれてきたのです、愛するオー・ノロウェイのお殿さま、あなたは、わたしの方を向いて、お声をかけてくださらないのですか……」）。

アンティゴネー。

老子の「道」（「わたしは道である」）。

＊

わたし（アハム）が、アートマンであるような存在、——それが、人であって神であるものである。

＊

古代の人々は、神秘家たちが礼拝してきた至高の神ととりなしの神とを知っていた。その上に、現世的な保護を使命とする、家族的、民族的な神々も有していた。

イスラエルは、神そのものを民族神としていただくことによって、まったく勝利が確実になるのだという考えをいだいた。

かれらは、神をその偶像礼拝の対象にえらんだのである。

エッダにおける、海底にいるミズガルズの蛇は、聖書のレビヤタン（ヨブ記三・八など）と同じ動物である。

「白い神……ぜんぶが姉妹の、九人の少女が、かれを子どもとして、生んだ。」

散文によるエッダにおいては、人類は悪の原理から生じたとされる。

エッダ。世界は、神が悪の死体からつくった。

＊

「……その妻たちよりも禿鷹にはるかに愛される者となって」（ホメロス『イリアス』一一・一六二）。人間の愛は、このようなものである。人はただ、自分の食べられるものだけを愛するのである。何かあるものが食べられるものでなくなるとき、人はもはやそれを愛せず、なお、そのようなものをも食物とすることができるだれかに、ゆだねわたす。人間の愛は、さまざまな変化による制限を受けている。わたしを愛してくれている人々のだれもが、もはやわたしになんのわずかな注意も向けてくれなくなるといった出来事が、わたしにも起こりうるのだ。わたしを愛している人々にとって、わたしは善ではない。人々は、わたしを契機にして、わたしではない何ものかを自分たちの楽しみに供しているのである。

この何ものかが、泥で作られたものか、神であるかは、ただわたしの願望にかかっている。

人間の愛は、無条件ではない。わたしは果物を好むが、いったんそれが腐るなら、もう好まない。わたしは、どんな人間よりも禿鷹にはるかに愛される者となるかもしれない。また、どんな人間も、どんなにいとしいと思っている人でも、わたしよりは禿鷹からはるかに愛される者となるかもしれない。

『イリアス』の中には、人間の愛が惨めに制限されていることを、どちらにも甲乙をつけがたい力をこめて描写している二行がある。

その一つは、

「かれらは地上に、横たわっていた、その妻たちよりも禿鷹にはるかに愛される者となって」で（二一、六二）あり、

もう一つは、

「だが、彼女は、涙にくれるのにも疲れたとき、食べることを考えた」（二四、六一三）である。

人間の愛が死よりも強いというのは、真実ではない。死の方がはるかにもっと強い。愛は、死に従属している。

生きているものを愛することは、やさしい。死んだものを愛するのは、困難である。死者への愛は死に従属していない。その対象は死ぬことができない。そればかりか、そのような愛は、まさに愛であって、夢想でない限りは、超自然的である。ニオベーの愛は、人間の愛である。エレクトラの愛は、超自然的な愛である。しかし、それでもやはり、エレクトラも食べることを思い出しはしなかったか……

愛する人の死は、おそろしい。なぜなら、それによって、その人に自分が抱いていた愛の本質が真に明るみに出されるからである。それによって、自分がその人に、死よりも強い愛を抱いてはいなかったことが、明るみに出されるからである。

存在しないものへの愛は、死よりも強い。

存在しないものを愛するとは、——なんという不条理であろうか。それは狂気の沙汰である。ところが、ここに魂の救いが存する。存在しないものを愛することのできぬ魂も、事情によってときには

卑賤の状態におしつめられぬわけではないことは、明言しておいてよいであろう。存在しないということを知りながら、存在しないものを愛するのは、魂にとっては責苦である。消滅の危険にさらされているものを、それが消滅の危険にさらされていると知りながら愛すること。

わたしたちの愛しているものが、愛されるにあたいしないのは、世界の秩序のゆえであり、それらに絶対の支配をふるって、条件づけられたものに化している必然のゆえである。必然は、わたしたちの愛から、一切の対象を奪い去る。必然こそは、わたしたちの唯一の敵である。だからこそ、この愛をその必然の方に向けかえねばならないのだ。

わたしたちの愛には、二つの対象がある。一方には、愛されるにあたいするものではあるが、わたしたちにとって存在という言葉がもつ意味においては、存在しないものがある。それは神である。また、他方には、存在してはいるのだが、愛しうるだけのものをなんら含んでいないものがある。それは、必然である。この二つのものを愛さなければならない。

愛は、その対象が（この世に）存在して、愛するに足るものであることを必要とする。ところで、わたしたちの愛には、このような対象がない。また、他方で、わたしたちの愛こそは、何ものもわたしたちから取り去ることのできぬ、わたしたちの存在そのものでもある。

人は、この世のいくつかの事物が愛するに足るものであると思いこむことがある。あるいはまた、愛するに足るものがこの世にあると思いこむことがある。あるいはまた、愛がすり切れて、ぼろぼろに崩れるままに捨てておいたり、すっぱくなって、憎しみにかわるまで放っておいたりすることがある。

こうしたことを何ひとつ自分にゆるさなかったならば、人は、驚くべき変化を与えられ、それが秘密を示してくれる。人は、到底愛することのできぬ二つのものを愛している。存在しないものと、愛するに足らぬものとを。

存在することと、愛するに足ること（愛されてもよいものが持つ性質）とは、愛の条件である。もし人が、その一方を欠如したものと、もう一方を欠如したものとを、——二つともが、不可欠のものである、——愛するならばその愛は無条件的である。

愛は、神的な事柄である。もし愛が、人間の心にはいるならば、それは人間の心を砕く。

人間の心は、このように砕かれるために、つくられたのである。人間の心がほかのものによって砕かれるならば、それはもっとも歎かわしい浪費である。だが、心は、神的な愛によって砕かれるよりもむしろ、なんでもよいほかの何ものかによって砕かれることの方を好む。なぜなら、神的な愛は、砕かれることに同意する心だけを砕くのだからである。この同意は、困難である。

ある王が、宴会に人々を招いたら、ありとあらゆる種類の口実を装ってことわってきたという福音書上のたとえ（ルカ一四・一六―二四）は、わたしたちを神から遠ざけている理由が、この遠ざかりの原因なのではなくて、口実になっていることを示している。少くとも、ほんの一秒間でも、また、はっきりとではなくても、招きの声を聞いた者にとっては、そうなのである。役人は、自分の昇進が気がかりでそれで頭が一ぱいになっているからといって、神をなおざりにすることはないであろう。だが、自分の昇進への気がかりに没頭しているということは、神のことを考えないという結果になる。そして、宗教人、修道士、聖列に加えられて、だれがみても立派な聖人といってよいと思われる人々でさえも、おそらく信仰的な口実を設けて、招きをことわることがあったにちがいないのである。

招きの声をほとんど無意識に聞いている最初の時期には、魂は全体として、なお凡庸な状態にいる。なぜなら、清らかさはやっと、極微量の無限に小さい最初の部分をのぞかせはじめたばかりだからである。ところで、凡庸なものは光を避ける。なお凡庸なままであるときに、光のうちに身をおくのは、堪えられることであろうか。それよりは、自分の願望も、自分のエネルギーも、もっとも惨めなものに注ぎこむ方がましである。

しかし、それでも、光のうちに身をおこうとする程の愚かさを持つときには、人は光となる。いったい、あらわれてくるものは、みな光なのである。だが、前もってそれを知る人はだれもない。だから、光かがやくものを夢中になって見とれて、自分の凡庸さをまったく忘れるまでにならなければ、人は、光のうちへと進み入ることはできない。キリストの足もとにひざまづいた姦淫の女は、そうであった(ヨハネ八・一―一一)。

しかし、自分は凡庸ではないのだと思って神の方へと向かっているならば、その思いあやまりが速かに、きびしく正されないとき、人は、まことの神の方へ向かっているとはいえない。神は、すべての人間的な黄金が、にせの黄金に見えてくるようにする試金石なのである。同時にこのにせの黄金は、真の、神的な黄金、隠れた所でしか光らない黄金に、変化する。試金石は、同時に、哲学者の石(仙丹、化金石)なのである。

何かが光っているのを見た幼ない子どもは、その光りかがやくものが欲しくて欲しくてたまらなくなり、自分の力ではとてもそこまでたどりつけないのを、すっかり忘れてしまって、自分のからだ全体をそのものの方へと伸ばすのである。そこで、その子の母が、その子を抱いて、そのものの近くへと寄せてやる。こんなふうに、わたしたちも、小さな子どもとならなければならない。

わたしたちは、願望の強さと一途さとによって、子どもとならなければならない。子どもは、たといそれが月であろうと、光っているものの方へ、両手やからだ全体を伸ばす。子どもは、空腹であるときには、乳やパンが欲しいといって、声をふりしぼり、からだ全体で、飽くこともなしに、泣き叫ぶ。大人たちは、ついほろりと動かされて、笑いかけたりするが、子どもは、まったくの所真剣なのである。そのからだ全体、魂全体が、ただひたすら願い求めることに専心する。幼ない子どもほどに、子どもっぽさの少いものは何もない。そんな子どもを相手にしている大人の方が、子どもっぽい。

（わたしは、リジューの小さなテレーズは、幼ない子どもに似ていたというより、こういう大人に似ている場合が多かったのではないかと思っている。）

子どもは、光っているものとか、乳とかを望んではいない。それらを入手するための画策もせず、ただ願望を抱いているだけである。それで、泣きわめくのである。意志とか、分別をはたらかす論弁的な知性とかは、大人の能力である。それらを使い切らねばならない。使い切ることによって、破壊しなければならない。この二つの能力を多く持っていようと、少なく持っていようと、あまり重要なことではない。大切なのは、最終まで行きつくすことであり、これらの能力を完全に使い切ることである。

論弁的な知性は、明白でまぬがれられぬ矛盾をじっと注視することによって破壊される。公案、もろもろの奥義。

意志は、不可能な務めの達成によって破壊される。さまざまな説話の中の人間ばなれのした試煉。その務めが、いくらかわたしの意志力を上まわるものであるならば、わたしがどんな務めにたずさわろうとも、それはあまり重要ではない。もしわたしの意志がとても弱くて（そして、このわたしに関する限りは、意志は大へん弱いのだが）、毎日自分の部屋の掃除をすることも、つらくてたまらないという程ならば、その場合は、わたしは、毎日、自分の部屋の掃除をしようと決意しさえすればよいのである。ときには、やろうとしてもできず、ぶっ倒れてしまう日々もあろう、その翌日には、あらたに意志をふるい立たせて、やりはじめるであろう。そしてまた、ぶっ倒れるかもしれない。そんなふうにしてつづけて行くのだ。

重要なことは、もし人が、思い上った心からでなくなんども気絶しながらも、耐え忍んで行くならば、意志は次第にすり切れて、ついには消滅してしまうということである。意志が消滅してしまえば、人は、意志の向う側に、従順のうちにはいることになる。

訓練不足のために、意志や論弁的な知性を萎縮させてしまうこともある。そんなときは、まだ、こちら側にいるのである。タマス（サンスクリット語「邪悪さ」の意）。あるいは、それらをきたえるのが、それらをさらに伸ばすというふうであることがある。思い上り。ラジャ（「情念、欲望」の意）。あるいは、それらを行使するのが、自分の用に供するというであることもある。サトヴァ（「勇気、決意」の意）、それらがまったく消滅して無となったとき、はじめて人は、グナ（「構成要素」の意）のかなたにいる。

しかしながら、服従の命じるままに従うならば、他の人々が、意志や論弁的知性によってつくり出すのと同じ成果を、服従によってつくり出すこともできる。

*

人は、不幸を好まない。なぜなら、不幸は、人が自分自身を愛しているときに、愛しているその対象を見よと強いるからである。不幸な者を愛するのは、本性に反したことである。不幸は、そうせよと強いる。人が不幸の中にあるときには、不幸な者を愛さねばならない。でなければ、自分自身を愛することをやめなければならない。

真の同情は、みずからすすんで受け入れ、同意した不幸との等価物である。

本性に発したあわれみは、不幸な人を助けるといっても、それは今後もはや、うまくその人のことを考えないですませるためであり、また、自分とその人とのあいだの距離をさらに楽しんでいられるためである。それは、残酷さのひとつの形にほかならず、ただ外にあらわれた結果によってだけ、固有の意味での残酷さと違っているにすぎない。皇帝陛下のご仁慈などというものは、おそらくこんなものなのであろう。

同情とは、不幸な人に注意を向け、思考によってその人の中へと自分を運び入れることである。そのときから、その人が空腹のときには、自動的にその人に食べさせるようになる。ちょうど、自分が空腹のときには、自分自身に食べさせるように。その人に与えるパンは、単に同情の結果であり、しるしであるにすぎない。そのとき、人は、キリストからの感謝を受けるのである(マタイ二五・三一―四〇)。

それは、このパンの贈り物が、単に同情の結果であり、しるしであるのと同様に、同情が、神との愛による一致の結果であり、しるしだからである。いったい、不幸な者をひとりでも目にするならば、神との触れ合いを経ていないすべての注意力は、逃げ出すのである。
神だけが、不幸な者に注意を向けることができる。

＊

ヨブ記は、ひとつの奇跡である。なぜかというと、そこには、堪えがたいような苦痛にうちひしがれているときにしか、人間の心に宿ることができない思考、しかも、そのときにはまだ形をなしていず、いったん苦痛がしずまると、消え失せてしまって、二度と見出すことのできない思考が、完全な形で表現されているからである。

ヨブ記が書かれたことは、注意力が不幸に対して向けられたという奇跡の一特殊事例である。

『イリアス』についても、同じである。

注意力は、真の神をのがれるように、不幸をのがれる。いずれも、同じく生存本能におされて。このどちらの対象によっても、からだがまだ生きているときに、魂は否応なくみずからの虚無を感じさせられ、死なしめられなければならないからである。

ただ、すでに真の神との真の触れ合いによって死んだ魂だけが（たとい、言葉づかいのあやまりのために、自分は無神論者だと思いこんでいるとしても）、その注意力を不幸の上にひたとすえることができる。

不幸な者自身もまた、不幸に注意を向けることはない。不幸な者が、その境遇ゆえに、他のものに注意を向けることができぬのだとすれば、結局は、何にもまったく注意をはたらかせていないのである。集中と持続の能力をまったく欠いていることこそ、極端な社会的失墜の諸状態（売春婦、前科者など）の特徴である。この無能力が、同時に失墜の原因でもあり、結果でもある。

不幸な人を目にしながら、同情を寄せることができないという、不幸に対して注意を向ける能力のなさが、逆に、救いの手をさしのべられた不幸な者にあっても、感謝の気持を抱くことを阻んでいるのである。感謝の気持を抱くには、自分の外に出て、自分自身の不幸を外側から、そのまったき醜さのままに見つめうる能力が予め必要である。それは、あまりにもおそろしいことだからである。

ただ、無条件な愛によってだけ、魂を強いて、精神的な死へとおもむかせることができる。無条件な愛は、無条件な善のほかに目標をもたない。その善とは、神である。だから、意識的であると否とを問わず、神への愛によって自分を殺した魂だけが、不幸な人々のおちいっている不幸に、真に注意を向けることができるのである。この点は、まったく確かである。

不幸は、真偽を見定める標準である。これこそが、不幸の神意にもとづく役割ではないのだろうか。肉体も、魂も、うち捨てられた、十字架のキリスト。ただかれだけが、この状態にあって、〈父〉なる神を愛することができた。ただ〈父〉なる神だけが、この状態にあってかれを愛することができた。

＊

時間は、わたしたちにとって責苦である。人間はただ、そこからのがれることしか求めない。すなわち、現在の中に埋没することによって、過去や未来からのがれることか、あるいは、過去や未来を自分の思いのままに作り上げることしか、求めない。

人は、永遠の、はるか下方にとどまっているか、――肉がその手段を与えてくれる、――または、上方を通過することによって、時間からのがれられる。だが、上方を通過するには、ただの一瞬間しか生きないわたしたちが、時間の全体を、無限の長さにわたって通り越えなくてはならない。神が、神を愛する者にその手段を与えられる。

ただ、ヨブのように、不幸の底にあって、なおも神を愛そうとつとめる人だけが、不幸のあらゆる苦味を、残りなく完全に、魂の中心部において感じるのである。もし、この人が、神を愛することをやめるならば、そのような苦しみをなめることはないであろう。プロメテウスも同じ苦しみをなめた。この状態にあっては、魂は引き裂かれて、動かぬ物質と神という創造の二つの極に釘づけにされている。この引き裂かれの状態こそ有限な魂の中における、神の創造の行為の再現である。おそらくは、創造の秩序から出て、始源へと回帰するには、この所を通ってこなければならないのであろう。

まだ神を愛しはじめることすらしていないときに、不幸にとらえられた人は砕かれる。

おそらく、この出来事は先立ってやってきた死と同様のものとみなしてよいのであろう。わたしたちは、その現実の様相を知ってはいない。

おそらく、わたしたちにあって何よりも残酷きわまることは、ひとりの人の魂を真に痛めつける能力がないということであろう。そして、そんな具合だから、わたしたちはそれがどういうことかを知らず、また、知る権利もない。

ザグレウス。ナルキッソス（ギリシア神話の中の自分の姿に見ほれた美少年）。

ザグレウスは、鏡のわなにかかった。ナルキッソスもそうであった。ザグレウスとナルキッソスは、同一の存在である。神のみ言葉。

この鏡とは、被造の世界である。神は、自分の創造したものに見入っていたときに、悪のわなにかかった。神は、とらえられて、受難にわたされた。

神は、慈愛のみち溢れるままに創造をし、悪にも存在するきっかけを与えた。

世界が善であると考えてよい、ただひとつの理由は、神が、世界にはどんな悪が生じうるかを、永遠に知っていながら、永遠にこれを創造しようと望んだという点である。

世界が善であることをもって神の証明はできないが、神によって世界の善であることは証明できる。あるいはむしろ、これは信仰の問題である。

しかし、世界は美しい。そこには、悪が含まれているとしても。悪は、世界の秩序のうちにとらえられて、一種の恐怖すべき美しさを帯びている。このことはわたしたちにも、感じられる。

*

他人の立場に身をおくことは、その人のために霊的進歩よりも物質的な慰めを望むことになる。もし、その人が、さまざまな願望をそのように階層的にみているとすれば。

しかしながら、他人が隣人を傷つけることを望んでいるかぎりは、その人の立場に身をおいてはならない。

いずれにせよ、ある人が自分ではそんな願いを持っていないのに、その人の霊的進歩を望むのは、同情とは別なことである。

同情はおそらく、その人を進歩させる上にさらに大きい働きを及ぼすことが可能である。

ルフィヌス(ローマの政治家 三三五―三九五)、エジプトの修道僧の歴史、ラテン教父集二一・三八七。ひとりの隠遁の聖者が、めいめい自分がどんな聖人に似ているかをいってみてほしいと要求する。それに応じたのが村の歌うたいの男であった。この男は、しばらく前まで盗人であった。これまでに何かよい行ないをしたことがあるかとたずねられたとき、かれは、考えたあげくにさいごに、自分たちの一味がむかし、ひとりの尼僧をつかまえたことがあったのを思い出す。かれは、他の者がこの尼僧に乱暴を加えようとするのをおしとどめ、手もふれずに自分の家に連れ戻ったのである。また、別なときには、夫と息子が牢に入れられ、税金の滞納のために(これがキリスト教国の話なのである)拷問を受けているという境遇の女に、滞納分を払えるだけの金額をめぐんでやったこともあった。その女は美しく、奴隷としてかれに身を捧げていて、三日間、食べ物も口にしていなかった。この話を聞いて、その聖者はかれを修道僧にしてやる。

また、別なとき、同じ質問に対して、村長をしていた男が答える。かれは、三人の子どもを生んだときは別として、純潔をおかしたことがなかった。

人々を手厚くもてなし、正義を行なった。自分が原因でひとりの人も悲しい目にあうことがないようにと、つねに努めていた(『死者の書』参照)。

エジプトの僧侶の大多数は、取り入れの作業に従事した。小麦を報酬にもらうと、その大部分は不幸な人々に分け与えた。

『教父たち《ウイタエ・パトールム》の生涯』、ミーニュ版ラテン教父集七三、七四。

＊

(以下、ラテン教父集の読書ノートと見られる断片が三ページ分ほどつづく。)

からだは、救いのてこである。だが、どうしてそうなのか。それを善用するのは、どうすればいいか。

九三、――このような修道院生活も、下層階級の出身者にとっては、物質的には進歩であった。羊飼いは、裸の大地にねむり、乾いたパンをかじり、もし手に入れば塩づけの魚を食べ、水を飲み、川で洗濯をしていた。

一〇、九一、――自分の意志によって、天へ行こうとするのは、よくないことである。

一一、一、――五、――六、――一二、二（祈りのむつかしさ）一五、一八、八、一三、一四。

不幸の中では、ただ神の愛によってしか救われることはできない。

十か月もの間、人に会わなかった隠者が、十一か月もの間人に会わなかった羊飼いに出会う。

自分から進んで衣食をたつ人々は、不幸のために他の人々がおとしめられている窮乏の段階にまで達することは、不可能である。

自分の愛する人たちのために、命を捨てなければならないが、自殺をしてはならない。……

〔孤独の中での、手仕事の霊的必要。〕

〔修道院の密室の壁の霊的必要〕……

あなたのからだを、密室の壁に担保としてあずけ、あなたの思考は、その望むままのところへ行かせなさい……

＊

一二四、「あなたの謙遜のみが、わたしをみちびくように」。

（エジプトの修道僧の歴史）（以下、その摘記）。

……誘惑を受けるときに、その場を動かないこと。

……からだを釘づけにし、思考を自由にはばたかせること。

……思考が、人々から受けた侮辱のためにぐずぐずと立ちどまるならば、かたく神に立つ力を失う。

……二日間以上も完全に断食するよりも、むしろ毎日、飽きるまで食べるのを控えること。

……自分の意志によって、天へと上らないこと。

……「ただわたしと神が、世界にいる」ということ（これは、なおいいすぎである）。

「一日で、人は完全にたどりつける。」

……祈りよりも、むつかしいものはない。修道院生活での他の仕事は、どんなに熱心にやっても、休息があるが、祈りには、さいごの日まで、休息がない……

ギリシア語の選集、「教父の格言《アポフレグマータ・パトルム》」をさがすこと。ミーニュ版ギリシア教父集四五・一〇二。

*

侮辱を受けたとき、その復讐は神にまかせ（ローマ一二・一九）、自分の憎しみを神の方へと向けること。もし、まことの神を神としてあがめているのならば、真の〈善〉との接触によって、自分の中にある憎しみは焼きつくされる。そうでないならば、自分の憎しみを偶像礼拝の対象にすることになる。

ひとたび、完全な自己放棄によって、真の神との接触がかなえられるならば、次には祈りによって、例外なしにすべての願望を神の方へと向けるのがよい。なぜなら、この接触によって、それらの願望の中にある、一切の悪が焼けつくされ、それらを養っていたエネルギーが、神への愛の糧となるからである。

この段階で、神に自分の望むことをねがい求めるのはむつかしい。魂のすべては願望を神の方へと向かわせることに反抗する。

このようにして、キリストは、ゲッセマネでの一夜、その肉の恐れを神の方へと向けられた。

＊

犯罪者の懲罰について。

どこか余り人が密集していない土地で、戸外で、道路作りなどのような労働に従事させ、仕事はつらく苦しいが、健全で楽しい生活を送らせて、かれらを矯正しなければならないであろう。そして、よくなってからも、かれらがその必要を感じるときには、苦しい目にあわせること。

デメテル、イシス、「火の中を通ってきた子ども」。このことは、旧約聖書にも取り上げられている。バプテスマのヨハネ、「わたしは水でバプテスマを授けているが、わたしのあとから来る人は、火と聖霊とによってバプテスマをお授けになるであろう」（マタイ三・一一）。古代には、火によるバプテスマの儀式があったのではないか。「聖ヨハネの火」の上をとびこえる習慣は、その名残りではないだろうか。新しく生まれた子どもを火の中を通すまねをしたのではないだろうか。

＊

神の子たる身分、神の養子（ローマ八・一五など）とは、何を意味するのだろうか。何も意味しないか、あるいは、どんな人間も、神のひとり子であるみ言葉が、その人の中へはいり、その人の口を用いて、神に「父よ」といわれるのでないかぎりは、神の子とされることはないという意味である。

キリストの名によって何かをねがい求めるということは、キリストに代ってという意味である。キリストが、だれかある人間の口を用いて、父なる神に何かをねがい求められるという意味である。その場合、当然ながら、いつもそのねがいは聞かれる。これは、〈愛〉が必然に対して、賢明な説得を行なうという領域に属する（『ティマイオス』篇）。

イザヤ書の義人、「かれの顔だちはそこなわれて、人らしいさまは何もなく」（五二・一四）。

イザヤ、「主はこれを見て、公平がなかったことをよろこばれなかった。主は人のないのを見られ、その仲に立つ者のないのをあやしまれた、それゆえ、ご自分のかいなをもって、おのれの助けとし、その義をもって、おのれをささえられた」（五九・一五―一六）。ギータ、「秩序を回復するために、わたしは、自分自身をとって……」

ロンドンで書かれた覚え書
（一九四三年）

哲学本来の方法は、解決不可能の問題を、その解決不可能のままに、明白に理解し、余分のものを交えず、それらの問題をじっと、飽くことなく、何年間も、どんな望みも抱かず、ただ待望しつつ、注視し続けることにある。

この基準に照らしてみると、本来の哲学者はわずかしかいない。わずかというのも、なお、いいすぎである位である。

超越的なものへの移行が果たされるのは、人間の諸能力——知性、意志、人間的な愛など、——が、ある限界にぶち当り、その人がこの境界線上にたたずんで、その向こう側へは一歩も進めず、しかもそこから引き返そうとせずに、自分が何を望んでいるのかもさとらないで、緊張のうちにただ待ち望んでいるときである。

これこそは、極度の屈辱の状態である。屈辱を受け入れることのできぬ人には、ついに不可能な状態である。

天才とは、思考の領域における、へりくだりの超自然的な徳のことである。このことは、証明ができる。

人間の思考が、洗練をきわめたすぐれた精神の持主たちがたむろしている領域で、うろうろしているかぎりは、人間的な判断による限界づけも与えられ、人間による制御を受けることもできる。それがいったん、この領域の上方に移るならば、もはや人間的なものは何も、制御や限界づけに役立つことはない。

このときには、思い上りへの誘惑は、以前のいずれのときにもまして強くなる。

こういう状況にいる人は、心の底から、まったき信仰と謙遜の思いをこめて、神の恩寵を乞い求め、その恩寵によらないかぎりは迷い、幻想、あやまりからのがれることができない。そうでないなら、もう一度少し下降して、友人たちのはいってこられる領域へふたたびもどるか、それとも、悪魔のとりこになるままにまかせなければならない。どちらの場合にも、その人は、天才であるとの錯覚を与え、世々にわたる光栄を自分の名にまつわりつかせることができる。

だが、真理を容れることのできぬ者に天才の名を与えるのは、冒瀆事である。謙遜と真の哲学とに関連があることは、古代にはよく知られていた。ソクラテス派、キニク派、ストア派などの哲学者たちの中では、罵られ、打ち叩かれ、頬に平手打を受けても本能的な自尊心からの反発をほんの少しも示すことなく、堪え忍ぶのは、哲学者と公言する身の義務の一部とみなされていた。

キリストの弟子であることも、これと類似の、あるいは同一の、誇りとするにたる身分なのであるから、弟子たちに与えられたキリストのいましめ、「ほかの頬をも向けてやりなさい」(マタイ五・三九など)は、キリスト教徒としての生活上の義務ではなくて、弟子たる者の特別な任務にともなう義務とみなされなければならない。

＊

命じられた行為を、まったくそのとおりに、純粋に、単純に果すこと、すなわち従順と魂との関係は、身じろぎせぬこととからだとの関係にひとしい。ギータのいおうとするのは、このことである。

ある行為が命じられたことであるかどうかは、どうして認めることができるのか。

自分がとらわれている社会的諸関係の枠内においては、そこから離れよとの神の特別な命令がない限りは、人間的なもろもろの義務を果たさなければならない。

アルジュナの誤りは、戦いをいどむことができないといったことである（『バガヴァッド・ギーター』二・四）。クリシュナに、――今このときでなく、ずっと以前に、――自分のなすべきことを命じてほしいと歎願することをしないで。

その場合、答がどうなったかは、だれにもわからない。

『ギータ』と『アンティゴネー』（ソフォクレスの悲劇）とは、一見したところ、相反することを語っているようであるが、実際には、同じ精神で書かれている。補足しあうものである。

*

神意による配剤の結果として、真理と不幸とは、どちらも沈黙している。

この沈黙のゆえに、真理は、不幸なものである。なぜなら、ただ雄弁だけが、この地上では幸福なものだからである。

この沈黙のゆえに、不幸は、真実なものである。不幸は、いつわらない。

また、神意による別な配剤の結果として、真理と不幸とには、どちらにも美しさがある。

従って、それらは沈黙しているにもかかわらず、それらの上には注意力がじっと注がれる。

プラトンが『パイドン』篇の中でソクラテスにいわせているように、必然ではなくて、〈神意〉こそが、この世界を説明する唯一のものであることは、まさしく、文字どおりに真実である。必然は、

〈神意〉の永遠の配剤のひとつである。

＊

不幸を描いた本物の絵画において、美を生み出しているのは、その絵を描いた人の注意力の中にひそむ義の光である。その注意力が美を通してわたしたちにまで伝わってくる。

ただ、完全な義人だけが、『イリアス』を書くことができたのである。

＊

信仰の光に照らされていた文明からの堕落によって、人間は、どうやらまず第一に、労働の霊的性質を見失ってしまったのである。

今このとき、わたしたちの中にわきあがってきているのは、まさに未熟ながら労働の霊的性質の創出ということである。

これは、いよいよ円環が完成されようとするしるしなのであろうか。

＊

奴隷制以前には、労働が霊的性質を帯びていた文明が存在した。その確かな痕跡は、いくつも残されている。神々が手仕事を教えみちびくという伝統、ディオニュソスとエレウシス、アルキメデスの「われに支点を与えよ」（「……世界をも持ち上げて見せよう」とつづく）という言葉の中に見られる伝統の反映、エジプトの説話の中の、秤や錘りつき糸などともつらなる「からだを秤とした《スタテーラ・ファクタ・コルポリス》」という考え方など。

＊

それぞれに何かを意味しつつも、これらの象徴があらかじめ与えられていたのだ。

「ダルマ（サンスクリット語、「法、真理」の意）によって、弱者が強者に、命令をくだす。」腕木の長さがちがう秤を用いれば、グラムがキログラムにまさるように。

こういう象徴的解釈による「読み」によって、魂は、物質の中につねに力を読みとる「読み」に打ちひしがれることからまぬがれる。

*

神は、必然のうちにその名を記しとどめた。

*

公準。

この世界は、それに同意をする人々の救いを作り出す機械であるということ。

（これは、聖パウロが「神を愛する者にはすべてのものがともにはたらく」（ローマ八・二八）といったことに、ほかならない）。

*

願望と成就とについて。

不完全さを少なくしたいと願い求めても、不完全さは少なくならない。

完全になりたいと願い求めることが、不完全さを少なくする。

だから、完全さが実在するものであることは、経験的な事実である。

プラトンはおそらく、このことを知っていた。

聖ヨハネがその手紙の中で示しているあかし、永遠のいのちによるあかし（Iヨハネ五・一一）は、このことである。

*

十字架上のキリストは、自分の苦しみに深いあわれみを抱いた。まるでそれが自分のうちにある全人類の苦しみであるかのように。

その「わが神、どうしてわたしをお見捨てになったのですか」という叫びは、かれのうちにあって、人間おしなべてが発したものであった。

ひとりの人間の心に、この叫びがのぼってくるときには、苦痛が、その人の魂の深みに、たとい罪の下にうもれて見えぬとしても、キリストのそれにもひとしい無垢の宿る部分を目ざめさせたのだ。

*

リヤ王（シェイクスピアの悲劇の主人公）、「自然には、こういう冷酷な心を生むような、なにかの原因があるのか」。

それが、キリストの叫びの放たれた点である。

テオフィル（——・ヴィヨー、一五九〇—一六二六、フランスの詩人）。「ああ、罪なき者の叫びはなんと……」

*

完全に清らかな被造物（聖母マリア）も、神の創造の意志があったかぎりは、創造されたものである。

それは、神と全被造物との交わる点である。

死の苦しみをなめられる受肉の神は、もうひとつの交点である。

*

黄道十二宮において、もし〈天秤宮〉が、真正面の牡牛が牡羊（オシリス、ゼウス、アムモン、神の小羊など）と同じ意味を持つように、すぐ横に位置する〈正義〉（または〈おとめ〉座、アストライア）と同じ意味を持つとすれば、この場合、春分が十字架につけられたキリストをあらわすのに対して、秋分は、おとめマリアをあらわすことになる。赤道と黄道の二つの交点は、神と全被造物との二つの交点をあらわす。『ティマイオス』篇参照。歳月のうちに収めこまれている、世界の中の変化する存在はすべて、この二つの交点のあいだ、――水と血のあいだに拡がっている。（聖ヨハネの手紙）。人間の魂に関しても、同様であるにちがいない。小宇宙《ミクロコスモス》。

*

タレース（前六世紀ごろ、ギリシアの哲学者）、「すべては、水である」。すなわち、いいかえれば、「すべては、服従である」。

神の力そのものが、また服従である。聖母マリアは、被造物の服従である。十字架につけられたキリストは、神の服従である。

*

地獄について。

キリストはいわれた、「隠れているもので、あらわれてこないものは何もない」（マタイ一〇・二二）と。これは、むしろ、こういうことなのだろう。

「何も隠れているものはない。それがあらわれてくるためでなければ。」

また、聖パウロはいった。

「明らかにされたものはみな、光となる」（エペソ五・一四）。

だから、さいごの審判の日、全被造物が、これをまったく明るみに出す光のもとに、むき出しにあらわにされるとき、これはまったく光となる。もはや、悪は存在しない。

（これはまた、マニ教的な考え方である。）

悪魔や呪われた者たちは、時間の続くかぎりは苦しむのだが、永遠が到来するとき、時間は終りとなる。

それでもやはり、こうした分野では、何もかもが、はかり知られず、考えも及ばない。こうした点については、何も判断をくださない方がよいのである。

だが、ひとつの事柄だけは、確かであると思われる。被造物のうちにおとされた神の胚種が成長することとは、悪が廃絶され、神と入りまじった善が開花することにほかならないという一事である。

キリストが「あなたがたの天の父が完全であられるように、あなたがたも完全な者となりなさい」（マタイ五・四八）という命令を与えておられるというのに、至福にみちた魂が、神以外のもの、神と切離された別なものであるなどと、どうしてあえていい張ろうとするのであろうか。

しかし、神学者たちはそういう主張をしてきたのに違いない。なぜなら、人々は、無に帰す者となるか、神のうちに開花する者となるかのどちらかを選ばねばならないといわれたとしても、それだけでは善を選ぶにあたいする程十分な違いがあるとは思われないだろうからである。

そのかわりに、一方では、永遠にわたる鞭打ちがあり、他方では、尽きることなく砂糖のかたまりが供給されるのだと教えることにすれば、従順な教会の子どもが得られることになる。

これは、ローマにおいて主人たちが自分の奴隷に対して行なった教育法、——約束と威嚇、——が死後にまで投影されたものである。

コルネイユの『ポリュウクト』（一六四三年、信仰の悲劇）にも、このことが見出される。「だが、すでに天には、勝利の栄冠がそなえられております。」砂糖のかたまりをもらおうとして、とびあがる犬。

＊

「その家のかしらの位置につくようにと主人から命じられた奴隷。」神は、ひとりびとりの人間に、神にならって造られたものみなを遇するつとめを、ゆだねられた。「主人は、自分の所有するすべてのもののかしらに、かれをすえるであろう。」その報いは、神とまったく同一視されることである。

マタイによる福音書一二・三二、三三によると、聖アウグスチヌスは、聖霊に対してけがし言をいう罪をおかしたことは、明らかなようである。そのけがし言とは、悪が純粋な善を生むことがあるとか、また、純粋な善が悪を生むことがあるとか断言した点にあると思われる。

＊

「わたしたちはあなたの名によって、多くの奇跡を行なったではありませんか。」「不法を働く者よ、行ってしまえ」（マタイ七・二二、二三など）。

だから、義が唯一の基準なのである。キリストは、奇跡を行なったからではなく、義人であったから、神としてみとめなければならないのである。

*

「あなたの敵を愛しなさい」(マタイ五・四四など)。等々のことは、平和主義や戦争の問題とは、なんら関係がない。

「あなたの敵」という言葉には、二つの意味があるようだ。

あなた個人に対して、また、あなたが個人的に愛する人々に対して、危害を加えてくる者のことである。

わたしが、個人の生活の中で、ドイツ人のために苦しんだということがあり、また、わたしが個人的に深く結ばれている物品や人々が、かれらのために破壊されたり、損傷を受けたりしたことがあれば、そのかぎりにおいて、わたしには、かれらを愛する特別な義務があるのだ。

「あなたの敵」は、信仰の敵をも意味するのかもしれない。

信仰はただ、純真さと愛によってだけ守られるべきものである。宣教師たちが、軍隊や政治権力から、援助、保護、報復の手段を得てはならない。

もし戦術上の必要があって、わたしがドイツ人を殺さねばならぬと覚悟をするときも、かれらのために苦しみをなめたからではないのだ。かれらが、神やキリストをないがしろにするからでもないのだ。そうではなくて、かれらが、わたしの祖国をも含めて、地上のすべての国民の敵だからであり、不幸なこと、ただつらく悲しいこと、非常に残念なことだが、かれらの中の何人かを殺さずには、かれらが悪をふるうのをやめさせることができないからである。

*

人は何も学び知ることはできないと証明するギリシアの詭弁家の論理は、何よりも深い真理を含んでいる。

わたしたちの理解するところは、わずかであり、不十分である。わたしたちは、自分たちよりも理解の程度が多く、すぐれている人々から教えを受ける必要がある。

たとえば、キリストである。

だが、わたしたちはもともと、ほとんど何も理解ができないとすれば、そういう人々のいうところもまた、理解ができない。その人々が真理のうちにいることを、わたしたちはどうして認めることができようか。前もって必要とされ、まず初めにどうしてもなくてはならぬとされるだけの注意力の量を、その人々にふり向けることがどうしてできようか。それだけの量がなければその人々も、わたしたちに教えはじめることはできないのである。

だから、奇跡が必要なのである。

だから、神意による配剤によって、ときには超自然的な知恵にある種の力がともなわせられるのである。人間の中ではめったに見られないが、それでもどうかすると、凡庸な人間や悪人の中で出くわすような力が。

そこで、肉体の病いを癒やしたり、心を読んだりなどということが起る。

だが、こういう種類のすべての奇跡の中で、一ばん大切なのは、美である。

人は、美について反省をこらそうとするたびごとに、壁にぶつかる。美についてこれまでに書かれたすべてのことは、明らかに、あわれな程に、不十分である。なぜなら、この研究は、まず神からはじめなければならないことだからである。

美は、まだ知られずにいる真実や義が、神意の配剤によって、黙したままわたしたちの注意に訴えかけている状態のことである。

美しさは、プラトンもいったように、まさしく神の受肉である。

世界の美しさは、世界の実在と別のものではない。

*

ゼウスは、罪を重ねている人間に怒りをおぼえ、かれらを打ち砕こうと思った。プロメテウスが仲にはいって、人間のために取りなしをしたが、聞き入れられなかったので、火をもたらした。神の愛の火、聖霊を。このときから、人間がゼウスの罰をこうむることは、もはや考えられなくなった。そのかわりに、プロメテウスが、罰を受けた。

*

自分の兄弟である七羽の白鳥を救おうとする、グリム童話の中の少女の沈黙。イザヤ書の義人の沈黙。「かれは、罵られ、しいたげられたけれども、口を開かなかった」(五三・七)。キリストの沈黙(マタイ二七・一二など)。

何かしら神の暗黙の同意、神の神自身との契約みたいなものがあって、この世では、真理は沈黙を強いられている。

うち叩かれ、嘲弄されながらのキリストの沈黙は、真理と不幸とのこの世における二重の沈黙である。

「かれのものとされていた、この権力と栄光とは、みんなわたしに任せられた」(ルカ四・六など)と、いつわりの〈父〉(悪魔)はいう。

悪魔はまた、美の模造品を作り出し、この基準までも、極度の注意を働かせないかぎり見分けられないようにする。

悪魔にはすることのできないひとつの事柄があると、わたしは思う。

外部から完全に遮断されて、独房に閉じこめられた男の房内においてあって、二十年後にもなお、その男にとって力づけになるような絵が描ける霊感を、画家に与えること。

持続性が、悪魔的なものと神的なものを区別する。

これが、麦と毒麦とのたとえ(マタイ一三・二四－三〇など)の意味である。

*

キリスト教――(および、プラトンの教え)――の一ばん重要な点。

ただ、完全を思うことだけが、幾分の善を――不完全な善を、――生じさせる。もし、不完全なものをしか持ち出さないならば、悪を生じさせることになる。

完全ということが現実に可能でないとしたら、現実に完全を持ち出すことはできない。だから、完全ということの可能性がこの世にも存在する証拠になる。

*

ヨガによる呼吸、――それはおそらく、一つの技術であるというよりも、呼吸そのものを礼典にしようとする一方法なのであろう。

*

起源（言語の起源とか、道具の起源とかのように）の問題は、「神が教えられた」（申命記八・五、ヘブル一二・五）という考え方によらなければ、絶対に解決は不可能である。それは、はっきりしている。言語は、言語でないものからは出てこない。子どもが話し方をおぼえるのは、教えてもらうからである。そんな具合にして、働き方とか何とかも、教えてもらうのである。

神の教えという中には、最初から受肉があったという含みがこめられているのだろうか。

たぶん、そうだろう。このことは、もろもろの伝承ともあい応じている。

オシリスに関する伝承は、教えるとともに、あがなう受肉の神の伝承にほかならない。

このあがないという性質もまた、歴史的な過去の何ものかの記念であったのか。それとも、未来の予感にすぎなかったのか。

この点について、何か仮説を立てるには、どうやら必要なデータがわたしたちには不足しているようだ。

＊

聖母マリヤは、いわばキリストの幼年時代を写している影であり、純粋な無垢をあらわす。キリストは、幼年時代から、まったく従順そのものであった。その一方で、十字架の上で「苦しまれたことによって、従順を学ばれた」（ヘブル五・八）。

＊

いのちとなった真理、これが、御霊によるあかしである。いのちに変えられた真理。

＊

聖ヨハネが、キリストのからだから出た水と血の象徴的価値をどう見ていたのかを知るためには、血管の中に無色の液体（神の「霊液《イコール》」か）が循環するという完全な純潔性の様相について述べているチベットの信仰の教えをさらに深く学ぶ必要があるだろう。

この信仰によるならば、完全に純潔な人の中にふつうの血液が存在するというのは、神との愛による結合のしるしではないだろうか。また、水が、血とならんで存在するのは完全な純潔性のあかしとしてなのであろうか。

ヨハネによる福音書の伝記的な部分が、水がぶどう酒にかわる話（第二章）によってはじまり、水と血を流すこと（一九・三四）によって終るのは、確かに理由のないことではない。

ふたたび、水とならねばならないのである。そして次には、この水から御霊によって、血がつくられることが必要なのである。

完全な受動性そのもの、死体のように動かぬものとならねばならない。そのエネルギーから、神の御霊によっていのちがつくり出されるように。

ここに用いられている言葉の中で、単に絵画的効果をめざした部分はどれか。神秘的・生物学的な教えのための部分はどれか。今日では、見定めることは困難である。

＊

ディケンズにおいて、もっともにせものらしい響を立てるのは、かれが英国の庶民階級のすがたを、ありのままに、何よりも忠実に写しとっているところである。置き換えなしに、書物の中に転写された現実が、いかにもにせものらしい響を立てるのは、なぜか。

自然の中には、熱エネルギー、力学的エネルギー、活力エネルギー、胚芽の中に含まれている生命を与えるエネルギー、光の中に含まれている光を放つエネルギーなどがある。

現代の科学は、このうち最初の二つだけしか知らない。

最後の二つのものは、同一のものではないのか。古代の人々は、これらを同一のものとみなしていたようである。

*

〈霊〉――または、火の息「プネウマ」――は、いのちを与えるものである。古代人（ピュタゴラス派、ストア派など）は、生殖における雄の精液《スマンス》を「プネウマ」であると定義した。

創世記の初めにおいて（一・二九、三〇）、草や茎や葉は動物のもの、粒や実――すなわち胚芽や種子《スマンス》――は人間のものと定められて、区別が立てられたのは、この二つの運命の対立を示す象徴である。すなわち、肉的な動物の運命と、霊的な人間の運命と。

この象徴的描写こそは、おそらくは農業の起源であり、とくに、麦とぶどうとの特に選ばれた創造の始まりを示している。

エレウシスの穂、天のおとめであるアストライアの穂、ディオニュソス、メルキゼデクのパンとぶどう酒などを考え合わせてみると、どうやら何かこの種のものが存在していたのにちがいない。

パンはまったく、種《スマンス》によってつくられる。いのちではなくて、いのちを与える要素によって。ぶどう酒やぶどうの実も同じである。（実際に、アルコールと性ホルモンとは、化学的成分が類似している。）

キリストの肉と血とは、命あるものではないが、命を与える実質からできあがっていた。

「人を生かすものはプネウマ（霊）であって、肉はなんの役にも立たない」（ヨハネ六・六三）。

「わたしがあなたがたに話した言葉は霊であり、また命である」（同・右）。

「わたしは、天から下ってきた生きたパンである。このパンを食べる者は、いつまでも生きるであろう。わたしが与えるパンは、世の命のために与えるわたしの肉である」（同六・五一）。

肉が、犠牲によってパンとなる。

＊

オーストラリヤの土民たちの女は、種を結ぶ草から種の摘みとりをする。このことによって、麦の創造が漸進的になされてきたのを理解することができる。種の摘みとりが儀式や礼典であるとすれば、この創造は、神と人間との共同作業として行なわれたのである。そこで、その周辺にひとつの宗教が成立したことも理解できる。

＊

アイスキュロスは、明らかに密儀宗教の聖句の一つを引いて、「トー・パティ・マトス」といっている。「苦しみによって、教えが」神から人間に与えられた。だが、教えられた知恵がどういうものだったかは、いっていない。そのことは、聖パウロが、同一形式の文句を完成して、――そこには、聖句の特徴といえる、「苦しみ《パトス》」と「教え《マトス》」との言葉のたわむれも、ふたたび出てきている――「かれは苦しんだことによって、従順を教えられた」（原文ギリシア語、ヘブル五・八）といっている中に見出される。

この知恵とは、従順のことなのである。

だが、それなら、かれはそのときまで不従順であったというのか。

愛が足りぬゆえの人間の不従順に対して、ありあまる愛ゆえの神の不従順があい応じ、神は人間に対する憐れみのゆえに、ご自身に対して不従順であられたというふうな、隠れた意味がひそんでいるのであろうか。これこそまさに、プロメテウスの神話であろう。

ところで、プロメテウスの名とその物語とは、この「苦しみによって教えを」という言葉の一具体例であるように思われる。

神が神に対して不従順であられたが、あがないによって従順へと引きもどされたのである。

*

創世記における人間への罰は、死が与えられたこと(三・一九)は別として、何よりももっぱら、服従が課されたという点にある。労働と死。愛と出産における、女性の受動性(三・一六)。

労働は、何かしら死と同質のものである。それは、物質への服従である。

だが、神は、美しさを罠にして、わたしたちに従順を受け入れさせ、強制的に従順へと連れもどされる。

罰は、神へのまねびでなくてはならない。

罪をおかした者が、いつの日か受け入れることをねがって、さまざまな罠を仕かけ、苦痛を加えながら、強いてでも、従順へと連れもどること。

罪人が、自分にとっていちばん幸福な出来事は、罰に定められたことだったと、ついに一瞬間も感じることなしに死ぬ事態がくりかえされているかぎり、失策は重ねられている。

肉体的、精神的な苦痛は、魂を、じつに底からくつがえす程の事柄である。それなら、わたしたちはそれを有用に用いることを断念すべきだろうか。こんなにまで貴重な神の賜物がむざむざと、失われるままに放っておくのは、なぜか。だが、その用い方をあやまるのは、おそろしいことである。

もし、罪をおかしたある者に矯正の見込みがないと思うのならば、その者を罰する権利はない。ただ、その者が害毒を流さぬように阻止することだけでいい。罰を課すことは、罪あるその人の奥底に、純粋な善のひと粒がひそんでいるとの信念を公言することである。

この信念なしに罰をくだすのは、悪にむくいるに悪をもってすることである。

＊

罪の間接的なメカニズム。

一九三九年（第二次大戦開戦の年）以前における、平和主義の仲間たちやその行動に対してわたしがおかした犯罪的なあやまりは、その何年も前から、肉体的な苦痛にうちひしがれて何をする力もない状態にあったのが原因であった。仲間たちの行動をすぐ後から追い、始終かれらと行き来し、談論することができる状態にいなかったために、かれらの裏切りへの傾向を見ぬくことができなかった。だが、わたしは、自分がそういう状態にいたからこそ、重大な責任からまぬかれ、行動へとふみ出さずにすんだのだと、容易に理解することができた。この明白な事実とわたしとのあいだに立ちはだかっていたのは、怠惰の罪、ともすると無気力になろうとする誘惑であった。わたしは、そんなにまで行動したくないという気持を強く感じていたため、なぜ自分がそんな気持に駆られるのかという正当な理由にも公平な目を向けることができなかった。何よりもはげしい肉の誘惑にさらされていて、女性を見ることもできずにいる神学生のように。

わたしはしばしば、小さな事柄において、怠惰や無気力さに支配されがちだったので、ひとつでも大きい事柄において、行動にでるかでないかによって起りうる利点や不利な点を冷静に検討したりせずに、とにかく盲滅法、無気力への誘惑に抗して立ち上らねばならないと思ったのである。

こうして、疲労し切ったある日には、手紙一枚書く勇気も、ベッドをととのえる力もない有様だったし、――そんな日が何日も何日も続いたあと、わたしはとうとう祖国に対して、罪ぶかくも無関心でいるというあやまちのうちにおちこんでしまったのだった。

これは、広く影響が及んで行く関係の一例である。

こういうメカニズムによって、とるに足らぬ個人的なあやまちが、公的な罪となるという経過がいったん理解されたならば、もはやとるに足らぬ個人的なあやまちというだけではすませない。自分がしていることは、もはやただ、罪としかいいようがないのである。

これはおそろしいことである。罪をおかしているのだから。

自分が完全に達しない限りは、つねに自分は罪ぶかい人間なのだと感じていなければならない。そして、完全を得るために、沈黙の中で、魂のすべてをあげてたえず叫び続けていなければならない。死によって、この苛責についに終止符がうたれるまで。あるいは、神が、わずらわしさに堪えきれなくなって、完全を与えてくださるときまで。

これだけのことが理解できる段階にあるときは、――それ相応の覚悟ができている人々は別として、――現実にも、いちばん罪ぶかい人間なのである。なぜなら、どんなに小さな過失でもみな、過失を過失として理性の目によってはっきりと見ずにはいられない段階に達したときから、現実に罪となるからである。大犯罪人もあまり多くの罪はおかなさい。小さな過失ばかりがさかんにおかされているのである。すなわち、そういう過失が、本質的にどういうものであるかを、ひとたびさとりえたならば、毎日、罪がさかんにおかされているということになる。

ただひとつ、そこから癒やされる道は、神があわれみをおぼえてくださるときまで、このことのゆえに不幸な者となっていることである。いったい、人間の意志は、どんなに張りつめていようと、完全には近づけないのだからである。

*

もし、今日ある人が奴隷として他人に売られたとしても、その契約は法的にも無効である。なぜなら、自由は神聖なものであって、譲渡されてはならぬものだからである。

所有を自由とともに神聖なものの中に加えることによって、一七八九年（人権宣言の年）の人々は、いかにも言葉が意味をもつかのように、これを譲渡されてはならぬものと宣言し、売買の対象からはずした。

だが、そんな言葉に意味がないことは、事実によって証明された。

*

科学についての現代流の概念をもってすれば、その動機はどういうものであるのだろうか。動機次第で、科学は、善にも、悪にも、また、善悪の混在するものにもなる。だが、その混在の割合はどのくらいか。

動機によって、善と悪とを分析すること。

この方法を、あらゆる物事に適用すること。

*

自分自身、他人、ひとつの国民を教育するに当っての、広く応用できる識別の方法。
内省とか観察によって、動機を実際に見てとろうとしないこと、——つねに、多少とも虚偽がそこにはいりこんでくる、——そうしないで、まず、ひとつの行動がどういう考え方から出てきたのかを明らかにした上で、その行動にとって可能な動機の一覧表を理論的につくり上げること。

*

キリストは、服従の徳をこのように定義なさった。「わたしは、わたし自身の考えでするのではなく、わたしをつかわされたかたの、み旨を求めている」（ヨハネ五・三〇）。

*

科学に関する難題は、非人格的な神という観念によってしか解決できない。
科学がその研究対象とするのは、神の非人格的な〈摂理〉である。

*

種まく人のたとえ（ルカ八・五）。最初の部類に属するのは、同意を拒む人々である。第四の部類は、選ばれた人々である。
腐植土の中には、植物のためにある一定量の養分が含まれている。その大部分がいばらに吸いとられてしまうならば、養分が不足して、麦は大きくなることができない。これと同様に、エネルギーの大半を地上の事物に与えてしまった魂にあっては、永遠な部分は、その成長に不可欠のエネルギーを受けとることができない。

しかし、すぐに、第三の部類から第四の部類へと移る手段がわかってくる。それは、畠を耕し直し、いばらを引き抜くことである。いいかえれば、脱我のわざである。その方法は、神秘家たちが十分に研究してきたところである。こういうことはすべて、はっきりしていて、よく知られているとおりである。

だが、第二の部類についてはどうか。

種は、岩の上に落ちる。そこでは、いばらも生えない。この世の事物に興味も抱かないが、神の用に供するだけのエネルギーも持たず、従って不毛のままでいる魂のことである。

わたしの場合は、まさにこのとおりだ。

生来の無能力のために、救いがたいほどに神に仕えることがゆるされずにいる魂が存在していると思われる。わたしが、そのひとりである。

これは救いがたいことなのか。

岩の上にも麦をはえ育たせる手段は、ないのか。

ただひとつ、手段がある。もし種が、岩の上のくぼんだ場所に落ちたならば、そこに水を注ぎ入れ、水が蒸発する分だけ、たえずこれをおぎなうようにすることである。

だから、さまざまの義務にそむくことなしに、できる限り、地上の諸刺激因の影響を身に受けて、そこから得たエネルギーを、心の奥深くに宿った神の種に、食べ物として与えようとの心づもりでいなくてはならない。

わたしが、これまで本能的にやってきたのは、多少ともこのようなことであった。刺激因が人間であるときには、このことは果てしれない感謝の義務をもともなってくる。おそらく、こういう方法は、似た種類の不幸な人々にも伝えられてよいものであろう。さいわいなことに、良い土地にたとえられるような、魂も存在する。それでもなおその上に、望みをかきたてて行かねばならない。なぜなら、時々刻々、つねにおびやかされ、ほとんどいつもかなえられぬ状態の中で、さいごまでつきまとう苦悩を持ち堪えながら、種の不安な成長の歩みを見守り続けるのは、つらく苦しいことだからである。さいごまでもし数時間でも水が不足するならば、茎は枯れしなびてしまう。

土地を内にもつ魂にとっても、脱我はなおいっそう厳しく要求されることである。なぜなら、たえず補給されなければならないこのわずかなしめりの中から、ほんの数滴が悪い草の方へ流れるならば、麦が枯れしぼむのは避けられないからである。

地上の事物の中から、エネルギーをくみ取ってこなければならないが、その微少量すらも地上の事物のために用いてはならない。

文字どおりに、まったき純粋さか、それとも死かである。

完全の状態は、こんな種類の魂には、まさに死のその瞬間にしか、ゆるされないのかとも思われる。どんな人間にも広く適用される霊的なさいわいの条件は存在しないのだと知ることは、なんというよろこびであろうか。なぜなら、このさいわいをあがなうのは、いつも、これ程にもつらく苦しい道を経なければならないとするならば、自分の愛する人々がこのさいわいにあずかれるためには、この自分をむりにもおし殺す必要があるはずだからである。

植物は、光と水とによって生きているので、光だけによって生きているのではないことを忘れてはならない。だから、恩寵だけを当てにするのは、まちがっているのであろう。現世的なエネルギーもまた、必要である。

だが、現世的なエネルギーをまったく取り去られるならば、人は死ぬ。わたしの心臓、わたしの肺、わたしの手足などが、完全に麻痺していない限りは、天の麦のための一滴の水が岩の上に残っているという、経験的な証拠になる。

一切を注ぎ出しつくして、肉が死ぬことになろうとも、この水をこの麦のために飲み物として与えうるまでになること。

この肉とこの血とは、神の茎が生い育つためにひからびてしまうがいい。このこと以外に何も重要なことはない。

実も結ばずに終っても、どんな報いを受ける権利もないとしても、どうでもよいことである。ほかの人々のためには、みごとな実が結び、すばらしい報いがそなえられているのだから。

だが、この肉と血から、さいごの水の一滴を取り上げて、神の茎に注ぎこむ勇気は、どこに見つかるのだろうか、強いてでもそうしない限りは、そんな行動は不可能である。こういう種類の事柄を果たすことができるのは、鞭打たれて訓練された奴隷だけである。

奴隷の身分に落ちこみ、鞭打たれての訓練を忍びうるためには、ただ神のあわれみだけに望みを託すほかはない。

わたしも、ほんのわずか訓練を受けたが、まだまだ不十分である。もしわたしがそれを望むならば、もっと訓練を受けられるであろう。困難なのは、その望みが現実のものであるということである。

＊

ヘラクレイトス、断章九〇、――万物は火の交換物であり、火は万物の交換物である。ちょうど商品が黄金の、黄金が商品のそれであるように（原文、ギリシア語、次の断章はおそらくこの訳文）。

＊

すべてのものは、火と、火はすべてのものと交換が可能である。商品が黄金と、黄金が商品と交換可能であるように。

神は、唯一の善である。ものごとの中に含まれているすべての善は、神のうちにその等価物を有する。神は、唯一の価値の尺度である。

＊

この世界は、魂をとらえて、その同意とともに神に引き渡そうとする罠である。

それは、罰の永遠の範型である。

＊

現実の愛は、現実の対象を持ち、その対象の真実を知って、対象をあるがままに、その真実において、愛したいとねがう。

真実への愛ということをいってはならない。むしろ、愛における真実な心について語るべきである。現実的で、純粋な愛の中には、真実な心がつねに現存している。

真実な心——真実な、火の息、真実なエネルギー——は、同時に、〈愛〉である。

また、別な虚偽の愛もある。

この世にあっては、ただ人間とこの世界だけしか愛することはできない。すなわち、義と美だけしか愛することはできない。従って、真実とは、正しいものと美しいものにつけられた名である。

プネウマ、火の息。それは、愛によって起こされたエネルギーである。こうしてみると、この語が、肉の愛における生殖の営みにも、また神と人の魂とのあいだの愛による善の産出にもともに適用できるのは、なんともすばらしいことではないか。

真正なヨガの呼吸法は、確かにこのプネウマの概念にもとづいている。これが、いのちの息と呼ばれているのである。だが、この概念と呼吸とは、正確にはどういう点でつながりがあるのか。呼吸は、燃焼作用である。ろうそくは、人間のいのちの象徴である。このことはすでに、以前から知られていた。

ヘラクレイトスは、ただ、火についてしか語らなかった。プネウマは、ストア派になってはじめてあらわれる。おそらく、ヨガが、アレクサンドロス帝以後、インドからギリシアにはいったのではあるまいか。だが、ピュタゴラス派は、ディオゲネス・ラエルティオス(三世紀にギリシアの哲学者伝を書く)によれば、生殖の営みはプネウマであると考えてはいなかったか。

ろうそくは、あらゆる瞬間に、内なる燃焼を、神に捧げている人間の象徴である。こういうあらゆる瞬間の内なる損耗こそが、生物として生きているということなのである。

それは、神に、時間を捧げることである。

それが、救いそのものである。

真正なヨガの呼吸練習は、おそらく、魂の中にこういう捧げものの祈願を深くしみ入らせて行く、教育のための、また記憶術としての手段にほかならないのであろう。「主の御名をとなえること」やその他の多くの宗教上の勤めと同じように。

＊

そのあたいもないのに秘跡を受けることは、魂にも、からだにも、害を与える。

キリストがこの地上に肉となって臨在されたことは、いわば人類それ自体が、聖体拝受をしたことであった。

これは、あたいなしに受けた秘跡であった。なぜなら、キリストは殺されたのであるから。

人類は、ひとりのキリスト教徒が冒瀆的な聖体拝受をしたあとに落ちこむような状態に、落ちこんだのである。

神に由来する事柄を見分ける基準は、それらが狂気のあらゆる性質を示しているということである。ただ真理を判別し、義を愛する能力が失われていることは除いて。

＊

謙虚さとは、何にまして、注意力の資質である。

＊

政治的な問題の中で第一は、権力をゆだねられた者らがその毎日をどんなふうにすごしているかということである。もしかれらが、長い間つとめて高い段階に維持されてきた注意力の働きを、物質的にもむなしくするような有様で毎日をすごしているとすれば、正義なんて存在するはずもない。

人間が注意力を働かせなくてもすませるように、さまざまな機械装置に一任する方法が試みられてきた。そんなことはできないのだ。神のみ旨がこれに反対なのだ。

人間の注意力だけが、司法上の機能をも正しく動かすのである。

*

ニオベの罪は、自分の子どもの数をかぞえ上げたことであった。主の御名をとなえることについての仏教の説話で、唱話した回数を数えるのをやめたときに、その老人は救われた（御名を唱和した回数分だけ、金をやるといわれた老人は唱和に熱中して、ついに啓示にあずかる）。

十字架の聖ヨハネが、「わたしはもう何も知らなかった……わたしは、わたしの羊の群れも失ってしまった……」といったとき、同じ変化のことをいいあらわしているのだ。

ここから、完全な社会における金銭の役割について、一つの考え方をみちびき出してこなければならない。

*

プラトンに関して、シンクレティズム（諸説の混合）が見られるというばか者が、何人もいる。一つであるものについて、シンクレティズムを行なう必要はないのだ。タレース、アナクシマンドロス、ヘラクレイトス、ソクラテス、ピュタゴラスなどは、それぞれ気質こそ違っていたが、同じ一つの教え、唯一のギリシア思想であった。

*

マルコによる福音書一三・三四における、魂の種々の力についての完全な描写。
「それはちょうど、旅に立つ人が家をはなれるに当り、そのしもべたちに、家をおさめる力を与え、それぞれに仕事を割当てて、門番には目をさましておれと命じるようなものである。」
魂とは、この家に相当し、その種々の能力とはしもべたちのことであり、家の主人は神、門番は愛に当る。

*

マタイ一一・二七、「子を知る者は、父のほかにはなく、父を知る者は、子と、父をあらわそうとして子が選んだ者とのほかにはだれもない」。
だから、人間は、キリストによって神を知るのであるが、キリストを知ることはできない。

*

これこそが真理であると認め、その有資格性を信じて心に受け入れ、むかえ入れた真理と、魂の中に活動状態で存在し、明らかにみずからと相容れぬ誤まりをうちこわすだけの力をそなえている真理とには、たいへんな違いがある。
それが、同じものであるように思われているが、事実上、同じものはまったく存在しない。人々を観察することによっても、このことは日々に、はっきり示されている
真理のいきいきと働く力は、聖なる息《プネウマ・アギオン》、神のエネルギーである。

*

心の中に、無力で動かぬ真理をどんなに多量に持っていようと、ほとんど役にたたない。

だが、いきいきと働く真理が、極めて微少量でもあれば、次第次第に、誤まりはうちこわされる。「からし種は、どんな種よりも小さいが……」（マタイ一三・三二など）。

虚偽についても、同じ区別ができる。無力で動かぬ誤まりと、活動する誤まりがある。後者は、真理をうちこわす。これは、悪魔である。

魂の中には、同時に、活動する真理と活動する虚偽とが存在することはできない。だが、真理の活動によって、虚偽がその無力さから目ざめさせられ、反動的に自分を守る動きをおこすことがある。聖人たちに対する誘惑がそれである。

ただ、無力で動かぬ真理と、無力で動かぬ虚偽だけしか容れていない魂も存在する。大多数の魂は、そうである。

なお、ほかに、活動状態の虚偽を含むものもあれば、活動状態の真理を含むものもある。後者は、聖性へとまっすぐに向かう路上にある。

＊

神と被造物との間の愛の交換は、電光のように垂直に走る火の矢である。それは、天のもっとも高い所と、深淵のもっとも低い所とのあいだに、一直線で交わされる交換である。（「電光によってあなたは、世界の仲立ちとなるものをまっすぐにみちびく……」）

＊

「広さ、長さ、高さ、深さがどれほどのものかを理解すること」（エペソ三・一八参照）。

＊

完全な謙遜とは、死への同意であり、わたしたちを動きのない虚無に変えるものへの同意である。

聖人とは、なお生きながらに、現実に死に同意した人たちのことである。

主よ、それをわたしにお与えください（原文、ギリシア語）。

*

ヨハネによる福音書の中には、罪とあがないとは別な、悪に関する理論のきざしが見出される。従って、これに〈受難〉と〈贖罪〉に関する別な理論が対応するのである。この別な理論については、聖パウロの中にも兆が見られる（「……かれを多くの兄弟の中で初子とならせるために……」）（ローマ八・二九）。

*

ヨハネ九章（三）、「先生、この人が生れつき盲人なのは、だれが罪をおかしたためですか。本人ですか、それともその両親ですか」。イエスは答えられた、「本人が罪をおかしたのでもなく、また、その両親がおかしたのでもない。ただ神のみわざが、かれにおいてあらわれるためである」。

「かれは苦しんだことによって、従順を学んだ」（ヘブル五・八）とつき合わせてみること。

*

支配権の構造は、キリストに対して兄弟と自分とに遺産を分配してほしいと頼みに来た人の物語（マタイ二〇・二〇以下）の中に見ることができよう。それを拒否されたことによって、かれは、ユダヤ人の王であることも拒否されたのである。その結果、パリサイ人も、かれを救い主であると認めるのを拒否せずにはすまなくなった。ところが、かれはローマ人の憎しみをユダヤの国に招くほどの影響力があり、しかも、この国を防衛できたかもしれない役割を引き受けなかったために、かれらは、どうしてもかれを殺さねばならぬと信じたのだった。ユダヤ人の愛国主義的心情の内部に立ち入ってみるならば、これは、まったく当然のことであった。

未組織の社会において、ひとりの人間が、霊感のしるしを見せはじめるとき、いつもその者は絶対的な支配者にまつり上げられ、次第に王となって行くのがつねであった。

*

「父よ、わたしに分けていただける分をください」（放蕩息子のたとえ）（ルカ一五・一二）。わたしの分け前とは、自律性のことである。わたしはそれを、売春婦相手に浪費する。

「わたしの父の家では、奴隷たちも、パンを与えられている」（同一五・一七）。パンとは、善のことである。奴隷たちとは、動かぬ物質をさす。なんとか、不服従からぬけ出そうとして、人は、動かぬ物質みたいになることをねがうのである。

そういう所には、時間もかけ、極度の消耗を経てしかたどりつけないのである。少年はまず、自分の金を全部、使い果たしてしまった。何もかも使い果たして、空腹になったとき、かれは、自分の父の雇っている奴隷のひとりになりたいと望む。

人は、善を生み出すものとして、自分のうちに保っている、自然的な能力のすべて（意志、知性、生れながらの愛する心など）を使いつくし、自分にはどんな善行を果たす能力もないのだと認めたときに、神の前にひれ伏し倒れるのである。

「わたしたちは、なんのねうちもない奴隷です」（ルカ一七・一〇参照）。被造物である人間には、これ以上のものは何ひとつない。ガラスのコップにとっては、完全にすき通っているということ以上のものは何もない。人間にとっては、無であるということ以上のものは何もない。人間においてはどんな価値も、事実上、否定的な価値である。それは、ガラスのコップの汚点みたいなものである。汚点がいっぱいついたコップが、自分がひとかどの者であって、まるで何ものも存在しないように光が通りすぎる、完全にすき通ったコップよりもうんと上等の者であると信じることがある。だから、「だれでも自分を高くする者は低くされ、自分を低くする者は高くされるであろう」(マタイ 二三・一二)といわれるのである。そのために、なんらの補償作用も必要としない。ただ、わたしたちは、生まれたときから、方向感覚が先天的に歪んでおり、そのために、上昇しながら下降すると感じ、また、下降しながら上昇すると感じる。

だから、負数について見るなら、-20から-10に移るとき、絶対的な量の見地に立てば、減少が見られる。そして、量的な変化だけしか感得できない人は、減少が生じたと思う。だが、数全体の順列からすれば、この移行は増大なのである。

わたしたちは、生れながらに、ゼロよりもはるか以下の者である。ゼロは、わたしたちにとって最大値であり、項の数が限定されていない(たとえば、$-\frac{1}{2n}$)。数列からぬけ出したあとでやっと接近できる極限値である。ゼロは、なんのねうちもない奴隷の境涯である。

主よそれをわたしにお与えください。(原文、ギリシア語)。

＊

聖トマス・アクィナス、アリストテレス『倫理学』八・七の注解、マリタン(一八八二―一九七三、新トマス主義の哲学者)の引用による。

『友愛というものは……お互いにあまりにもへだたりのある人々の中では存在しにくい。友愛は、当事者が互いに近しい間柄であって、平等の域に達しているということを、前提とする。すでに人間のあいだに存在している平等を、どちらもが平等に利用するのが、友愛のつとめである。そして、平等でない人々を平等へとみちびくのは、正義のつとめである。この平等が達成されたとならば、正義のわざも成就したのである。このように平等は、正義の境界に位置しており、それが、友愛の初め、また起源に存在するのである。』

これは、キリスト教とはまったく相反している。この人たちはどうして、自分たちがキリスト教徒であると信じているのだろうか。いったい、人間と神とが、愛によって結ばれる前に、正義がこの二つのものを平等へとみちびいていたのであろうかと、この人たちにたずねてみてもよいだろう。また、サマリヤ人は、盗賊どもの手にかかった人に対して友愛によって動かされて行ったのではなかったのかとも（ルカ一〇・三〇以下）。

アリストテレスは、腐った実だけしか結ばない、悪い木である（マタイ一二・三三）。どうして、このことを見ようとしないのだろうか。

ピュタゴラス派の人々は、「友愛とは、調和によって成り立った平等である」とか、「同類のものでなく、同じ性質、同じ品級のものではないのに、そのあいだに、調和がある……」といった。友愛は、仲立ちの結果として生じる平等である。

「愛は……平等をつくり出すが、平等を必要としない」（ロトルー）（一六〇九―五〇、フランスの劇詩人）。

もし、マリタンや聖トマスやアリストテレスのいう所が正しいとするならば、どうしてキリストは、弟子たちを「友よ」などと呼ぶことができただろうか（ヨハネ一三・一五など）。

「神はそのひとり子をたまわったほどに、この世を愛してくださった」（ヨハネ三・一六）。

キリスト教のすべては、こうした考えに絶対に相反するものである。

*

この世界にある何かしら神秘的なものが、ただ善だけを愛する人々に協力して働く。

*

放蕩息子のたとえ話の中の兄の方――決して不服従であったことがないというのだから（ルカ一五・二九）、これは物質だったのだろうか。

だが、ともかくも、天使たち、――もろもろの権威や支配など、――が物質であるということを示していると思われる個所は、新約聖書にはないのだろうか。この世の中に働いている物理的な力なのだろうか。それらが、ギリシア神話の神々と類似している点から確かめられること。ヒンズー教の神神についても同じ。

ミサに列して、ひざまづいて、「聖なる《サンクトウス》、聖なる《サンクトウス》、聖なる《サンクトウス》かな……」ととなえるとき、全宇宙の声をそろえての合唱に参加しているのである。

（旧約聖書〔詩篇〕においてもまた、神の使いが、自然の諸力であると思われるような個所がある。）

*

黄道十二宮。

〈山羊〉、豊かさの象徴としての宝角。神の充満。〈水がめ〉、創造の清らかさ。〈魚〉、受肉。〈牡羊〉、受難。〈牡牛〉、同じもの。

〈双子〉は、分裂か。

〈蟹〉、法外さ、造られたものの反抗、悪。

〈獅子〉、獣的な力。〈乙女〉、義。(これは確かだ。アストライア、ディケーなど)。〈秤〉、獣的な力が義に服したこと。〈さそり〉、神に向けられた愛。〈射手〉、神的な光。〈山羊〉、神の充満。そして、またあらたに、はじまる……

エジプトにおけるクリスマスがどのようであったかを、知らねばならない。また、ナイルの氾濫期とは、何であったのか。

〈牡羊〉と〈牡牛〉の間の関係を除いて、以上のすべては明白である。

〈双子〉は、神の分割、三位一体なのか。悪魔が、同時にあらわれる(創世記の初めと黙示録を参照)。そこで、〈蟹〉がすぐ後に、やってくる。御霊は言外に含まれているものとして、三位一体が二つのものであらわされることが、非常に多い(黙示録、グローリアなど)。

ともかくも、〈山羊〉から〈牡羊〉へ、〈蟹〉から〈秤〉へというかなりはっきりした二つの流れが、認められる。

神の充満、創造、受肉、受難。

悪(被造物の法外さ)、獣的な力、義、均衡。

〈さそり〉、神のうちで身を焼こうとする被造物。

〈射手〉(愛の射手)、被造物の心臓を一本の矢で射抜く神。

そのあと、神の充満。

〈双子〉とは、被造物である人間をふたつにたち切った罪のことであろうか。(『饗宴』篇における、アリストファネスの神話。)

歴史は、〈牡牛〉からはじまるのにちがいない。神の犠牲。被造物の罪と堕落。悪。獣的な力。義。均衡。神のうちに身を焼かれようとする、被造物の歩み。心臓に矢をあてて、被造物を、愛によって傷つける神。神の充満。創造(新しい創造のことか)。受肉、神の犠牲。そして、ふたたびはじまる。神の犠牲が、歴史の初めであり、終りである。

*

四月、キリストの十字架(〈永遠〉の中で)。

五月、罪。

六月、悪。

七月、獣的な力。

八月、義。

九月、均衡。

十月、神への思慕。

十一月、神が与えられる、愛の傷。

十二月、神の充満。

一月、新しい創造。

二月、聖徒の魂の中へキリストの出現。
三月、聖徒その人の中で、キリストが新しく十字架につけられること。

ともかくも、黄道十二宮は、各季節の典礼の象徴的表現、もしくは、（さまざまな段階の密儀宗教の要求にこたえる）さまざまな典礼を同時に、象徴的に表現したものであったことは、確かである。それは、季節とは関連していたが、星座とはなんの関係もなかった。

*

神は、わたしたちに何かある特別なものを与えようと思われるとき、ご自身にそれをねがい求めるように、それもしつこい程にねがい求めるようにと命じておられる。わたしたちがそうすることに同意するならば、神は、わたしたちにそれを、お与えになる。わたしたちは、ご自身のみ旨にかなうように、この自分を用いてくださいと、ひたすらに切願しつつご自身に迫るのである。神は、わたしたちがそのように切願したときにはじめて、わたしたちをご自身のみ旨どおりの者にしてくださる。

（原稿には、「真理の必要をつけ加えること」とある）（原注）。

*

魂を数から解放するために生み出された珠数（その珠を一つづつたぐりながら祈る）。金銭がこの役目を演じることもあるはずであろう（本書三八八ページ参照）。

*

福音書、悪霊どもが豚の群れの中へ入れられ、群れは水中でおぼれ死ぬ話（マタイ八・二八ー三三など）。物質を霊的な秩序、善と悪の秩序のうちに保持すること。悪を除去するには、これを移しかえねばならない。ただ神だけが、悪を真にうち砕くことができる。悪をうち砕くために、わたしたちはこれを神の上に移しかえねばならない。たとえば、わたしたちは聖体を見つめながら、その移しかえをするのである。

エジプトにおいては、豚は、あがなう者、オシリスに捧げられていたことに注目すること。メレアグロスの歴史によれば、猪とアルテミスとには、つながりがあった。

＊

従順と注意――労働と学習――とを二つの極とするような社会を。

＊

プラトンの洞窟の中の火は、物理的な力であり、現代物理学においていわれているような意味でのエネルギーである。

十字架上のキリストは、同苦によって、人類全体の苦しみを自分の一身において、苦しんだ。その叫び（わが神……）は、人類全体になり代って吐かれたのだった。

＊

労働は、世界の秩序への同意である。

＊

快楽は、自分自身の生とつながった善があると思いこむ幻想である。

この幻想は、たえずつきまとう。苦痛の中にさえも、ある程度まで快楽がまじっている。

どうかするとある瞬間に、度を越えた激しい肉体の苦しみにおしやられて、この幻想が完全に消えることがある。そんなとき、人は自分の生が、ひとつとして善の性質を持たぬ一事象にすぎぬものとして、赤裸に見えてくる。これは、おそろしいことである。だが、これが真実なのである。

(だから、そういう瞬間が多く与えられますように。そして、その教訓を決して忘れることがありませんように。)

*

たとえば、軍人間の友情のように、(死んで行くときも、仲間と一しょだ、) 一応はほまれ高いとされていても、肉的で、低次元の動機によって、いのちを投げ出すことが容易にできることがある。その性質が肉的であるために、おおいの役を果すのである。そういう動機におされて、人は確実に待ち受けていると知っている死にもおもむくのだが、死そのものは目にはいっていない。

反対に、神への純粋な服従によって死へとおもむくときには、死が赤裸に見えている。服従は何ひとつ、おおい隠さない。何もかもが完全にすき通って見える。

だからこそ、キリストは、他の人たちより以上に、死をおそれたのである(マタイ二六・三九など)。

*

ある説話から、「……ナイチンゲールは、ジザールを呼んだ、――どこへ行けば、見つかるのでしょうか。――わたしにはいえません。ただその歌は、今まで人が聞いた中で一ばん美しいことだけをわたしは知っています」(原文は英語)。

すばらしい。その名と、その完全さとだけを知っていて、ほかのことは何も知らないという存在。それだけで、その存在を見つけ出すには十分なのだ。それが神である。

＊

オリゲネスは、ヨブ記は、モーセその人よりも古いものだといっている。

オリゲネス、ヘブライ人への福音書の中のキリストの言葉の引用。「わが母なる聖霊が、たちまちわたしの髪の先をとらえて、わたしをタボルの大山に連れ去った」（原文、ギリシア語）。

＊

ミラレパ（十一世紀に生きた、半ば伝説的なチベットの聖者）の教え。

「無の思いは、あわれみを生む。
あわれみは、自己と他者との相違をなくする。
自己と他者がまじることは、他人の益を実現させる。」

＊

ミラレパ。

「柔和とあわれみについて、深く思いをこらし、
わたしは、自分と他人との違いを忘れた。」

＊

ミラレパ。

「もしあなたがたが、自分たちの罪はゆるされるのかと思い悩んでいるのなら、
その徳をねがう思いが、あなたがたの罪を消し去る。」

＊

『わたしが死んだのちにも従うべき道はこうだ。エゴイズムのゆえに、いかにも友人らしく見えるが、造られた者たちに害を及ぼすことはみな、投げ捨てよ。反対に、罪とも見えるが、造られた者の益となることを、なせ。それこそが、信仰のわざなのであるから。こうしたことをさとりながら、それを忘れ、承知の上であやまちをおかす者は、地獄の深みにつき落されるであろう。』

＊

『主の祈り』の前半。

「御名をあがめさせたまえ」

神の御名によって、わたしたちは、わたしたちには手の届かぬ所にあり、理解もかなわぬ、真の神の方へと注意力を向けることができる。――この賜物がなければ、わたしたちは、自分たちに理解可能な、現世的な、いつわりの神だけしか持たないだろう。ただ、この御名によって、わたしたちは自分たちには何ひとつわからないのだが、天において、ひとりの父を持つことがゆるされる。

「御国をきたらせたまえ。」

まずこのわたしと、何ものであれ、わたしとのつながりがあるすべてのものを初めとして、あなたの造られたものが、まったく消え失せてしまいますように。

「みこころをなさせたまえ。」

あらゆる種類の生存を完全に捨て去ったのち、わたしは、ただ神のみこころに従って、どんな生存であろうとも、受け入れる。

「天に成るごとく、地にも」

わたしは、神の〈知恵〉の永遠にわたる決定と、時間のうちにおけるその展開のすべてを受け入れる。

＊

こうしたことどもを、魂のすべてをつくして考えぬくのは、やさしいことではない。それができるようになるためには、まさに超実体的なパンと、過去の罪のゆるしと、悪に対する保護が必要である。

＊

ルシファーとはおそらくたぶん、天の諸現象の秩序を破った星なのだろう。

＊

盲人の杖。これからは自分自身の生存をそのままに受け取らずに、神のみ旨として受け取ること。

盲人の杖と立方体、思考の上昇の二つのかぎ。

＊

『単純な魂の鏡』（中世紀に編集された建徳の書のひとつ）五・一二、——鉄と火の象徴。

＊

超越的なものへと移って行くために、人間のさまざまな能力（意志、知性など）をまったく使い切ること。『単純な魂の鏡』九・一八、参照。

＊

一三・一、「かれが存在しないという事柄を信じる者がだれかあるか。まことに、だれもない。なぜなら、信じるということの真実は、信じるかれの存在のうちにあるからである。」

＊

だれでも、芸術的、詩的な素養があり、美に対するいきいきした感覚の持主である人にとっては、美的な類推によるのは、霊的真理を明らかにする上にいちばんあやまつことが少ない。

*

キリストを模範にすること。かれは、これこれのことをした、だから……などと思うことはせずに。へたな画家は、今ポーズをとらせている若い女をじっと見つめて、こう思う。「彼女のひたいは広く、眉毛はぐっと曲がっている。すると、カンバスには、広いひたいと、ぐっと曲がった眉毛を描かねばならないわけだ……」など。

真の画家は、注意力をこらすことによって、自分の見つめているものになりきる。そのあいだに、絵筆を持ったかれの手が動く。

レンブラントのデッサンについてみれば、さらに明らかである。かれがトビア（ユダヤ人父子）と天使のことを考えていると、その手が動いたのである。

このような具合に、キリストが、わたしたちの模範にならなければならない。

キリストを思うこと、——キリストについてのわたしたちの印象をではなくて、キリストを。全霊をあげて、キリストを思うこと、——そうしているあいだに、知性や意志など、またからだが、動く。

そのようにしても、悪は、すぐにはなくならない。だが、次第になくなる。

そのためにも、人であって、また神であるキリストを思わねばならない。

現実に、あらゆるものから引き抜いて、神の方へと向かわしめる思考のすべては、おそらくまた有効といっていいのではないだろうか。（完全を含む、すべての思考。）

＊

哲学（認識その他の問題をも含む）、何よりも行為と実践の事柄。だから、哲学について書くことは、こんなにもむつかしいのだ。テニスか、徒競走の論文でも書くようなむつかしさだ。いや、もっとむつかしいかもしれない。

主観主義者の認識論は、自己の外に出るという、そうめったにはない能力を所有していない人々の状態を正確にうつし出している。

超自然的な、そういう能力を。

愛を。

残念ながら、バプテスマによっても、その能力はさずけられない。

〔あらゆる認識論は、精神状態を正確にうつし出しているのではないか。〕

超実体的なパン、――神は、世界の秩序を保つために、たえず、それをこの世界に与えておられる、――わたしたちが望んでも、わたしたちの秩序を食い育て、保つために、それを与えてくださらないのは、なぜか。それは、日々のパンである。星が一日にへめぐる輪が、そのあかしをしている。

＊

〔マーテンズ訳、中国おとぎ話集。〕

貧乏なひとりの少年が、十二歳のときに、牛飼いに出される。一匹の牝牛の世話をすることになる。数年後、その牝牛は、とても美しい金色の牝牛となる。ある一日（七日め）、少年は、その牝牛を連れて、星の世界へ行き、〈織姫〉(雲の布を織っている、天の王のむすめ)と結婚するようにといわれる。かれは承知して、牝牛と一しょに上る。結婚が行なわれる。けれども、花むこと花よめは、川にへだてられていて、一年に一度しか会えない。(〈牽牛〉と〈織女〉とは、天の川の両側にある星座の名である。)

*

Rが、Wのことで、こういう。

「――しかし、あの人は、なぜそんなに、しつこくわたしに会いたいというのですか。――おお、それは親切心からですよ。ただ、ただ、親切心からですよ。あの人がどんなに親切な人かを知ってほしいですね。あの人は、あなたが当地ではひとりぼっちで、病気も重いのを心配しているんですよ……」

こういうたぐいの事柄が起る原因は、話し手の注意が、言葉の発せられる場所にとどまっていて、言葉の受けとられる場所へ自動的に移って行こうとしないためである。

そのような移り行きは、どうしたら可能なのか。

道具。彫刻家の道具。楽器、たとえば、ヴァイオリン。

他人に何かを話すという行為を、このような移行をともなわずにする人は、真に話すすべを知っているとはいえない。くちびるを動かしながら読む人が、真に読むすべを知っているといえないように。

言葉の働きとは、本質的にこういう注意の移行から成り立っている。

メーヌ・ド・ビラン参照。一般的に、

注意の移行という観念について。

＊

シュメールの大洪水、——大洪水の初めのころ、神々は、犠牲《いけにえ》が捧げられないので、空腹であった。ウタ・ナピシュティムが、まず最初に犠牲《いけにえ》を捧げると、「神々は、おいしそうな匂いを嗅いだ、——蠅が集まるように、神々は、犠牲《いけにえ》のまわりに集った。」そして、もうこれからは決して、人間を滅ぼすまいと決心した。

＊

アイルランドの小説——いちごジャムの話。

まだ年若い弟が死刑に処せられたあと、すぐ家へ戻ってきたその姉は、生きたいという気持に駆られ、弟の死から自分を引きはなすために、壺にはいったいちごジャムを、むさぼり食う、——そして、残りの生涯の間、もはや二度と決して、いちごジャムについての話は聞かずにすむという、アイルランドの小説(『鳥のひと群れ』だったか)。

熱い恋にふけっているのだとの幻想におちこんでいた小説の中の若者の不幸も、いちごジャムに対するその態度を変えるだけの力はなかったのであろう。

移行ということ(外欄) 動かぬ物質の中へと移るこの力は、リアルな感情の特性である。

この地上に、この世に生きている人間にとって、感じられる物質——動かぬ物質と肉——は、ふるいであり、濾過するものであり、思考における現実性をみる普遍的基準である。

例外は一切なしに、思考全体の領域において。物質は、わたしたちにとって、あやまつことのない裁定者である。

物質とリアルな感情とのこの結びつきこそ、儀式張ったとき、祝祭、家族や友人――ただふたりきりの友人の場合でも――の集いなどにおいて会食がなぜ重要かという理由になる（菓子だとか、飲み物などもそうだ……）。また、特別な食物が重んじられる理由である。クリスマスの七面鳥やマロン・グラッセ［クリスマス・プディング］――マルセイユでは、聖母お潔めの祝日の船形の菓子パン――イースターの卵――その他数多くの地方的、地域的な民俗的行事（ほとんど消滅しかかっているが）。

祝祭のよろこびとその意義は、祭り用の特別の菓子の中にある。

*

教育の最重要な部分＝（学問的な意味で）認識するとはどういうことかを教えること。保育する人《ナース》（原語英語）。

訳者あとがき

本書は、Simone Weil: *La Connaissance surnaturelle,* Collection Espoir, Gallimard, 1950. の訳である。巻頭にも記したように、完全な全訳ではないが、主要部分は一応残りなく、日本語に移しかえ、また省略、一部削除した部分についても、要所に適当な注記を加え、必要と判断された所には訳者による要約なども挿入した。段落と段落のあいだ、または断章と断章の中間に、( )でくくって一字下げの小さい活字で組んだ文章が、訳者の解説部分である。本文中に、同じく( )内に二行に分けて組み入れたものは、訳注であるが、フランス語以外の他国語で書かれた原文の指示、特に難解な固有名詞についての注解など最少限にとどめてある。なお〈 〉で囲んだのは、大文字の語である。

本書の題名は、フランス語原書の編者によって選ばれたものである。「超自然的認識」の自然とは、いうまでもなく「人為」に対立する「自然」の意味ではなく、「人間に固有の持って生まれた(肉体的、精神的)性質の全体」を指すのであり、「本性」という訳語を当てるのがいっそう適切であるかもしれないが、「超本性的」という表現はまだ日本語として熟していないように思われるので、慣例に従いこのように決定した。本書成立の由来、内容などについては、巻頭の「編者のノート」に記されているとおりである。ガリマール社版のシモーヌ・ヴェイユの著作はほとんどすべて、本書と同じ「希望《エスポワール》」双書に収められているが、この双書はアルベール・カミュ(一九一三—六〇)によって創設された。第二次大戦下の英国において、三十四歳で死んだ、当時まったく無名だったといっていいシモーヌ・ヴェイユを、戦後のフランスの思想界に紹介した大きい功績は、当然第一にカミュに帰せられるべきであるが、本書の編者も（明記されてはいないが）、カミュであるとみなすことは充分に可能である。シモーヌ・ヴェイユとカミュとの密接な関係については、大木健氏のすぐれた論考が参照できる（勁草書房版、同氏著『シモーヌ・ヴェイユの生涯』に所収）。

シモーヌ・ヴェイユは、一九四二年五月十四日、ドイツ軍のフランス全土占領を前に、両親などの強いすすめにさからいきれず、マルセイユを（商船「リヨティ元帥」号にて）出帆し、アメリカへ向かった。五月二十日にはカサブランカへ到着し、シモーヌたち約九百人の避難民は、一時カサブランカ郊外アイン・セバの収容所へ入れられ、そこで十七日間をすごしたのち、六月七日、ポルトガル船「セルパ・ピント」号でいよいよアメリカへ向けて発つ。航海は、バーミューダ諸島へ一度寄航しただけで、およそ一か月かかり、ようやく七月六日ニューヨークで下船ということになった。シモーヌ・ヴェイユの一家は、ハドソン川にのぞむリヴァーサイド・ドライヴのアパートに落ちつくが、彼女はさっそくかねての願いどおり英国（ロンドンには、ド・ゴール首班の亡命フランス政府があった）への再渡航をはかって、八方手をつくす。当時アメリカにいたジャック・マリタンやジャック・スーステルにも援助を乞う手紙を送っている。七月には、パリでアンリ四世校時代に同級生であったモーリス・シューマン（自由フランス政府で働いていた）あてに二通の手紙を書き、二か月後、シューマンから英国行の望みがかなうかもしれないとの、希望をもたらす返事を受けとる。十月には、偶々アメリカを訪れたド・ゴール政府の内務・労働担当官アンドレ・フィリップと会見した。かれの尽力によって、ついに十一月十日、彼女はスウェーデン船に乗り、ふたたび大西洋を逆に渡って英国へと向から夢が実現することとなった。二十五日にリヴァプールに到着し、程なくロンドンに移ったシモーヌ・ヴェイユが、シューマンなどの紹介で亡命フランス政府の一員として勤務し、のちに『ロンドン論集』としてまとめられた多彩な問題を扱ったいくつもの論文や、大戦後のフランスの未来像を描き上げた大作『根をもつこと』などを完成したあと、翌年春には、過労と節食がたたって病い(結核)が悪化し、下宿で昏倒、やがてサナトリウム(ケント州アシュフォード)へ運ばれたが、あまりにも厳しい自虐的な態度をとりつづけたため、四三年八月二十四日ついに「餓死にひとしい」死に方をとげたことは既によく知られているとおりである(ニューヨーク出発以後の彼女の伝記の詳細については、勁草書房版『ロンドン論集とさいごの手紙』巻末「あとがき」参照)。以上がざっと粗描してみたシモーヌ・ヴェイユ晩年の二、三年の歩みの大要であるが、本書『超自然的認識』の内容をなしているノートの全部は、このようにひときわけわしく、峻烈のさまを示している期間内に、だれに見せようとの、またどこに発表しようとの意図もなしに、ひそかに書き続けられていたものである。マルセイユ出発時に、「もはや二度とは会えぬ」かもしれぬとの予感のもとに、友人ギュスターヴ・ティボンに託した十冊ばかりのノートが、のちにティボンの手により編集され、公刊されたのが『重力と恩寵』(邦訳、講談社文庫、春秋社、南窓社)であるが、本書は、これらのマルセイユ時代に書かれたノートの後に続くものであり、シモーヌ・ヴェイユ最晩年のもっとも秘められた記録の一つである。

本書を構成するノート七冊が、実際に書かれた日付を正確に見定めることは、容易ではない。シモーヌ・ペトルマンが一九七三年に公けにした、現在入手できるもっとも詳細なシモーヌ・ヴェイユの伝記によるならば、「アメリカ・ノート」と題された七冊のうち、四冊(第四冊から第七冊まで)は、一九四二年十月には既に書き終えられていたとみられている（ノートの各冊には、作者自身の手で番号が付けられている）。第三冊めのノートの末尾には覆刻されなかったが、シモーヌがひとつの注を記入しており、それによって、この一冊が九月に書き初められ、十月には書き終えられていたことが判明する。残り二冊のノートは従って、時期的にこれよりはやくに完成されていたのであり、第一冊めは、ペトルマンによれば、マルセイユで執筆にかかり、カサブランカで書きつがれたもの、第二冊めの一部もニューヨーク到着以前に記入されていたものであるらしいということである。第二冊めの大半は、シモーヌ・ヴェイユがマルセイユの医師ベルシエへの手紙の中で書いているように、ニューヨーク到着直後、「神学の取り残された隅々をさぐる」ために、しきりに図書館に出入りして諸国の民話などに読みふけっていた頃の読書ノートにすぎない。そして、一九四二年夏の二か月半程は、シモーヌは悲しみと心痛のために到底深い思索や研究が不可能な状態にあり、ノートのペンをふたたびとり上げられるようになったのは、英国への渡航の望みが見え初めてきた頃、すなわち九月後半以後のことであろうと、ペトルマンは推定している（cf. Simone Pétrement: *La Vie de Simone Weil*, Fayard, 1973, t.2, pp. 442, 443）。「ロンドンで書かれた覚え書」の内容はあわただしい、また数々の労作にうちこんでいたロンドン生活の合い間に書き記した小さな手帳に含まれていたものであり、まさしくシモーヌ・ヴェイユのさいごの手記といえるものである。

以下に、「アメリカ・ノート」全七冊の各冊が、本訳書においてどのような部分を占めているかの一覧表をかかげる。

第一冊は、最初のページから、四三ページ十三行目の余白まで。

第二冊は、一五二ページ三行目の余白から、一八〇ページ十行目の余白まで。

第三冊は、四三ページ十三行目の余白から、八六ページ五行目の余白まで。

第四冊は、八六ページ五行目の余白から、一五二ページ三行目の余白まで。ただし、一四六ページ六行目から、一四八ページ中頃にいたる部分は除く。この部分は、他の部分とはあきらかに意味をことにし、おそらくマルセイユ時代のノートから（マルセイユにおいて）コピイされたものである。

第五冊は、一八〇ページ十行目の余白から、二五五ページ十七行目まで。

第六冊は、二五五ページ最終行から、三一四ページ第二の余白まで。

第七冊は、三一四ページ第二の余白から、三五七ページ末尾まで。


ニューヨークのフランス領事館の控えの間でふと出会ったのが、マルセイユ時代からの知り合いのひとり、シモーヌ・デツだった。体質も性格もまるで正反対であったが、同じように英国へ戻ることを期待していたデツと、シモーヌ・ヴェイユとは、たちまち「あんた、あたし《チュトワイエ》」で呼びあう友だちとなり、「朝の九時半から夜八時まで」神の問題やその他の話題をめぐって議論しあったり、ともに黒人街ハーレムのバプテスト教会の礼拝に出かけたりした。このシモーヌ・デツにむかって、ある日彼女は、本書『超自然的認識』のプロローグとして収められたあのふしぎな出来事について語ったことがあるといわれる (Jacques Cabaud :*Simone Weil à New York et à Londres*, 1942–1943, Plon, 1967, pp. 31, 32)。彼女を訪ねてきたその神秘な「客人」に連れられて、屋根裏部屋へみちびかれたこと、そこからは「町の全体、材木を組んだいくつかの足場、荷おろしをしている舟が何隻ももやってある川」が窓ごしに見えたこと、しばらく語り交わしたあと、「その人」は理由も告げずに彼女を去らせたこと、彼女はいつの日か帰って行くべきその屋根裏部屋への道を二度とは見出せずにいることなどを、そっくりそのままに物語った。ペラン神父は、この「かれ」とは、聖体に宿るキリストの啓示であるといっている（J.-M. Perrin et G. Thibon :*Simone Weil, telle que nous l'avons connue*, Arthème Fayard, 1952., 邦訳、朝日出版社、一九七五年、七四ページ）。ちょうど、持病のはげしい頭痛の発作に打ちひしがれ、心身ともに疲労しつくして、南フランスの田舎で野良仕事に従事していた頃、彼女がときに、夕べの祈りをささげていると、「キリストのしたしい臨在」をさし示されることがあったように（『神を待ちのぞむ』）。

ところで、シモーヌ・デッに対して先のような話を語っていたあいだ、彼女はときどき、「ふと黙って、思い出にひたる」ように見えることがあったという。「彼女の友人がその冥想の流れをさえぎると、彼女は自分の追いつづけている思考がまだまだ、いっぱいに充ち溢れているようなまなざしを向けて、ふりかえってくるのだった。眼鏡ごしだから完全に透いて見えるというわけには行かないのだが、その目の光は、内側からふき出してくるよろこびかとも思うほどに、彼女の顔の上をながれ落ちてくるように思われた……」南仏サン・マルセルで百姓哲学者G・ティボンがローヌ川の谷間をじっと見つめて動かずにいたシモーヌ・ヴェイユの姿を描いていた文章を思い出さずにいられない。「その目のつよい光と、澄んだ清らかさとは、彼女がその足もとにひらけたみごとな地平線と同時に、内側の深い湖をも見つめていたからなのだ……」（J.-M. Perrin et G. Thibon, *op. cit.* 邦訳、二〇九ページ）。彼女が、アメリカ・インディアンの民話や、アイスランドの叙事詩、ギリシア神話などの書物をしきりにあさっていた頃、たまたまシモーヌ・デッが、チベットの行者ミラレパの伝記を入手し、これに興味をおぼえたシモーヌ・ヴェイユは、ほかの仕事を一時脇へおいて、チベット語の学習にとりかかり、この原書を注釈する仕事に着手したと伝えられている。

ところで、『超自然的認識』を構成するノートにちりばめられた、シモーヌ・ヴェイユの哲学的・宗教的思想を、短いページのうちにまとめ上げることは非常にむつかしい。本書に先立つ『カイエ』全三巻（邦訳、近刊予定）とともに、『神を待ちのぞむ』、『根をもつこと』、『ロンドン論集』など同時期にあらわされた彼女の諸著作をかたわらにおき、これらのめったにない、深い思索の結実といってもい断想のそこここにきらりときらめくものを丹念にひろい集めて、そこから彼女の思想の精髄といえるものをつむぎ上げてこなければならないのだろう。下手な要約をここで試みることはむしろ断念して、読者の注意力を傾け、忍耐をつくしてのテキストへの傾聴にまかせる方がよいのではないかとも思う。その場合、シモーヌ・ヴェイユの霊的発展を、その源泉や形成過程をもふまえてみごとに、的確に叙述しつくしている、マリー・マグドレーヌ・ダヴィの一書（『シモーヌ・ヴェイユ入門』、邦訳、勁草書房版）や、先にも引用したJ-M・ペラン、G・ティボンの共著に成る『回想のシモーヌ・ヴェイユ』（邦訳題名）は、適当な参考書の役を果たしてくれることであろう。

シモーヌ・ヴェイユの全般を紹介した各種の書物にも、晩年の宗教思想について触れた一章が多少とも含められているが、特にJ・カボーの『……生きられた経験』には、彼女の神学的諸命題をめぐっての、簡略ながら、ともかくも全体の網目をおおいつくすたぐいのすぐれた要約が見出される（Jacques Cabaud: *L'Expérience vécue de Simone Weil*, Plon, 1957. 邦訳、みすず書房、一九七四年、三七五ページ以下）。

シモーヌ・ヴェイユは、『根をもつこと』の中で、「超自然的真理の象徴的な鏡」であるような科学の研究をうち立てる必要を説いている。わたしたちが住んでいるこの感覚の世界が有する現実は、ただ必然だけであり、そして必然とは、非物質的な、力にあらざる諸関係の結合であり、科学は、さまざまな分野において、いっさいの現象を通じて、そうした関係の織り模様をきわめて厳密に、——数学的なまでの厳密さで、——把握しようとする人間の営為でなくてはならない。数学や物理学のみならず、生物学、心理学、もろもろの社会科学、人間にかんする諸科学のすべてが、およそ明晰さや厳密さといった概念の含む内容の極限において追究され、確立され、信仰との関連のうちに保たれて、象徴的な解釈の方法がふたたびその正しい適用によってよみがえるならば、「この宇宙のなかに確立されている秩序の統一性」は「最高度の明白さのうちに姿を現わす」と、シモーヌ・ヴェイユはいっている。古代諸民族の伝承や各国の神話、民話の比較研究、聖書の章句についての独自の釈義、ところどころにはさみこまれた、比類のない、個性のひらめきを放つ鋭く深い省察のちりばめられた本書の、やはり中心点は、超自然的真理の、こういうきわめて厳正な科学的研究という面に求められるべきではないだろうか。その生涯を通じて、ひたすら現実の底にかいくぐり、そのもっとも奥深い、なまのリアリティに触れようとこころざしてきたのが、シモーヌ・ヴェイユの霊的歩みであったとしたら、この現実を組み上げている必然的諸関係の均衡をできるかぎり知性の光によってとらえつくそうとし、断片的ながらともかくもその成果を言語表現によって記録しようと試みたのが、晩年のこれらのノートの真髄であったといえよう。表面にあらわれた、すさまじくもきびしい彼女の生きざまのまったく背面に、ここに記されたような霊的経験が熟していたと知ることは、わたしたちの魂にも抑えきれぬ深甚の激動をもたらさずにおかないのである。この純粋な、つきつめた生き方は、内側において、現実を把握するこの眼識と、痛烈なばかりの祈りに支えられていとなまれていたのである。

ダヴィ女史が、「魂を底からくつがえすような祈り」と呼び、その言葉のもつ力を、ほんのわずかの間だけでももし信じられるとしたら、「恐怖にとらわれずにいられない」と、いみじくも評した、(『シモーヌ・ヴェイユ入門』邦訳、二五四ページ以下)あのおそろしくも、感動的な祈り(本書二二五ページ以下)は、ノートの第五冊めの中に見出される。「神にむかって叫ぶ。父よ、キリストの御名によって、このことをわたしにゆるしてください……」この祈りの文章を読むとき、わたしたちにおそいかからずにいない震撼は、そのまま、『ロンドン論集』の中のあの「愛の狂気」にかんする一条にみなぎっていた戦慄感にも通じる(邦訳、勁草書房版、五二ページ以下)。「愛の狂気、それがひとりの人間をとらえるとき、それは人間の行動と思考の様式を完全に変化させる。愛の狂気は、神的な狂気と同種のものである……」日常的次元に生きるわたしたちの目を引きさくたぐいの、シモーヌ・ヴェイユの在り方に対して、またきわめて独創的で、奇抜で、人々の意表をつくその思想に面して、ともすると一般の反応は、そんなことをしてなにになるのかという疑問であり、常識や分別では到底割り切れない、実在の裂け目の前にいきなり連れ出されたふうな戸惑いである。しかし、シモーヌ・ヴェイユのような人たちにおいては、「飢餓が器官の機能をこわしてしまうのと同じ程度に、魂の自然な均衡をうちこわすある欲求がかれらの内部にあった」ことは確かであり、かれらは、「気が狂っていた」ともいいきってしまうこともできよう。弱い人間のうちに神が根をおろすならば、どういうことが起るだろうか。ダヴィ女史はたしか、土の鉢に植えこまれたかしの実が、鉢をくだいてしまうキェルケゴールの例話を引いていた。今もなお、わたしたちを打ちのめす、シモーヌ・ヴェイユの経験の本質とは、こういうものである。既に、聖パウロも、「わたしは気が狂ったようになっていう」（第二コリント一一・二三）といったように、これこそは、「神の愚か《フォリー》（狂気）」なのである。すべての者にうち捨てられ、あらしの荒野をさまようリヤ王のそばにさいごまでつき従った、あの阿呆の道化は、主人公が悲惨と孤独の境におちいり、劇的状況がひときわ深刻の度を加えてくるとき、だれからも聞かれなくてもいよいよ真実の叫びを放つということを、彼女自身も書いていた。わたしたちのまわりに、目には見えぬ暗いとばりが重くたれこめてきつつあるとの予感が切実なこの日頃、シモーヌ・ヴェイユの言葉がますます非常な現実感をともなってひびいてくるのに、わたしたちは耳をふさぐことができるだろうか。

この邦訳は、かなり早い時期から計画されておりながら、原著者の余りにも広汎多岐にわたる関心領域の大きさに圧倒され、何より訳者自身の微力と躊躇とのために、今にまで完成が遅れてしまった。かねてから公刊を待望していて下さった熱心な読者の方々にお届けするには、なお訳者の理解が行きとどかず、読みこみが十分でない個所が残っているのではあるまいかとおそれているが、今後ともさらに研究を深め、さらには不詳部分の訳注もまし加え、できるなら省略個所も復元して、近い将来には完全な全訳を世に送ることができるようになりたいと念願している。心ある方々の御叱正と御指導をおねがいする。

末筆ながら、本書中の随所にはさまれたフランス語以外の外国語の原文については、当然ながら多くの知友の教示にあずかっているが、なかでも、サンスクリット語について調べて下さった玉村文郎氏に、またギリシア語については安藤孝行氏、森谷宇一氏、日下耕三氏、ラテン語のことでは杉富士雄先生、ドイツ語は上原欣一氏、岸美光氏に数々のお教えをいただいたことを、ここで特に記して感謝のしるしとさせていただきたい。また、原稿の完成を何より心にかけて、つねに激励といたわりとをたまわった勁草書房編集部の田辺貞夫氏、二見真由美さんにも、心からな御礼を申し上げておきたい。

一九七五年十二月

訳　者

訳者紹介

田辺　保（たなべ　たもつ）
1930年　京都に生れる
1959年　京大大学院博士課程修了，フランス文学専攻
岡山大学・大阪市立大学名誉教授
2008年逝去
著　書　『パスカルの世界像』（勁草書房）
『シモーヌ・ヴェイユ』（講談社）他
訳　書　パスカル『パンセ』（新教出版社，角川書店）
S. ヴェイユ『神を待ちのぞむ』（勁草書房）
S. ヴェイユ『労働と人生についての省察』（勁草書房）
J. M. ペラン，G. ティボン『回想のシモーヌ・ヴェイユ』（朝日出版社）他

超自然的認識

1976年 4 月30日　第1版第1刷発行
1984年10月25日　新装版第1刷発行
2014年 5 月20日　改装版第1刷発行

著者　S. ヴェイユ
訳者　田《た》辺《なべ》　保《たもつ》
発行者　井村寿人

発行所　株式会社　勁《けい》草《そう》書房

112-0005 東京都文京区水道 2-1-1 振替 00150-2-175253
（編集）電話 03-3815-5277／FAX 03-3814-6968
（営業）電話 03-3814-6861／FAX 03-3814-6854
総印・松岳社

ISBN 978-4-326-15429-6　Printed in Japan

http://www.keisoshobo.co.jp

労働と人生についての省察〔新装版〕　シモーヌ・ヴェイユ　黒木／田辺訳　四六判上製／二四〇〇円

ロンドン論集とさいごの手紙〔改装版〕　シモーヌ・ヴェイユ　田辺／杉山訳　四六判上製／三六〇〇円

詳伝　シモーヌ・ヴェイユⅠ・Ⅱ〔新装版〕　S・ペトルマン　田辺／杉山訳　A5判上製　Ⅰ五二〇〇円　Ⅱ六〇〇〇円

シモーヌ・ヴェイユの生涯　大木健　四六判上製／二六〇〇円

†シモーヌ・ヴェイユの不幸論　大木健　四六判並製／二七〇〇円

カント「純粋理性批判」の研究〔新装版〕　岩崎武雄　A5判上製／六八〇〇円

理性の不安〔改装版〕　カント哲学の生成と構造　坂部恵　四六判上製／三三〇〇円

---

†はオンデマンド出版です。

＊表示価格は2014年5月現在。消費税は含まれておりません。